宮崎県の教員採用試験過去問シリーズ ⑩

2025年度版

宮崎県の特別支援学校教諭

過去問

協同教育研究会 編

協同出版

本書には，宮崎県の教員採用試験の過去問題を収録しています。各問題ごとに，以下のように5段階表記で，難易度，頻出度を示しています。

難　易　度

非常に難しい　☆☆☆☆☆
やや難しい　☆☆☆☆
普通の難易度　☆☆☆
やや易しい　☆☆
非常に易しい　☆

頻　出　度

◎　ほとんど出題されない
◎◎　あまり出題されない
◎◎◎　普通の頻出度
◎◎◎◎　よく出題される
◎◎◎◎◎　非常によく出題される

※本書の過去問題における資料，法令文等の取り扱いについて

本書の過去問題で使用されている資料や法令文の表記や基準は，出題された当時の内容に準拠しているため，解答・解説も当時のものを使用しています。ご了承ください。

はじめに～「過去問」シリーズ利用に際して～

教育を取り巻く環境は変化しつつあり，日本の公教育そのものも，教員免許更新制の廃止やGIGAスクール構想の実現などの改革が進められています。また，現行の学習指導要領では「主体的・対話的で深い学び」を実現するため，指導方法や指導体制の工夫改善により，「個に応じた指導」の充実を図るとともに，コンピュータや情報通信ネットワーク等の情報手段を活用するために必要な環境を整えることが示されています。

一方で，いじめや体罰，不登校，暴力行為など，教育現場の問題もあいかわらず取り沙汰されており，教員に求められるスキルは，今後さらに高いものになっていくことが予想されます。

本書の基本構成としては，出題傾向と対策，過去5年間の出題傾向分析表，過去問題，解答および解説を掲載しています。各自治体や教科によって掲載年数をはじめ，「チェックテスト」や「問題演習」を掲載するなど，内容が異なります。

また原則的には一般受験を対象としております。特別選考等については対応していない場合があります。なお，実際に配布された問題の順番や構成を，編集の都合上，変更している場合があります。あらかじめご了承ください。

最後に，この「過去問」シリーズは，「参考書」シリーズとの併用を前提に編集されております。参考書で要点整理を行い，過去問で実力試しを行う，セットでの活用をおすすめいたします。

みなさまが，この書籍を徹底的に活用し，教員採用試験の合格を勝ち取って，教壇に立っていただければ，それはわたくしたちにとって最上の喜びです。

協同教育研究会

C O N T E N T S

第１部

宮崎県の
特別支援学校教諭
出題傾向分析

宮崎県の特別支援学校教諭　傾向と対策

2024年度の宮崎県の特別支援学校教諭は，専門(特別支援学校)が8問で70分，専門(小学校　特別支援学校)特別支援教育が3問で30分であった。2023年度までは専門(特別支援学校)の試験時間は90分あり，その中に道徳の問題も課されていたが，2024年度は道徳の試験問題もなくなった。なお，専門(小学校　特別支援学校)の試験時間は変更がなく，30分のままであった。試験の解答形式はすべて選択式である。

過去の出題傾向分析は別表の通りだが，宮崎県の出題の特徴の一つとして，学習指導要領(解説)からの出題が多いことがうかがえる。学習指導要領解説では総則編からの出題も多く，教育課程については頻出である。また，教科等編や自立活動編からも出題されており，各障害種や各教科等についての役割や指導法等について，学習指導要領解説に習熟することが求められる。解答は選択式となったため，漢字表記を含めた語句の暗記を中心とした学習までの必要性は低くなったが，選択肢は理念や要点を理解しないと選択できないものも多い。特に学習指導要領の改訂点や語句をおさえておくことは必須である。また，障害種ごとの特性や指導の特徴などについては，教育支援資料「障害のある子供の教育支援の手引」(文部科学省　令和3年6月)を活用し，基本的な事項等の学習を進めておいてほしい。

また，特別支援教育は，連続性のある多様な学びの場が極めて重要であることから，学習指導要領(解説)を全般的に学習し，各校種の相違点を理解しておく必要がある。

難易度については，2022年度までは暗記が必要な記述式問題が多く見受けられたが，2023年度からは選択式問題となったため，解答しやすくなった。しかし，基本的な理念や使われている語句の理解は必須である。問題文をしっかりと読み込み，何についての問題なのかを把握する必要がある。また，2020年度を境に問題の内容が少し変化してきていることに注意が必要である。2019年度までと2020年度以降の両方の問題の傾向を比較検討し，両方の問題に対処できる学習が必要になる。つまり，問題傾向の分析と学習計画が重要になるため，早めに方針を見極めることである。また，学習は広範になることが予想されることから，早期から学習に取り組むことが求められるだろう。十分な対策を行い試験に臨みたい。

過去5年間の出題傾向分析

分類	主な出題事項	2020年度	2021年度	2022年度	2023年度	2024年度
特別支援教育の考え方	ICIDH，ICF，WHO国際障害分類，インクルーシブ教育システム，DSM-5		●	●		●
特別支援教育の制度	学校教育法施行令22条の3，障害者基本法，学校教育法第74条		●		●	
特別支援教育の現状	宮崎県の療育手帳の3つの区分，人の脳や神経，「今後の特別支援教育の在り方について」「特別支援教育を推進するための制度の在り方について」特別支援学校のセンター的機能，発達障害者支援法，「今後の学校におけるキャリア教育・職業教育の在り方について」「特別支援学校における医療的ケアの今後の対応について(通知)」「『令和の日本型学校教育』の構築を目指して(答申)」「障害のある子供の教育支援の手引」，合理的配慮				●	●
障害児教育の歴史						
学習指導要領と教育課程	肢体不自由特別支援学校の4つの教育課程，知的障害特別支援学校の各教科，盲学校，聾学校及び特別支援学校学習指導要領（教育課程の編成及び実施，自立活動，各教科，道徳及び特別活動，生活単元学習，通級による指導の教育形態，特別支援学級の教育課程，確かな学力，情報活用能力，キャリア・パスポートなど		●	●	●	●
個別の指導計画，教育支援計画	個別の教育支援計画と個別の指導計画の作成やそれらの相違の説明，実態把握，学習評価		●	●	●	●
指導法，アセスメント	病弱特別支援学校で配慮すべき事項，肢体不自由特別支援学校における指導の精選，職業教育，作業学習の留意点と内容，K-ABC，田中ビネー検査，PEP-R，MEPA，WISC-Ⅳ，新版S-M社会生活能力検査　など		●		●	●
視覚障害	目の構造と機能，盲学校での配慮，点字，歩行指導，視機能検査		●	●		
聴覚障害	音の伝わり方，耳の構造，聴力検査，オージオグラム，指文字，手話，聾学校での配慮，補聴器，伝音難聴，感音難聴		●	●		●
知的障害	作業学習，脳と神経の構造と機能，就業と職業教育，脳性まひ，定義		●	●		●
肢体不自由	筋ジストロフィー，コミュニケーション指導，脳性まひ(アテトーゼ型)，教育的ニーズ		●			●
病弱・身体虚弱	心疾患，白血病，糖尿病，慢性疾患，腎臓疾患		●			
重複障害						
言語障害	発音指導					
情緒障害	心身症					

分　類	主な出題事項	2020年度	2021年度	2022年度	2023年度	2024年度
発達障害	自閉症，自閉症の子どもの特性		●	●	●	

第2部

宮崎県の
教員採用試験
実施問題

2024年度　実施問題

本試験においては，「障害」は「障がい」，「障害者」は「障がい者」と表記する。ただし，法令等の名称や組織等の名称，専門用語や学術用語などに用いられる場合には，従来の「障害」の表記を用いる。

【特別支援(知的他・音楽・美術)】

【1】次の文は，「共生社会の形成に向けたインクルーシブ教育システム構築のための特別支援教育の推進(報告)(平成24年7月23日中央教育審議会初等中等教育分科会)」を抜粋したものである。(　　)に当てはまる語句を以下の選択肢からそれぞれ1つずつ選び，記号で答えなさい。

【「合理的配慮」の観点①　教育内容・方法】
<①－1　教育内容>
　①－1－1　学習上又は生活上の困難を改善・克服するための配慮
　①－1－2　学習内容の(　A　)
<①－2　教育方法>
　①－2－1　情報・コミュニケーション及び教材の配慮
　①－2－2　学習機会や体験の確保
　①－2－3　(　B　)の配慮
【「合理的配慮」の観点②　支援体制】
　②－1　専門性のある指導体制の整備
　②－2　幼児児童生徒，教職員，保護者，地域の理解啓発を図るための配慮
　②－3　災害時等の支援体制の整備
【「合理的配慮」の観点③　施設・設備】
　③－1　校内環境のバリアフリー化

③－2　発達，障害の状態及び特性等に応じた指導ができる施設・設備の配慮 ③－3　災害時等への対応に必要な施設・設備の配慮

ア　変更・調整　　　イ　心理面・健康面　　ウ　整理・工夫
エ　健康面・安全面　　オ　精選

(☆☆☆◎◎◎)

【2】次の文は，「障害のある子供の教育支援の手引～子供たち一人一人の教育的ニーズを踏まえた学びの充実に向けて～(令和3年6月　文部科学省初等中等教育局特別支援教育課)　第1編　障害のある子供の教育支援の基本的な考え方　3　今日的な障害の捉えと対応　(3)合理的配慮とその基礎となる環境整備　③　合理的配慮の決定方法・提供」から抜粋したものである。(　　)に当てはまる語句を以下の選択肢からそれぞれ1つずつ選び，記号で答えなさい。ただし，同じ記号には，同じ語句が入るものとする。

(前略) 各学校の設置者及び学校は，インクルーシブ教育システムの構築に向けた取組として，障害者差別解消法に基づき，合理的配慮を行うことが重要である。その際，現在必要とされている合理的配慮は何か，何を優先して提供する必要があるかなどについて，関係者間で共通理解を図る必要がある。なお，設置者及び学校と(　A　)の意見が一致しない場合には，教育支援委員会等の助言等により，その解決を図ることが望ましい。(中略) これを踏まえて，設置者及び学校と(　A　)により，個別の教育支援計画を作成する中で，発達の段階を考慮しつつ，次の「④合理的配慮の観点」を踏まえながら，合理的配慮について可能な限り(　B　)を図った上で決定し，提供されることが望ましい。(後略)

ア　意思疎通　　イ　合意形成　　　　ウ　保護者
エ　関係機関　　オ　本人及び保護者　　カ　相互理解

(☆☆☆◎◎◎)

【3】以下の文は「障害のある子供の教育支援の手引～子供たち一人一人の教育的ニーズを踏まえた学びの充実に向けて～(令和3年6月　文部科学省初等中等教育局特別支援教育課)　第3編　障害の状態等に応じた教育的対応」から抜粋したものである。次の問いに答えなさい。

(1)　文中の(　　)に当てはまる語句として正しい組合せを以下の選択肢から1つ選び，記号で答えなさい。

Ⅱ　聴覚障害 3　聴覚障害の理解 (1)　聴覚障害について ②　聴覚障害の分類 ア　障害部位による分類 聴覚器官のどの部位に原因があるかによって，(　A　)難聴と(　B　)難聴に分けられる。(後略)

ア　A　軽度　　B　重度　　イ　A　聴音　　B　聴感
ウ　A　伝音　　B　感音　　エ　A　伝音　　B　音声

(2)　文中の(　　)に当てはまる語句を以下の選択肢から1つ選び，記号で答えなさい。

Ⅲ　知的障害 知的障害とは，一般に，同年齢の子供と比べて，「(　　)や言語などにかかわる知的機能」の発達に遅れが認められ，「他人との意思の交換，日常生活や社会生活，安全，仕事，余暇利用などについての適応能力」も不十分であり，特別な支援や配慮が必要な状態とされている。(後略)

ア　認知　　イ　表出　　ウ　情報　　エ　運動

(3) 「3　知的障害の理解　(1)診断分類について」に示されているもののうち，アメリカ精神医学会が示している，精神疾患の診断基準・診断分類「精神疾患の診断・統計マニュアル」を次の選択肢から1つ選び，記号で答えなさい。

ア　K－ABC　　イ　DSM－5　　ウ　WISC－Ⅳ　　エ　ICD－11

(4) 文中の(　　)に当てはまる語句として正しい組合せを以下の選択肢から1つ選び，記号で答えなさい。

> Ⅳ　肢体不自由
> 1　肢体不自由のある子供の教育的ニーズ
> (2)　教育的ニーズを整理するための観点
> ②　肢体不自由のある子供に対する特別な指導内容
> a　(　A　)に関すること
> b　保有する(　B　)の活用に関すること
> c　基礎的な概念の形成に関すること
> d　表出・表現する力に関すること
> e　健康及び医療的なニーズへの対応に関すること
> f　障害の理解に関すること

ア　A　運動　　B　知識　　イ　A　身体機能　　B　ICT機器
ウ　A　感覚　　B　技能　　エ　A　姿勢　　B　感覚

(☆☆☆◎◎◎)

【4】次の文は，「特別支援学校　幼稚部教育要領　小学部・中学部学習指導要領(平成29年4月告示)　第1章　総則　第4節　教育課程の実施と学習評価　1　主体的・対話的で深い学びの実現に向けた授業改善」を示したものである。次の各問いに答えなさい。

(1)　文中の(　　)に当てはまる語句を，以下の選択肢からそれぞれ1つずつ選び，記号で答えなさい。

> 各教科等の指導に当たっては，次の事項に配慮するものとする。
> (1)　第2節の3の(1)から(3)までに示すことが偏りなく実現されるよう，単元や題材など内容や(　①　)を見通しながら，児童又は生徒の主体的・対話的で深い学びの実現に向けた(　②　)を行うこと。(後略)

ア　学習の状況　　イ　授業改善　　ウ　学習評価
エ　工夫　　オ　時間のまとまり　　カ　学習の経過

(2)　文中の(　　)に当てはまる語句として正しい組合せを以下の選択肢から1つ選び，記号で答えなさい。

> (2)　第3節の2の(1)に示す(　①　)の育成を図るため，各学校において必要な(　②　)を整えるとともに，(　③　)を要としつつ各教科等の特質に応じて，児童又は生徒の(　④　)を充実すること。あわせて，(7)に示すとおり読書活動を充実すること。

ア　①　言語能力　　②　言語環境　　③　国語科
　　④　言語活動
イ　①　学びに向かう力　　②　言語環境　　③　自立活動
　　④　個別の指導
ウ　①　言語能力　　②　ICT機器　　③　自立活動
　　④　合理的配慮
エ　①　学びに向かう力　　②　ICT機器　　③　生活科
　　④　体験学習

(3)　文中の下線部にある<u>次の学習活動</u>とはどのようなことか。最も適当なものを以下の選択肢から1つ選び，記号で答えなさい。

(3) 第3節の2の(1)に示す情報活用能力の育成を図るため，各学校において，コンピュータや情報通信ネットワークなどの情報手段を活用するために必要な環境を整え，これらを適切に活用した学習活動の充実を図ること。また，各種の統計資料や新聞，視聴覚教材や教育機器などの教材・教具の適切な活用を図ること。

あわせて，小学部においては，各教科等の特質に応じて，次の学習活動を計画的に実施すること。

ア	① 視覚補助具やコンピュータ等の情報機器，触覚教材，拡大教材及び音声教材等各種教材の効果的な活用を通して，児童が容易に情報を収集・整理し，主体的な学習ができるようにするなど，児童の視覚障害の状態等を考慮した学習活動 ② 児童が場の状況や活動の過程等を的確に把握できるよう配慮することで，空間や時間の概念を養う学習活動
イ	① 児童がコンピュータで文字を入力するなどの学習の基盤として必要となる情報手段の基本的な操作を習得するための学習活動 ② 児童がプログラミングを体験しながら，コンピュータに意図した処理を行わせるために必要な論理的思考力を身に付けるための学習活動
ウ	① 児童の身体の動きや意思の表出の状態等に応じて，適切な補助具や補助的手段を工夫するとともに，コンピュータ等の情報機器などを有効に活用する学習活動 ② 体験的な活動を通して言語概念等の形成を的確に図り，児童の障害の状態や発達の段階に応じた思考力，判断力，表現力等を育成する学習活動
エ	① 児童の身体活動の制限や認知の特性，学習環境等に応じて，教材・教具や入力支援機器等の補助用具を工夫するとともに，コンピュータ等の情報機器などを有効に活用する学習活動 ② 個々の児童の学習状況や病気の状態，授業時数の制約等に応じて，指導内容を適切に精選し，基礎的・基本的な事項に重点を置く学習活動

(☆☆☆◎◎◎)

【5】次の各問いに答えなさい。

(1) 次の文は，「特別支援学校教育要領・学習指導要領解説　総則編(幼稚部・小学部・中学部)(平成30年3月)　第3編　小学部・中学部学習指導要領解説　第2章　教育課程の編成及び実施　第2節　小学部及び中学部における教育の基本と教育課程の役割　1　教育課程の編成の原則(第1章第2節の1)　(2)教育課程の編成の原則イ」から抜粋したものである。(　　)に当てはまる語句を以下の選択肢からそれぞれ1つずつ選び，記号で答えなさい。

> (ア)　児童又は生徒の障害の状態や特性及び心身の発達の段階等
> (前略)
> 　一般に，特別支援学校に在籍する児童生徒の障害の状態は多様であり，個人差が大きい。また，個々の児童生徒についてみると，心身の発達の諸側面に(　①　)が見られることも少なくない。各学校においては，このような児童生徒の障害の状態や特性及び心身の発達の段階等を的確に把握し，これに応じた(　②　)を展開することができるよう十分配慮することが必要である。(後略)

ア　特性　　　イ　適切な教育　　ウ　確実な教育
エ　不均衡　　オ　的確な教育　　カ　困難さ

(2)　次の文は，「特別支援学校教育要領・学習指導要領解説　総則編(幼稚部・小学部・中学部)(平成30年3月)　第3編　小学部・中学部学習指導要領解説　第2章　教育課程の編成及び実施　第3節　教育課程の編成　2　教科等横断的な視点に立った資質・能力(第1章第3節の2)　(2)現代的な諸課題に対応して求められる資質・能力(第1章第3節の2の(2))」から抜粋したものである。(　　)に当てはまる語句を以下の選択肢からそれぞれ1つずつ選び，記号で答えなさい。

> (2)　各学校においては，児童又は生徒や学校，地域の実態並びに児童又は生徒の障害の状態や特性及び心身の発達の段階等を考慮し，(　①　)や災害等を乗り越えて次代の社会を形成することに向けた現代的な諸課題に対応して求められる資質・能力を，教科等横断的な視点で育成していくことができるよう，(　②　)を生かした教育課程の編成を図るものとする。

ア　各地域の特色　　イ　豊かな余暇の実現
ウ　各学校の特色　　エ　豊かな人生の実現
オ　各家庭の特色　　カ　豊かな教育の実現
キ　各学級の特色　　ク　豊かな学びの実現

(☆☆☆◎◎◎)

【6】キャリア教育について次の各問いに答えなさい。

(1)　次の文は「特別支援学校　幼稚部教育要領　小学部・中学部学習指導要領(平成29年4月告示)第1章　総則　第5節　児童又は生徒の調和的な発達の支援　1　児童又は生徒の調和的な発達を支える指導の充実」から抜粋したものである。(　　)に当てはまる語句を以下の選択肢からそれぞれ1つずつ選び，記号で答えなさい。

> (3)　児童又は生徒が，学ぶことと自己の将来とのつながりを見通しながら，社会的・職業的自立に向けて必要な基盤となる資質・能力を身に付けていくことができるよう，(　①　)を要としつつ各教科等の特質に応じて，キャリア教育の充実を図ること。その中で，中学部においては，生徒が自らの(　②　)を考え主体的に進路を選択することができるよう，学校の教育活動全体を通じ，組織的かつ計画的な進路指導を行うこと。

ア　特別活動　　イ　在り方　　ウ　総合的な学習の時間
エ　将来　　　　オ　生き方

(2)　次の文は，「『キャリア・パスポート』の学年・校種間の引き継ぎについて(令和3年2月19日　文部科学省初等中等教育局児童生徒課)」から抜粋したものである。(　　)に当てはまる語句を以下の選択肢から1つずつ選び，記号で答えなさい。

> 「キャリア・パスポート」の学年間の引き継ぎは，原則，(　①　)間で行うこととしており，また，校種間の引き継ぎは，原則，(　②　)を通じて行うこととしているので留意すること。

ア　家庭と学校　　イ　各学校　　ウ　児童生徒
エ　教師　　　　　オ　保護者

(☆☆☆◎◎◎)

【7】国語について次の各問いに答えなさい。

(1)　次の表は，「特別支援学校小学部・中学部学習指導要領(平成29年4月告示)第2章　各教科　第1節　小学部　第2款　知的障害者である児童に対する教育を行う特別支援学校　第1　各教科の目標及び内容　〔国語〕並びに　第2節　中学部　第2款　知的障害者である生徒に対する教育を行う特別支援学校　第1　各教科の目標及び内容　〔国語〕」及び「特別支援学校高等部学習指導要領(平成31年2月告示)第2章　各教科　第2節　知的障害者である生徒に対する教育を行う特別支援学校　第1款　各学科に共通する各教科の目標及び内容〔国語〕」に示された目標について示したものである。(　　)に当てはまる語句を以下の選択肢からそれぞれ1つずつ選び，記号で答えなさい。ただし，同じ番号には同じ語句が入るものとする。

	小学部	中学部	高等部
目標	(1)　(　①　)に必要な国語について，その特質を理解し使うことができるようにする。	(1)　(　①　)や社会生活に必要な国語について，その特質を理解し適切に使うことができるようにする。	(1)　社会生活に必要な国語について，その特質を理解し適切に使うことができるようにする。
	(2)　(　①　)における人との関わりの中で伝え合う力を身に付け，思考力や想像力を養う。	(2)　(　①　)や社会生活における人との関わりの中で伝え合う力を高め，思考力や想像力を養う。	(2)　社会生活における人との関わりの中で伝え合う力を高め，思考力や想像力を養う。
	(3)　(　②　)で伝え合うよさを感じるとともに，(　③　)を養い，国語を大切にしてその能力の向上を図る態度を養う。	(3)　(　②　)がもつよさに気付くとともに，(　③　)を養い，国語を大切にしてその能力の向上を図る態度を養う。	(3)　(　②　)がもつよさを認識するとともに，(　③　)を養い，国語を大切にしてその能力の向上を図る態度を養う。

ア　学校生活　　イ　言葉　　　　ウ　日本語
エ　日常生活　　オ　言語概念　　カ　言語感覚

(2) 次の文は,「特別支援学校学習指導要領解説　知的障害者教科等編(上)(高等部)(平成31年2月)　第5章　知的障害者である生徒に対する教育を行う特別支援学校　第4節　各学科に共通する各教科　第1　国語　3　各段階の目標及び内容」に示された1段階の生徒の姿である。(　　)に当てはまる語句を以下の選択肢からそれぞれ1つずつ選び,記号で答えなさい。

> 1段階の生徒は,身近な事物や人だけでなく,　(①)につながる地域や社会における事物や人との関わりが増えてくる。
> (中略)
> このため,国語科の指導においては,生徒の生活の広がりに伴う事物や人との関わりの中で,伝える目的や内容を明確にしたり,伝え方を工夫したりすることについて(②)に学ぶことを通して,社会生活に必要な国語を身に付けることが大切である。

ア　職業生活　　イ　自立　　ウ　主体的　　エ　体験的
オ　社会参加

(☆☆☆◎◎◎)

【8】自立活動について,次の各問いに答えなさい。

(1) 次の文は,「特別支援学校教育要領・学習指導要領解説　自立活動編(平成30年3月)　第4章　総則における自立活動　2　教育課程の編成　(3)重複障害者等に関する教育課程の取扱い」から抜粋したものである。(　　)に当てはまる語句として正しい組合せを以下の選択肢から1つ選び,記号で答えなさい。

> (前略)
> 重複障害者については,一人一人の障害の(①)が極めて多様であり,(②)の諸側面にも不均衡が大きいことから,心身の(③)の基盤を培うことをねらいとした指導が特に必

要となる。(後略)

ア　①　程度　②　発達　③　調和的発達
イ　①　状態　②　発達　③　調和的発達
ウ　①　状態　②　身体　③　安定
エ　①　程度　②　心身　③　安定

(2)　次の文は，「特別支援学校教育要領・学習指導要領解説　自立活動編(平成30年3月)　第6章　自立活動の内容　3　人間関係の形成(幼稚部教育要領第2章の2の(3)，小学部・中学部学習指導要領第7章の第2の3)」である。(　　)に当てはまる語句として正しい組合せを以下の選択肢から1つ選び，記号で答えなさい。ただし，同じ番号には，同じ語句が入るものとする。

3　人間関係の形成
(1)　(　①　)とのかかわりの基礎に関すること。
(2)　(　①　)の意図や(　②　)の理解に関すること。
(3)　自己の理解と(　③　)の調整に関すること。
(4)　(　④　)への参加の基礎に関すること。

ア　①　周囲　②　感情　③　行動　④　社会
イ　①　他者　②　表情　③　環境　④　社会
ウ　①　周囲　②　表情　③　環境　④　集団
エ　①　他者　②　感情　③　行動　④　集団

(3)　次の文は，「特別支援学校教育要領・学習指導要領解説　自立活動編(平成30年3月)　第6章　自立活動の内容　5　身体の動き(幼稚部教育要領第2章の2の(5)，小学部・中学部学習指導要領第7章の第2の5)」である。(　　)に当てはまる語句として正しい組合せを以下の選択肢から1つ選び，記号で答えなさい。ただし，同じ番号には，同じ語句が入るものとする。

> 5　身体の動き
> (1)　姿勢と(　①　)の基本的技能に関すること。
> (2)　姿勢保持と(　①　)の(　②　)の活用に関すること。
> (3)　日常生活に必要な(　③　)に関すること。
> (4)　身体の(　④　)に関すること。
> (5)　作業に必要な動作と円滑な遂行に関すること。

ア　①　体幹　②　機能　③　基本動作
　　④　操作性
イ　①　運動・動作　②　補助的手段　③　基本動作
　　④　移動能力
ウ　①　運動スキル　②　補助的手段　③　体力
　　④　管理
エ　①　運動スキル　②　自発的な力　③　身体のバランス
　　④　移動能力

(4)　次の文は,「特別支援学校教育要領・学習指導要領解説　自立活動編(平成30年3月)　第6章　自立活動の内容　6　コミュニケーション　(3)言語の形成と活用に関すること　③　他の項目との関連例」から抜粋したものである。(　　)に当てはまる語句として正しい組合せを以下の選択肢から1つ選び,記号で答えなさい。

> 言葉の発達に遅れのある場合,コミュニケーションを円滑に行うことが難しい。このような要因としては,話す,聞く等の(　①　)に発達の遅れや偏りがあるために,結果的に乳幼児期のコミュニケーションが十分に行われなかったことや言語環境が不十分なことが考えられる。(中略)また,語彙の習得や上位概念,属性,関連語等の(　②　)概念の形成には,生活経験を通して,様々な事物を関連付けながら(　③　)を行うことが大切である。そのためには,課題の設定を工夫して幼児児童生徒に「できた」という(　④　)をもたせ,コミュニケーションに

対する意欲を高め，言葉を生活の中で生かせるようにしていくことが大切である。(後略)

ア　①　言語機能　②　言語　③　言語化　④　経験と自信
イ　①　言語理解　②　認知　③　具体化　④　達成感
ウ　①　言語理解　②　言語　③　言語化　④　達成感
エ　①　言語機能　②　認知　③　具体化　④　経験と自信

(5)　次の文は，「特別支援学校教育要領・学習指導要領解説　自立活動編(平成30年3月)　第6章　自立活動の内容　1　健康の保持　(5)　健康状態の維持・改善に関すること　②　具体的指導内容例と留意点」から抜粋したものである。(　　)に当てはまる語句として正しい組合せを以下の選択肢から1つ選び，記号で答えなさい。

障害が重度で重複している幼児児童生徒の場合，健康の状態を明確に訴えることが困難なため，様々な場面で(　①　)を行うことにより，変化しやすい健康状態を的確に把握することが必要である。その上で，例えば，乾布摩擦や軽い運動を行ったり，空気，水，太陽光線を利用して皮膚や粘膜を鍛えたりして，血行の促進や(　②　)の向上などを図り，健康状態の(　③　)に努めることが大切である。

たんの吸引等の医療的ケアを必要とする幼児児童生徒の場合，この項目の指導が特に大切である。その際，健康状態の詳細な観察が必要であること，指導の前後にたんの吸引等の医療的ケアが必要なこともあることから，(　④　)や看護師等と十分連携を図って指導を進めることが大切である。

ア　①　健康観察　②　運動機能　③　安定
　　④　養護教諭
イ　①　適宜休息　②　呼吸機能　③　維持・改善
　　④　医師
ウ　①　健康観察　②　呼吸機能　③　維持・改善

④　養護教諭
エ　①　言葉掛け　②　運動機能　③　安定
④　医師

(☆☆☆◎◎◎)

【特別支援(小学校)】

【1】次の文は「小学校学習指導要領(平成29年告示)解説　総則編(平成29年7月)　第3章　教育課程の編成及び実施　第4節　児童の発達の支援　2　特別な配慮を必要とする児童への指導　(1)　障害のある児童などへの指導」から抜粋したものである。文中の(　　)に当てはまる語句を，以下の選択肢からそれぞれ1つ選び，記号で答えなさい。

> (前略)
> 障害のある児童などには，視覚障害，聴覚障害，知的障害，肢体不自由，病弱・身体虚弱，言語障害，情緒障害，自閉症，LD(学習障害)，ADHD(注意欠陥多動性障害)などのほか，学習面又は行動面において困難のある児童で(　①　)の可能性のある者も含まれている。このような障害の種類や程度を的確に把握した上で，障害のある児童などの「(　②　)」に対する「指導上の(　③　)の意図」を理解し，個に応じた様々な「(　④　)」を検討し，指導に当たっていく必要がある。
> (後略)

ア　手立て　イ　めあて　ウ　二次障害　エ　学習
オ　困難さ　カ　工夫　キ　支援　ク　留意点
ケ　発達障害　コ　実態

(☆☆☆◎◎◎)

【2】特別支援学級への就学について次の各問いに答えなさい。

(1)　次の文は「25文科初第756号　障害のある児童生徒等に対する早期からの一貫した支援について(通知)　第1　障害のある児童生徒等

の就学先の決定　3　小学校，中学校又は中等教育学校の前期課程への就学　(1)　特別支援学級」から抜粋したものである。(　　)に当てはまる語句として正しい組合せを以下の選択肢から1つ選び，記号で答えなさい。

> 学校教育法第81条第2項の規定に基づき特別支援学級を置く場合には，以下の各号に掲げる障害の種類及び程度の児童生徒のうち，その者の障害の(　①　)，その者の教育上必要な支援の(　②　)，地域における教育の(　③　)の整備の状況その他の事情を勘案して，特別支援学級において教育を受けることが適当であると認める者を対象として，適切な教育を行うこと。
>
> 障害の判断に当たっては，障害のある児童生徒の教育の経験のある教員等による(　④　)・検査，専門医による(　⑤　)等に基づき教育学，医学，心理学等の観点から(　⑥　)かつ(　⑦　)に行うこと。

ア　①　特性　②　状態　③　環境　④　観察
　　⑤　助言　⑥　俯瞰的　⑦　丁寧
イ　①　状態　②　内容　③　体制　④　観察
　　⑤　診断　⑥　総合的　⑦　慎重
ウ　①　状態　②　内容　③　施設　④　助言
　　⑤　診断　⑥　客観的　⑦　慎重
エ　①　特性　②　方法　③　体制　④　観察
　　⑤　助言　⑥　総合的　⑦　丁寧

(2)　次の表は「25文科初第756号通知　障害のある児童生徒等に対する早期からの一貫した支援について(通知)」を基に特別支援学校，特別支援学級及び通級による指導の対象となる障がいの種類をまとめたものである。特別支援学級の対象となる障がいの種類について正しい組合せを，以下の選択肢から選び，記号で答えなさい。

特別支援学校	特別支援学級	通級による指導
・視覚障害者 ・聴覚障害者 ・知的障害者 ・肢体不自由者 ・病弱者（身体虚弱者を含む）		・言語障害者 ・自閉症者 ・情緒障害者 ・弱視者 ・難聴者 ・学習障害者 ・注意欠陥多動性障害者 ・肢体不自由者，病弱者及び身体虚弱者

ア　視覚障害者　聴覚障害者
　肢体不自由者　病弱者及び身体虚弱者
　学習障害者　知的障害者
　自閉症・情緒障害者　注意欠陥多動性障害者

イ　弱視者　知的障害者
　肢体不自由者　病弱者及び身体虚弱者
　難聴者　言語障害者
　学習障害者　自閉症・情緒障害者

ウ　知的障害者　肢体不自由者
　自閉症・情緒障害者　学習障害者
　弱視者　難聴者
　病弱者及び身体虚弱者

エ　知的障害者　肢体不自由者
　病弱者及び身体虚弱者　弱視者
　難聴者　学習障害者
　注意欠陥多動性障害者　自閉症・情緒障害者

オ　知的障害者　肢体不自由者
　病弱者及び身体虚弱者　弱視者
　難聴者　言語障害者
　自閉症・情緒障害者

カ　視覚障害者　聴覚障害者
　肢体不自由者　病弱者及び身体虚弱者

	学習障害者	知的障害者
	言語障害者	自閉症・情緒障害者
キ	弱視者	難聴者
	肢体不自由者	病弱者及び身体虚弱者
	知的障害者	自閉症・情緒障害者

(☆☆☆◎◎◎)

【3】自立活動の指導について，次の各問いに答えなさい。

(1)　次の文は，「特別支援学校教育要領・学習指導要領解説　自立活動編(幼稚部・小学部・中学部)(平成30年3月)　第3章　自立活動の意義と指導の基本　2　自立活動の指導の基本　(3)　自立活動の指導の進め方」から抜粋したものである。文中の(　　)に当てはまる語句として正しい組合せを以下の選択肢から1つ選び，記号で答えなさい。

> 自立活動は，個々の幼児児童生徒が自立を目指し，障害による学習上又は生活上の困難を(　①　)に改善・克服しようとする取組を促す教育活動であり，個々の幼児児童生徒の障害の状態や発達の段階等に即して指導を行うことが必要である。
>
> (中略)
>
> 第一に，個別の指導計画の作成に当たっては，個々の幼児児童生徒に関する様々な実態の中から(　②　)を把握して的確に課題を抽出し，それに基づいて得られた指導すべき(　③　)を検討し，指導目標(ねらい)や具体的な(　④　)を設定することが大切である。(後略)

ア	①　主体的	②　障害の状態や特性
	③　課題相互の関連	④　手立て
イ	①　総合的	②　必要な情報
	③　中心的な課題	④　学習内容
ウ	①　意欲的	②　障害の状態や特性

③ 重点課題　　④ 手立て
エ ① 主体的　　② 必要な情報
③ 課題相互の関連　　④ 指導内容

(2) 次の文は，「特別支援学校教育要領・学習指導要領解説　自立活動編(幼稚部・小学部・中学部)(平成30年3月)　第6章　自立活動の内容　3　人間関係の形成　(3)　自己の理解と行動の調整に関すること　②　具体的指導内容例と留意点」から抜粋したものである。文中の(　　)に当てはまる語句を以下の選択肢からそれぞれ1つずつ選び，記号で答えなさい。

> (前略)
> 知的障害のある幼児児童生徒の場合，過去の失敗経験等の積み重ねにより，自分に対する自信がもてず，行動することをためらいがちになることがある。このような場合は，まず，本人が(　①　)活動を設定し，成就感を味わうことができるようにして，徐々に自信を回復しながら，(　②　)を高めていくことが大切である。(後略)

ア 意欲的に取り組める　　イ 学びに向かう力
ウ 学習意欲　　エ 容易にできる
オ 主体的にできる　　カ 自己に肯定的な感情

(☆☆☆◎◎◎)

解答・解説

【特別支援(知的他・音楽・美術)】

【1】A ア　B イ

〈解説〉A 出題の報告書の基となった障害者の権利に関する条約の第2条には，「『合理的配慮』とは，障害者が他の者との平等を基礎として全ての人権及び基本的自由を享有し，又は行使することを確保するための必要かつ適当な変更及び調整(略)」と示されている。　B　教育方法においては，学習の見通しが持てるようにしたり，周囲の状況を判断できるようにしたり，心理的不安を取り除くことや，健康状態により，学習内容・方法を柔軟に調整し，障害に起因した不安感や孤独感を解消するといった心理面・健康面の配慮によって，自己肯定感を高めるようにすることが大切である。

【2】A　オ　　B　イ

〈解説〉「合理的配慮」は，一人一人の障害の状態や教育的ニーズ等に応じて決定されるものであり，設置者・学校と本人・保護者により，発達の段階を考慮し，「合理的配慮」について可能な限り合意形成を図った上で決定し，提供されることが望ましい。設置者・学校と本人・保護者の意見が一致しない場合には，「教育支援委員会」の助言等により，その解決を図ることが勧められている。

【3】(1)　ウ　　(2)　ア　　(3)　イ　　(4)　エ

〈解説〉(1)　難聴には，外耳・中耳に原因のある伝音難聴と，内耳や聴神経に原因のある感音難聴がある。伝音難聴は，適切な治療を行うことで，多くの場合は聴力の回復が期待できるが，感音難聴は解剖学的な特徴により，治療が困難といわれている。　(2)　知的障害は，認知や言語などにかかわる知的機能の発達の遅れが発達期に現れ，日常生活で様々な不自由が生じているため，何らかの特別の支援が必要とする状態にあるものをいう。認知機能とは物事を知覚し，理解・判断・論理などを行う働きのことである。　(3)　DSM－5は，アメリカ精神医学会が示している「精神疾患の判断・統計マニュアル」の最新版である。DSM－5では，高機能自閉症やアスペルガー症候群などの自閉症を指す名称についてはまとめて自閉スペクトラム症に，LDは学習障害(限局性学習症)，ADHDは注意欠如・多動症として示されている。ICD－11は，WHO(世界保健機関)が作成した「国際疾病分類」の第11

回改訂版で，DSM－5と同様の診断カテゴリーが採用されている。K－ABCとWISC－Ⅳは知能発達検査である。 (4) A 肢体不自由のある子供にとって，「姿勢」づくりは重要であり，あらゆる運動・動作の基礎となる。姿勢づくりに積極的に取り組むことによって，学習に対する興味・関心，意欲を高め，集中力や活動力を引き出すことができる。 B 「感覚」は視覚，聴覚，触覚，嗅覚だけでなく，筋肉や関節を通して体の動きや位置を感じる固有覚や，重力や体の傾き，スピード感を感じる前庭覚も活用できるようにすることが重要である。

【4】(1) ① オ ② イ (2) ア (3) イ

〈解説〉(1) 学習指導要領において育成すべき資質能力の3つの柱として，知識及び技能，思考力，判断力，表現力等，学びに向かう力，人間性等が示されている。これらが偏りなく実現されるためには，内容や時間のまとまりを見通しながら，授業改善を行うことが求められている。特別支援学校小学部・中学部学習指導要領(平成29年告示)「第1章 総則 第3節 教育課程の編成 3 (3)指導計画の作成等に当たっての配慮事項」にも，「単元や題材など内容や時間のまとまりを見通しながら，そのまとめ方や重点の置き方に適切な工夫を加え，第4節の1に示す主体的・対話的で深い学びの実現に向けた授業改善を通して資質・能力を育む効果的な指導ができるようにすること。」と示されている。 (2) 同じく総則の「第3節 2 (1)」には，言語能力，情報活用能力(情報モラルを含む。)，問題発見・解決能力等の学習の基盤となる資質・能力の育成に向けて教育課程の編成を図るものとすることが示されている。「第4節 1 (2)」には，その中の言語能力の育成について，各学校において言語環境を整え，国語科を要として言語活動の充実を図ることが示されている。 (3) 今回の学習指導要領改訂において，小学部では特に，情報手段の基本的な操作の習得に関する学習活動及びプログラミングの体験を通して論理的思考力を身に付けるための学習活動を，カリキュラム・マネジメントにより各教科等の特質に応じて計画的に実施することが示されている。総則に記述されている内容であることから，障害種が限定されるような内容ではないことを押さえて解答する。アは視覚障害者，ウは肢体不自由者，エは病弱者に対する内容である。

【5】(1)　①　エ　　②　イ　　(2)　①　エ　　②　ウ

〈解説〉(1)　教育課程編成の主体は各学校にあり，児童生徒の障害の状態や特性等を的確に把握し，児童生徒の人間としての調和のとれた育成を図るという観点から，学校教育目標の設定，教育内容，授業時数等を適切に編成することが求められている。児童生徒の実態としては，個人差が大きく，心身の発達の諸側面に不均衡が見られることが特徴である。実態を的確に把握し，適切な教育を展開することが重要である。　(2)　問題文は「生きる力」の育成という教育の目標を具現化するにあたり，現代的な諸課題に対応する資質・能力についての内容である。次代の社会を形成するため，よりよい人生や社会の在り方を考え，多様な人々と協働しながら問題を発見して解決していく力を育むことが重要であり，教科横断的な視点で教育課程を編成することが求められている。各学校においては，児童生徒の障害の状態等を考慮して，学校の特色を生かした目標や指導の重点を計画し，教育課程を編成・実施していくことが求められている。

【6】(1)　①　ア　　②　オ　　(2)　①　エ　　②　ウ

〈解説〉(1)　今回の学習指導要領改訂においては，総則に「特別活動を要としつつ各教科等の特質に応じて，キャリア教育の充実を図ること」が示され，特別活動の学級活動の内容に「一人一人のキャリア形成と自己実現」が設けられた。キャリア教育は進路指導や将来の夢を描くことではなく，小学部では自己の生き方を，中学部では人間としての生き方を見通した指導に当たることが重要であるとされている。(2)　キャリア・パスポートとは，児童生徒が小学校から高等学校までのキャリア教育に関わる諸活動について，自らの学習状況やキャリア形成を見通したり振り返ったりしながら，自身の変容や成長を自己評価できるよう工夫されたポートフォリオである。学年，校種を越えて，持ち上がることができる。管理は原則，学校で行う。学年間の引き継ぎは教師間で，校種間の引き継ぎは児童生徒を通じて，それぞれ行うことを原則としている。

【7】(1) ① エ ② イ ③ カ (2) ① ア ② エ

〈解説〉(1) 空欄となっている，目標(1)，(2)の「日常生活」，目標(3)の「言葉」「言語感覚」は全て，小学校学習指導要領(平成29年告示)の国語科の目標にも同様に用いられている語句である。つまり，知的障害者に対する教育においても，学習指導要領は基本的に同じ方向を目指していることを示していることが分かる。 (2) 高等部の国語科の1段階の(1)目標は，「社会生活に必要な国語の知識や技能を身に付ける」として，社会生活に向けた資質・能力の育成が示されている。高等部1段階の生徒は，生活の広がりとともに，職業生活につながる地域や社会における事物や人との関わりが増えてくる。知的障害のある生徒は，知識が断片的になりやすく，実際の生活に汎化することが難しいことから，社会生活に必要な国語を身に付けるためには，体験的に学ぶことが大切である。

【8】(1) イ (2) エ (3) イ (4) ア (5) ウ

〈解説〉(1) ① 特別支援学校に在籍する児童生徒の障害の重度・重複化，多様化が進み，これまで以上に一人一人の教育的ニーズに対応した適切な指導や必要な支援が求められている。 ②・③ 自立活動の目標には，「心身の調和的発達の基盤を培う」ことが示されている。「調和的発達の基盤を培う」とは，児童生徒の発達の遅れや不均衡を改善したり，発達の進んでいる側面を更に伸ばすことで遅れている側面の発達を促すなどによって，全人的な発達を促進することを表している。 (2) 人間関係の形成は，自他の理解を深め，対人関係を円滑にし，集団参加の基盤を培う観点から，内容が示されている。対人関係を円滑にするには，感情の理解，状況に応じた行動が重要である。

状況に応じた行動をとるためには，自己理解と行動の調整が重要である。キーワードを押さえることで，解答を絞り込むことができる。(3)　身体の動きは，日常生活や作業に必要な基本動作を習得し，生活の中で適切な身体の動きができるようにする観点から，内容が示されている。基本動作としては，姿勢保持，姿勢変換，移動，四肢の粗大運動と微細運動がある。　(4)　言語の形成には，言語の受容と併せて言語概念の形成が重要である。言葉の発達に遅れのある場合，乳幼児期からコミュニケーションを円滑に行うことが難しい。語彙の習得にも困難さがあり，言語概念形成に至りにくい。言葉の遅れのある児童生徒は，知的障害のある児童生徒と同様に，生活や体験を通して学び，経験と自信を持たせることが重要である。言語化とは，言葉にして伝えることである。　(5)　健康の保持の領域の「健康状態の維持・改善に関すること」は，障害のため，運動量が少なくなったり，体力が低下したりすることを防ぐために，日常生活における適切な健康の自己管理ができるようにすることを意味している。　①　自分で健康状態を訴えることが困難な重度重複障害者に対しては，特に健康観察が重要である。　③　解答参照。　②　血行の促進に続く語句であり，呼吸機能があてはまる。　④　学校内での連携を指すことから，養護教諭が適切である。　これらから，ウに絞り込むことができる。

【特別支援(小学校)】

【1】①　ケ　　②　オ　　③　カ　　④　ア

〈解説〉今回の学習指導要領の改訂においては，特別支援教育が通常の学級でも行われるよう，教育課程実施上の留意事項の示し方の充実が図られた。障害のある児童だけでなく，発達障害の可能性のある者も特別な配慮を必要とする児童である。困難さは一人一人違うため，指導上の工夫の意図を理解し，個々に応じた手立てを検討することが重要である。全ての教師が障害に関する知識や配慮等についての正しい理解と認識を深め，組織的な対応ができるようにすることが求められている。学習面又は行動面において著しい困難を示す発達障害の可能性がある児童生徒は，小中学校において8.8％を占めるという調査結果が報告されている(令和4年　文部科学省調べ)。

【2】(1)　イ　　(2)　オ

〈解説〉(1)　特別支援学級への就学にあたっては，障害の状態，必要な支援の内容，教育体制の整備の状況等の観点から勘案される。障害の診断に当たっては，専門医による診断とともに，障害のある児童生徒の教育経験をもつ教員等による観察・検査と合わせて，総合的かつ慎重に行うところがポイントである。専門医による「診断」という用語が使われていることを押さえておく。　(2)　特別支援学級の対象となる障害の種類は，オの7つである。学習障害者や注意欠陥多動性障害者は含まれていない。視覚障害者ではなく弱視者，聴覚障害者ではなく難聴者が対象である。対象となる障害種については，特別支援学校を基にして，特別支援学級，通級による指導のそれぞれにおいて，対象となる障害種の違いを押さえておきたい。

【3】(1)　エ　　(2)　①　エ　　②　カ

〈解説〉(1)　①　自立活動の目標には，「障害による学習上又は生活上の困難を主体的に改善・克服するために」として，主体的に取り組むことが明示されている。　②　「様々な実態の中から」に続く語句であるため，「必要な情報」が適切である。「障害の状態や特性」は様々な実態に含まれる。　③・④　課題は複数あることから「課題相互の関連」を検討し，ねらいや指導内容を設定することが大切であり，専門的な知識や技能のある教師が関わることが求められている。　(2)　知的障害のある児童生徒の場合，意欲だけでは達成することが難しい課題も多くある。本人が容易にできる活動を見極め，成就感を味わうことができるようにすることが重要である。そして，自信を回復しながら，自己に肯定的な感情を高めていくことが大切である。

2023年度　実施問題

本試験においては，「障害」は「障がい」，「障害者」は「障がい者」と表記する。ただし，法令等の名称，専門用語や学術用語などに用いられる場合には，従来の「障害」の表記を用いる。

【特別支援(知的他・音楽・美術)】

【1】次の文は，学校教育法第74条である。(　　)に当てはまる語句を以下の選択肢からそれぞれ1つ選び，記号で答えなさい。

> 特別支援学校においては，第72条に規定する目的を実現するための教育を行うほか，幼稚園，小学校，中学校，義務教育学校，高等学校又は中等教育学校の要請に応じて，第81条第1項に規定する幼児，児童又は生徒の教育に関し必要な(　①　)又は(　②　)を行うよう努めるものとする。

ア　支援　　イ　助言　　ウ　援助　　エ　手立て　　オ　指導

(☆☆◎◎◎)

【2】次の文は，「特別支援学校教育要領・学習指導要領解説　総則編(幼稚部・小学部・中学部)(平成30年3月)　第3編　小学部・中学部学習指導要領解説　第2章　教育課程の編成及び実施　第2節　小学部及び中学部における教育の基本と教育課程の役割　2　生きる力を育む各学校の特色ある教育活動の展開　(1)　確かな学力」から抜粋したものである。(　　)に当てはまる語句を以下の選択肢からそれぞれ1つ選び，記号で答えなさい。ただし，同じ番号には同じ記号が入るものとする。

(前略)

本項においては，確かな学力の育成に当たって特に重要となる学習活動として，児童生徒の発達の段階を考慮して，まず「児童又は生徒の(　①　)など，学習の基盤をつくる活動を充実する」ことを示しており，学習の基盤となる資質・能力の育成(第1章総則第3節の2の(1))や(　①　)の充実(第1章総則第4節の1の(2)，個に応じた指導の充実(第1章総則第3節の3の(3)のイの(イ))などが重要となる(それぞれの項目についての解説を参照)。

加えて本項では，「家庭との連携を図りながら，児童又は生徒の(　②　)が確立するよう配慮すること」の重要性を示している。小学部における教育の早い段階で(　②　)を確立することは，その後の生涯にわたる学習に影響する極めて重要な課題であることから，家庭との連携を図りながら，宿題や予習・復習など家庭での学習課題を適切に課したり，発達の段階に応じた学習計画の立て方や学び方を促したりするなど家庭学習も視野に入れた指導を行う必要がある。

ア　言語活動　　イ　生きる力　　ウ　生活習慣　　エ　学習習慣
オ　体験活動

(☆☆◎◎◎)

【3】次の文は，「障害のある子供の教育支援の手引～子供たち一人一人の教育的ニーズを踏まえた学びの充実に向けて～文部科学省初等中等教育局特別支援教育課(令和3年6月)」から抜粋したものである。次の各問いに答えなさい。

(1)　文中の(　　)に当てはまる語句を以下の選択肢からそれぞれ1つ選び，記号で答えなさい。

> オ　知的障害のある子供の学習上の特性
>
> 知的障害のある子供の学習上の特性としては，学習によって得た知識や技能が(　①　)になりやすく，実際の生活の場面の中で生かすことが難しいことが挙げられる。そのため，実際の生活場面に即しながら，繰り返して学習することにより，必要な知識や技能等を身に付けられるようにする継続的，(　②　)な指導が重要となる。また，抽象的な内容の指導よりも，実際的な生活場面の中で，具体的に思考や判断，(　③　)できるようにする指導が効果的である。
>
> (後略)

ア　実行　　イ　包括的　　ウ　断片的　　エ　表面的
オ　表現　　カ　段階的

(2)　文中の(　　)に当てはまる語句を以下の選択肢からそれぞれ1つ選び，記号で答えなさい。

> Ⅶ　自閉症
>
> 自閉症とは①他者との(　A　)の形成の困難さ，②(　B　)の発達の遅れ，③(　C　)が狭く特定のものにこだわることを特徴とする発達の障害である。その特徴は3歳くらいまでに現れることが多いが，成人期に症状が顕在化することもある。中枢神経系に何らかの機能不全があると推定されている。

ア　言葉　　イ　協力的関係　　ウ　興味や関心
エ　身体　　オ　社会的関係　　カ　許容範囲

(☆☆☆◎◎◎)

【4】次の各問いに答えなさい。

(1)　次の文は，「特別支援学校　幼稚部教育要領　小学部・中学部学習指導要領(平成29年4月告示)　第1章　総則　第4節　教育課程の実

施と学習評価　3　学習評価の充実」を示したものである。(　　)に当てはまる語句を以下の選択肢からそれぞれ1つ選び，記号で答えなさい。

学習評価の実施に当たっては，次の事項に配慮するものとする。

(1)　児童又は生徒のよい点や可能性，進歩の状況などを積極的に評価し，学習したことの意義や価値を実感できるようにすること。また，各教科等の目標の実現に向けた学習状況を把握する観点から，単元や題材など内容や時間のまとまりを見通しながら評価の場面や方法を工夫して，(　①　)や成果を評価し，指導の改善や学習意欲の向上を図り，(　②　)の育成に生かすようにすること。

(2)　各教科等の指導に当たっては，(　③　)に基づいて行われた学習状況や結果を適切に評価し，指導目標や指導内容，指導方法の(　④　)に努め，より効果的な指導ができるようにすること。

(3)　創意工夫の中で学習評価の(　⑤　)や信頼性が高められるよう，組織的かつ計画的な取組を推進するとともに，学年や学校段階を越えて児童又は生徒の学習の成果が円滑に接続されるよう工夫すること。

ア　学習の過程　　イ　感性　　ウ　妥当性
エ　工夫　　オ　知識　　カ　知識・技能
キ　連携　　ク　資質・能力　　ケ　情操
コ　改善　　サ　年間指導計画　　シ　個別の指導計画

(2)　次の文は「特別支援学校　幼稚部教育要領　小学部・中学部学習指導要領(平成29年4月告示)　第1章　総則　第4節　教育課程の実施と学習評価　1　主体的・対話的で深い学びの実現に向けた授業改善」から抜粋したものである。

(　　)に当てはまる語句を以下の選択肢からそれぞれ1つ選び，記号で答えなさい。ただし，同じ番号には同じ記号が入るものとする。

(前略)

あわせて，小学部においては，各教科等の特質に応じて，次の学習活動を計画的に実施すること。

ア 児童が(①)で文字を入力するなどの学習の基盤として必要となる情報手段の基本的な操作を習得するための学習活動

イ 児童が(②)を体験しながら，(①)に意図した処理を行わせるために必要な(③)を身に付けるための学習活動

ア タブレット端末　　イ 問題解決能力
ウ VR(Virtual Reality)　　エ コンピュータ
オ 論理的思考力　　カ アプリケーション
キ プログラミング

(☆☆☆◎◎◎)

【5】次の文は，「障害のある子供の教育支援の手引～子供たち一人一人の教育的ニーズを踏まえた学びの充実に向けて～(令和3年6月)　文部科学省初等中等教育局特別支援教育課　第1編　障害のある子供の教育支援の基本的な考え方　3　今日的な障害の捉えと対応」から抜粋したものである。(　　)に当てはまる語句を以下の選択肢からそれぞれ1つ選び，記号で答えなさい。ただし，同じ番号には同じ記号が入るものとする。

(前略)

(2) 合理的配慮とその基礎となる(A)整備

① 基礎的(A)整備等

就学先の決定に当たっては，子供が就学先となる学校で十分な教育を受けられる(A)が確保されていることが必

要であり，障害のある子供の就学に当たって，(　A　)整備の状況確認を含め，実際の受入れ体制の準備は欠かせないものである。

障害者差別解消法第5条においては，「行政機関等及び事業者は，(　B　)の除去の実施についての必要かつ合理的な配慮を的確に行うため，自ら設置する施設の(　C　)及び施設の整備，関係職員に対する研修その他の必要な(　A　)の整備に努めなければならない」とされており，合理的配慮を的確に行えるようにする(　A　)の整備について，行政機関及び事業者の(　D　)とされている。(中略)

② 合理的配慮の定義等

合理的配慮は，「障害者の権利に関する条約」第2条の定義において提唱された概念であり，その定義に照らし，我が国の学校教育においては，中央教育審議会初等中等教育分科会報告において，合理的配慮とは，「障害のある子どもが，他の子どもと平等に『(　E　)』を享有・行使することを確保するために，学校の設置者及び学校が必要かつ適当な(　F　)を行うことであり，障害のある子供に対し，その状況に応じて，学校教育を受ける場合に(　G　)に必要とされるもの」であり，「学校の設置者及び学校に対して，(　H　)において，均衡を失した又は過度の負担を課さないもの」と定義されている。なお，障害者の権利に関する条約において，合理的配慮の否定は，障害を理由とする差別に含まれるとされていることに留意する必要がある。(後略)

ア　社会的障壁	イ　義務	ウ　環境
エ　健康面，安全面	オ　条件	カ　構造の点検
キ　生きる権利	ク　構造の改善	ケ　不特定多数
コ　努力義務	サ　年間指導計画	シ　教育を受ける権利
ス　感覚	セ　変更・調整	ソ　社会的課題

タ　維持・管理　　　チ　個別　　　ツ　体制面，財政面

(☆☆☆◎◎◎)

【6】次の各問いに答えなさい。

(1)　次の表は，「特別支援学校小学部・中学部学習指導要領(平成29年4月告示)　第1章　総則　第3節　教育課程の編成」，「特別支援学校高等部学習指導要領(平成31年　2月告示)　第1章　総則　第2節　教育課程の編成　第2款　教育課程の編成」の「教育課程の編成における共通的事項」から抜粋したものである。表中の(　　)に当てはまる語句を以下の選択肢からそれぞれ1つ選び，記号で答えなさい。ただし，同じ番号には同じ記号が入るものとする。

小学部	(前略) カ　知的障害者である児童に対する教育を行う特別支援学校の小学部においては，(　①　)，国語，算数，音楽，図画工作及び体育の各教科，道徳科，特別活動並びに自立活動については，特に示す場合を除き，全ての児童に履修させるものとする。また，(　②　)活動については，児童や学校の実態を考慮し，必要に応じて設けることができる。 (後略)
中学部	(前略) キ　知的障害者である生徒に対する教育を行う特別支援学校の中学部においては，国語，社会，数学，理科，音楽，美術，保健体育及び(　③　)の各教科，道徳科，(　④　)，特別活動並びに自立活動については，特に示す場合を除き，全ての生徒に履修させるものとする。また，(　②　)科については，生徒や学校の実態を考慮し，必要に応じて設けることができる。 (後略)
高等部	(前略) (2) 知的障害者である生徒に対する教育を行う特別支援学校における各教科等の履修等 (中略) (イ) 各学科に共通する各教科等 ㋐　国語，社会，数学，理科，音楽，美術，保健体育，(　⑤　)の各教科，道徳科，(　⑥　)，特別活動並びに自立活動については，特に示す場合を除き，全ての生徒に履修させるものとする。 ㋑　(　②　)及び(　⑦　)の各教科については，生徒や学校の実態を考慮し，必要に応じて設けることができる。

ア　職業・家庭　　　イ　生活単元学習

ウ　総合的な探究の時間　　　エ　情報

オ　外国語　　　カ　作業学習

キ　家政　　　　　　　ク　日常生活の指導
ケ　生活　　　　　　　コ　総合的な学習の時間
サ　福祉　　　　　　　シ　職業及び家庭

(2)　次の表は,「特別支援学校小学部・中学部学習指導要領(平成29年4月告示)　第2章　各教科　第1節　小学部　第2款　知的障害者である児童に対する教育を行う特別支援学校　第1　各教科の目標及び内容〔体育〕及び　第2節　中学部　第2款　知的障害者である生徒に対する教育を行う特別支援学校　第1　各教科の目標及び内容〔保健体育〕」及び「特別支援学校高等部学習指導要領(平成31年2月告示)第2章　各教科　第2節　知的障害者である生徒に対する教育を行う特別支援学校　第1款　各学科に共通する各教科の目標及び内容〔保健体育〕」の「2　各段階の目標及び内容　(2)　内容」をまとめたものである。(　　)に当てはまる語句を以下の選択肢からそれぞれ1つ選び，記号で答えなさい。ただし，同じ番号には同じ記号が入るものとする。

小学部〔体育〕	中学部〔保健体育〕	高等部〔保健体育〕
A　(　①　) 運動遊び	A　(　①　) 運動	A　(　①　) 運動
B　器械・器具を使っての遊び	B　器械運動	B　器械運動
C　走・跳の運動遊び	C　陸上運動	C　陸上競技
D　水遊び	D　水泳運動	D　水泳
E　ボール遊び	E　球技	E　球技
F　表現遊び	F　(　②　)	F　(　②　)
G　保健	G　ダンス	G　ダンス
	H　保健	H　(　③　)
		I　保健

ア　体育理論　　イ　ストレッチ　　ウ　性教育
エ　体ほぐし　　オ　IDスポーツ　　カ　体つくり
キ　武道　　　　ク　リズム　　　　ケ　生涯スポーツ

(☆☆☆◎◎◎)

【7】自立活動について，次の各問いに答えなさい。

(1)　次の文は，「特別支援学校教育要領・学習指導要領解説　自立活動編(平成30年3月)　第3章　自立活動の意義と指導の基本　1　自立活動の意義　(1)　自立活動とは」から抜粋したものである。(　　)に当てはまる語句を以下の選択肢からそれぞれ1つ選び，記号で答えなさい。

> (前略)
> 障害のある幼児児童生徒は，その障害によって，各教科等において育まれる資質・能力の育成につまずきなどが生じやすい。そのため，個々の(　①　)によって導かれる「人間としての基本的な行動を遂行するために必要な要素」及び「障害による(　②　)の困難を改善・克服するために必要な要素」，いわゆる心身の(　③　)の基盤に着目して指導するものが自立活動であり，自立活動の指導が各教科等において育まれる資質・能力を支える役割を担っている。

ア　調和的な発達　　イ　自立又は社会参加
ウ　配慮　　　　　　エ　合理的配慮
オ　状態　　　　　　カ　学習上又は生活上
キ　行動観察　　　　ク　実態把握
ケ　総合的な発達

(2)　次の文は，「特別支援学校教育要領・学習指導要領解説　自立活動編(平成30年3月)　第6章　自立活動の内容　2　心理的な安定」から抜粋したものである。(　　)に当てはまる語句を以下の選択肢からそれぞれ1つ選び，記号で答えなさい。ただし，同じ番号には同じ記号が入るものとする。

> (前略)
> 白血病の幼児児童生徒の場合，入院中は治療の(　①　)による貧血や嘔吐などが長期間続くことにより，(　②　)が不安定な状態になることがある。そのようなときは，悩みを打ち明

けたり，自分の不安な気持ちを(　③　)できるようにしたり，心理的な不安を(　③　)できるような活動をしたりするなどして，(　②　)の安定を図ることが大切である。(後略)

ア　効果　　イ　理解　　ウ　副作用　　エ　情緒　　オ　想い
カ　服薬　　キ　表現　　ク　病状

(3)　次の文は,「特別支援学校教育要領・学習指導要領解説　自立活動編(平成30年3月)　第6章　自立活動の内容　5　身体の動き　(1)　姿勢と運動・動作の基本的技能に関すること」から抜粋したものである。(　　)に当てはまる語句を以下の選択肢からそれぞれ1つ選び，記号で答えなさい。

(前略)
②　具体的指導内容例と留意点
(　①　)のある幼児児童生徒の場合，基本動作が未習得であったり，間違って身に付けてしまったりしているために，生活動作や作業動作を十分に行うことができない場合がある。そこで，個々の幼児児童生徒の運動・動作の状態に即した指導を行うことが大切である。
例えば，全身又は身体各部位の筋緊張が強すぎる場合，その緊張を弛めたり，弱すぎる場合には，適度な緊張状態をつくりだしたりすることができるような指導が必要である。
一方，(　②　)の幼児児童生徒の場合，関節拘縮や変形予防のための筋力の維持を図る適度な運動が必要である。
(　③　)のある幼児児童生徒の中には，知的発達の程度等に比較して，身体の部位を適切に動かしたり，指示を聞いて姿勢を変えたりすることが困難な者がいる。このような幼児児童生徒に対しては，より基本的な動きの指導から始め，徐々に複雑な動きを指導することが考えられる。そして，次第に，目的の動きに近付けていくことにより，必要な運動・動作が幼児児童生徒に確実に身に付くよう指導することが重要である。

また，(　④　)のある幼児児童生徒の場合，身体の動き等を模倣することを通して基本的な運動・動作を習得することが困難であることが多い。そこで，姿勢や身体の動きについて，教師の身体や模型などに直接触らせて確認させた後，幼児児童生徒が自分の身体を実際に使って，その姿勢や動きを繰り返し学習するとともに，その都度教師が，口頭で説明したり，手を添えたりするなどして，正しい姿勢の保持や運動・動作を習得することが大切である。

なお，このような指導を行う場合には，必要に応じて医師等の専門家と十分な連携を図ることが大切である。

ア　聴覚障害　　イ　糖尿病　　ウ　視覚障害　　エ　知的障害
オ　肢体不自由　　カ　筋ジストロフィー

(☆☆☆◎◎◎)

【8】「小学校学習指導要領(平成29年告示)解説　特別の教科　道徳編」について，次の各問いに答えなさい。

(1) 「第2章　道徳教育の目標　第2節　道徳科の目標」には，道徳科の目標が次のように述べられている。(　　)に当てはまる語句を以下の選択肢から1つ選び記号で答えなさい。

第1章総則の第1の2の(2)に示す道徳教育の目標に基づき，よりよく生きるための基盤となる道徳性を養うため，道徳的諸価値についての理解を基に，自己を見つめ，物事を多面的・多角的に考え，自己の生き方についての考えを深める学習を通して，道徳的な判断力，(　　)，実践意欲と態度を育てる。

[選択肢]　ア　思考力　　イ　心情　　ウ　表現力　　エ　理解

(2)「第5章　道徳科の評価　第1節　道徳科における評価の意義　2」には，道徳科における評価の意義が，次のように述べられている。(　　)に当てはまる語句を以下の選択肢から1つ選び記号で答えなさい。

> 学習指導要領第3章の第3の4において，「児童の(　　)や道徳性に係る成長の様子を継続的に把握し，指導に生かすよう努める必要がある。ただし，数値などによる評価は行わないものとする」と示している。これは，道徳科の評価を行わないとしているのではない。道徳科において養うべき道徳性は，児童の人格全体に関わるものであり，数値などによって不用意に評価してはならないことを特に明記したものである。

[選択肢]　ア　学習状況　　イ　態度　　ウ　変化
　　　　　エ　日常生活

(☆☆☆◎◎◎)

【9】「中学校学習指導要領(平成29年告示)解説　特別の教科　道徳編」について，次の各問いに答えなさい。

(1)「第3章　道徳科の内容　第1節　内容の基本的性格　1(1)」には，道徳科における内容の捉え方について，次のように述べられている。(　　)に当てはまる語句を以下の選択肢から1つ選び記号で答えなさい。

> 学習指導要領第3章の「第2　内容」は，教師と生徒が人間としてのよりよい生き方を求め，共に考え，共に語り合い，その実行に努めるための共通の課題である。学校の教育活動全体の中で，様々な場や機会を捉え，多様な方法によって進められる学習を通して，生徒自らが(　　)な道徳性を養うためのものである。

[選択肢]　ア　社会的　　イ　調和的　　ウ　独創的

エ　安定的

(2) 「第4章　指導計画の作成と内容の取扱い　第3節　指導の配慮事項　3(2)」には，生徒が自ら考え理解し，主体的に学習に取り組む工夫について，次のように述べられている。(　　)に当てはまる語句を以下の選択肢から1つ選び記号で答えなさい。

> 道徳科の目標や指導のねらいを明らかにして，生徒一人一人が(　　)をもって主体的に考え，学ぶことができるようにする必要がある。また，道徳科の目標と指導内容との関係を明確にして取り組み，道徳的な内容を学ぶことの意義を理解させたり，学んだことを振り返らせたりする指導が重要である。

[選択肢]　ア　目的意識　　イ　問題　　ウ　見通し
エ　意欲

(☆☆☆◎◎◎)

【特別支援(小学校)】

【1】次の文は，令和3年1月26日の中央教育審議会「『令和の日本型学校教育』の構築を目指して～全ての子供たちの可能性を引き出す，個別最適な学びと，協働的な学びの実現～(答申)」の「第Ⅱ部　各論　4. 新時代の特別支援教育の在り方について　(1)　基本的な考え方」から抜粋したものである。以下の各問いに答えなさい。

> ○　特別支援教育は，障害のある子供の自立や(　①　)に向けた主体的な取組を支援するという視点に立ち，子供一人一人の(　②　)を把握し，その持てる力を高め，生活や学習上の困難を改善又は克服するため，適切な指導及び必要な支援を行うものである。また，特別支援教育は，発達障害のある子供も含めて，障害により特別な支援を必要とする子供が在籍する(　③　)において実施されるものである。
> ○　一方で，少子化により学齢期の児童生徒の数が減少する中，特別支援教育に関する理解や認識の高まり，障害のある子供

の就学先決定の仕組みに関する制度の改正等により，通常の学級に在籍しながら通級による指導を受ける児童生徒が大きく増加しているなど，特別支援教育をめぐる状況が変化している。(中略)

○　また，障害者の権利に関する条約に基づくインクルーシブ教育システムの理念を構築し，特別支援教育を進展させていくために，引き続き，障害のある子供と障害のない子供が可能な限り共に教育を受けられる条件整備，障害のある子供の自立と(　①　)を見据え，一人一人の(　②　)に最も的確に応える指導を提供できるよう，通常の学級，通級による指導，特別支援学級，特別支援学校といった，(　④　)のある多様な学びの場の一層の充実・整備を着実に進めていく必要がある。

(1)　(　　)に当てはまる語句を次の選択肢からそれぞれ1つ選び，記号で答えなさい。ただし，同じ番号には同じ記号が入るものとする。

ア　将来　　イ　実態　　ウ　社会参加
エ　全ての学校　　オ　連続性　　カ　特別支援学校
キ　系統性　　ク　特別支援学級　　ケ　教育的ニーズ

(2)　文中の下線部について，「小学校学習指導要領(平成29年告示)解説 総則編(平成29年7月)　第3章　第4節　児童の発達の支援」に示される通級による指導の教育形態として正しいものを次の選択肢から1つ選び，記号で答えなさい。

ア　小学校の通常の学級に在籍している障害のある児童に対して，各教科等の大部分の授業を通常の学級で行いながら，一部の授業について当該児童の障害に応じた特別の指導を特別の指導の場(通級指導教室)で行う教育形態である。

イ　小学校の特別支援学級に在籍している全ての児童に対して，各教科等の大部分の授業を特別支援学級で行いながら，一部の授業について当該児童の障害に応じた特別の指導を特別の指導の場(通級指導教室)で行う教育形態である。

ウ　小学校の通常の学級に在籍している全ての児童に対して，各教科等の大部分の授業を通常の学級で行いながら，一部の授業について当該児童の障害に応じた特別の指導を特別の指導の場(通級指導教室)で行う教育形態である。

エ　小学校の通常の学級に在籍している障害のある児童に対して，各教科等の大部分の授業を特別の指導の場(通級指導教室)で行いながら，一部の授業について当該児童の障害に応じた通常の学級で行う教育形態である。

(☆☆◎◎◎)

【2】自立活動の指導について，次の各問いに答えなさい。

(1)　次の文は，「特別支援学校教育要領・学習指導要領解説　自立活動編(幼稚部・小学部・中学部)(平成30年3月)　第5章　自立活動の目標」から抜粋したものである。(　　)に当てはまる語句を以下の選択肢から1つ選び，記号で答えなさい。

> 自立活動の目標は，学校の教育活動全体を通して，児童生徒が障害による学習上又は生活上の困難を主体的に改善・克服するために必要とされる知識，技能，態度及び習慣を養い，心身の調和的発達の基盤を培うことによって，自立を目指すことを示したものである。(中略)
>
> また，「調和的発達の基盤を培う」とは，一人一人の児童生徒の発達の遅れや不均衡を改善したり，発達の進んでいる側面を更に伸ばすことによって遅れている側面の発達を促すようにしたりして，(　　)発達を促進することを意味している。

ア　望ましい　　イ　心身の健やかな　　ウ　全人的な

エ　定型

(2) 次の文は,「特別支援学校教育要領・学習指導要領解説 自立活動編(幼稚部・小学部・中学部)(平成30年3月) 第6章 自立活動の内容」に示されている六つの区分についてどのような観点で内容が示されているかを記した文である。( )に当てはまる語句を以下の選択肢からそれぞれ1つ選び,記号で答えなさい。ただし,同じ番号には同じ記号が入るものとする。

A 「1(①)」では,生命を維持し,日常生活を行うために必要な健康状態の維持・改善を身体的な側面を中心として図る観点から内容を示している。
B 「2(②)」では,自分の気持ちや情緒をコントロールして変化する状況に適切に対応するとともに,障害による学習上又は生活上の困難を主体的に改善・克服する意欲の向上を図り,自己のよさに気付く観点から内容を示している。
C 「3(③)」では,自他の理解を深め,対人関係を円滑にし,集団参加の基盤を培う観点から内容を示している。
D 「4(④)」では,感覚を有効に活用し,空間や時間などの概念を手掛かりとして,周囲の状況を把握したり,環境と自己との関係を理解したりして,的確に判断し,行動できるようにする観点から内容を示している。
E 「5(⑤)」では,日常生活や作業に必要な基本動作を習得し,生活の中で適切な身体の動きができるようにする観点から内容を示している。
F 「6(⑥)」では,場や相手に応じて,(⑥)を円滑に行うことができるようにする観点から内容を示している。

ア コミュニケーション　イ 健康の保持　ウ 人間関係の形成
エ 情報処理　オ 身体の動き　カ 言語活動
キ 環境の把握　ク 身辺処理　ケ 心理的な安定

(☆☆◎◎◎)

【3】次の文は,「小学校学習指導要領(平成29年告示)解説　総則編(平成29年7月)　第1章　総則　第4　児童の発達の支援　2　特別な配慮を必要とする児童への指導　(1)　障害のある児童などへの指導　イ」を示したものである。文中の(　　)に当てはまる語句を以下の選択肢からそれぞれ1つ選び,記号で答えなさい。

> イ　特別支援学級において実施する特別の教育課程については,次のとおり編成するものとする。
> (ア)　障害による学習上又は生活上の困難を克服し(　①　)を図るため,特別支援学校小学部・中学部学習指導要領第7章に示す(　②　)を取り入れること。
> (イ)　児童の障害の程度や学級の実態等を考慮の上,各教科の目標や内容を下学年の教科の目標や内容に替えたり,各教科を,(　③　)である児童に対する教育を行う特別支援学校の各教科に替えたりするなどして,実態に応じた教育課程を編成すること。

ア　発達障害者　　イ　各教科の学習　　ウ　知的障害者
エ　自立　　オ　社会参加　　カ　自立活動

(☆☆☆◎◎◎)

解答・解説

【特別支援(知的他・音楽・美術)】

【1】①　イ　　②　ウ

〈解説〉特別支援学校は,その他の学校に対し必要な助言又は援助を行うように努めるものとするとされている。特別支援学校とその他の学校との関係は対等であり,指導や支援を行うのではないことに注意する。

【2】① ア　② エ

〈解説〉確かな学力の育成にあたっては，国語科が中心となること，言語活動が言語の基礎をつくることをおさえる。言語は話すだけでなく思考するために重要である。家庭との連携においては，宿題や予習・復習等を通して，学習習慣を確立することが重要であるとされている。

【3】(1) ① ウ　② カ　③ オ　(2) A オ　B ア　C ウ

〈解説〉出題の「障害のある子供の教育支援の手引～子供たち一人一人の教育的ニーズを踏まえた学びの充実に向けて」は，平成25年に作成された「教育支援資料」を改訂したものである。本資料には，障害のある子供の教育的ニーズを整理するための考え方や就学先の学校や学びの場を判断する際に重視すべき事項等，障害のある子供やその保護者，市区町村教育委員会を始め，多様な関係者が多角的，客観的に参画しながら就学を始めとする必要な支援を行う際の基本的な考え方が記載されている。なお，今回出題の箇所については，当該資料の文言すべてを暗記していなくても，前後の文脈から正答にたどりつくことができると思われる。　(1) ①「表面的」とはうわべであり，「断片的」とは途切れ途切れのことである。知的障害のある子供の特性としては，部分的な理解であることが多い。文章の後半に「繰り返し」，「継続的」との文言があることから判断できるだろう。　②「継続的」に続く文言である。繰り返し，継続し，段階的な指導(スモールステップ)が重要である。　③「思考や判断」に続く文言であることから考える。「実行」は行動であり，「表現」は行動も含めた意味を持つ。　(2) 自閉症の3つの特徴，すなわち「社会性の障害」，「コミュニケーションの障害」，「想像力の障害」を押さえておくこと。自閉症のある子どもには，親密で安定した情緒的な関係を築くことの難しさや，こだわりの強さ，興味や関心が限定されることによる集団生活の難しさ，刺激に対する過敏性や行動上の問題(自傷行為や睡眠障害など)が見られる。しかし，早期から環境調整を行い，適切な教育的対応を行うことにより，自閉症のある子供の社会性やコミュニケーション能力の発達の促進，二次的な情緒や行動面の問題の予防が可能となっている。

【4】(1)　①　ア　②　ク　③　シ　④　コ　⑤　ウ
(2)　①　エ　②　キ　③　オ

〈解説〉(1)　学習評価は，学校における教育活動に関し，児童生徒の学習状況を評価するものである。「児童生徒にどういった力が身に付いたか」という学習の成果を的確に捉え，教師が指導の改善を図るとともに，児童生徒自身が自らの学習を振り返って次の学習に向かうことができるようにすることを目的とする。評価に当たっては，いわゆる評価のための評価に終わることなく，教師が児童生徒のよい点や可能性，進歩の状況などを積極的に評価し，児童生徒が学習したことの意義や価値を実感できるようにすることで，自分自身の目標や課題をもって学習を進めていけるように，評価を行うことが大切である。
①　項目(1)の冒頭部分に「よい点や可能性，進歩の状況などを積極的に評価し」と示されているように，学習の過程を評価すること。学びに向かう力の育成も求められている。　②「知識・技能」の習得だけではなく，「資質・能力」の育成に生かすとされている。　③　特別支援学校における教育は，個々の教育的ニーズに応じた「個別の指導計画」に基づく学習である。　④　より効果的な指導のために，計画→実行→評価→改善を繰り返すことが大切である。　⑤　妥当性とは適切であるということである。　(2)　出題箇所は，「コンピュータ等や教材・教具の活用，コンピュータの基本的な操作やプログラミングの体験」からの抜粋である。児童生徒に情報活用能力の育成を図るためには，各学校において，コンピュータや情報通信ネットワークなどの情報手段及びこれらを日常的・効果的に活用するために必要な環境を整えることと，各教科等においてこれらを適切に活用した学習活動の充実を図ることが重要である。また，教師がこれらの情報手段に加えて，各種の統計資料や新聞，視聴覚教材や教育機器などの教材・教具を適切に活用することが重要である。　①　タブレット端末もアプ

リケーションもコンピュータを活用したものであり，総称する語句としては「コンピュータ」が適切である。 ②・③ 学習指導要領では，プログラミング的思考とは，「自分が意図する一連の活動を実現するために，どのような動きの組合せが必要であり，一つ一つの動きに対応した記号を，どのように組み合わせたらいいのか，記号の組合せをどのように改善していけば，より意図した活動に近づくのか，といったことを論理的に考えていく力」とされている。プログラミング言語を覚えたり，その技能を習得したりすることが目的ではなく，論理的思考力や身近な問題にコンピュータを用いて解決をしていこうとする態度等を育むことが目的である。

【5】A ウ B ア C ク D コ E シ F セ G チ H ツ

〈解説〉問題文(2)の①に示されている障害者差別解消法(障害を理由とする差別の解消の推進に関する法律)第5条は，「社会的障壁の除去の実施についての必要かつ合理的な配慮に関する環境の整備」について規定したものである。同②に示されている障害者の権利に関する条約(障害者権利条約)は，2006年12月，第61回国連総会で採択されたもの。日本では条約締結までに様々な国内法整備を必要とし，2014年にようやく批准となった。 A 合理的配慮の基礎となる環境整備についてである。 B バリアフリーやユニバーサルデザインの環境の観点から考える。 C 点検するだけではなく，環境を整備することが求められている。 D 環境の整備は努力義務とされている。 E〜H 合理的配慮の定義は覚えておくこと。なお，合理的配慮は，体制面や財政面に関わることがあるため，「均衡を失した，又は過度の負担を課さないもの」と定義されている。

【6】(1) ① ケ ② オ ③ ア ④ コ ⑤ シ ⑥ ウ ⑦ エ (2) ① カ ② キ ③ ア

〈解説〉(1) 教育課程の編成においては，知的障害の特徴や学習上の特性等を踏まえて，自立し社会参加するために必要な知識や技能，態度を身に付けることを重視している。　①　特別支援学校小学部の主教科は生活とされている。小学校の理科，社会は，特別支援学校小学部では生活である。　②　外国語活動は，児童生徒の実態を考慮し，必要に応じて設けるとされている。　③　中学校の技術・家庭は，特別支援学校中学部では職業・家庭である。　④　中学校でも特別支援学校中学部でも，総合的な学習の時間は同様である。　⑤　特別支援学校高等部では，職業及び家庭である。職業という教科は高等学校の教育課程にはなく，特別支援学校高等部に位置付けられている教科である。　⑥　平成30年・31年の学習指導要領改訂時に，高等学校においても，特別支援学校高等部においても，従来の総合的な学習の時間が総合的な探究の時間と改正されている。　⑦　外国語と同様，情報は必要に応じて設けることができるとされている。　(2)　学習指導要領の改訂により，保健体育については連続性を持たせるために6つの運動領域と1つの保健領域に整理された。　①　体育の基本となる体つくり運動は，小学部・中学部・高等部すべてで実施する。　②　武道は，今回の学習指導要領改訂により新たに追加された。　③　高等部では武道，体育理論，保健も含めてすべて取り扱うこととなったことをおさえておこう。

【7】(1)　①　ク　②　カ　③　ア　(2)　①　ウ　②　エ
③　キ　(3)　①　オ　②　カ　③　エ　④　ウ

〈解説〉(1)　①　自立活動においては子どもの状態とニーズを把握すること，すなわち実態把握が重要である。　②　学習上又は生活上の困難を改善・克服し，自立と社会参加をめざすのが自立活動である。
③　自立活動の目標は「心身の調和的発達の基盤を培う」ことである。
(2)　①・②　投薬治療の副作用が長期間続くことにより，心理的に不安定な状態が続くことがある。　③　理解することを求めるのではなく，心理的な安定のために表現することが大切である。　(3)　①　肢体不自由の幼児児童生徒は，基本動作が未習得であったり，筋緊張が

強かったり弱かったりするといった特徴を持つ。 ② 筋ジストロフィーは進行性の筋力低下が見られる難病である。 ③ 文中に「知的発達の程度等に比較して」,「基本的な動きの指導から始め,徐々に複雑な動きを指導する」といった点が示されていることから考える。 ④ 見て模倣することが困難であり,触らせて確認することが留意点であることから考える。

【8】(1) イ (2) ア

〈解説〉(1) 道徳教育は,自己の生き方を考え,主体的な判断の下に行動し,自立した人間として他者と共によりよく生きるための基盤となる道徳性を養うことを目標としている。道徳性とは,人間としてよりよく生きようとする人格的特性であり,道徳教育では,この道徳性を構成する道徳的判断力,道徳的心情,道徳的実践意欲と態度を養うことが求められている。 (2) 特別の教科 道徳における評価は,数値などの評価は行わないことから,他の教科や学習活動の評価以上にその方法や工夫が必要である。教師が児童一人一人の人間的な成長を見守り,児童自身の自己のよりよい生き方を求めていく努力を評価し,それを勇気づける働きをもつようにすることが求められる。

【9】(1) イ (2) ウ

〈解説〉(1) 道徳科における「内容」に記載されている事柄は,教師と生徒が人間としてのよりよい生き方を求め,共に考え,共に語り合い,その実行に努めるための共通の課題である。つまり,「全教育活動において指導される」べきものであり,出題にあるように「教育活動全体の中で,様々な場や機会を捉え,多様な方法で進められる学習を通して,生徒自らが調和的な道徳性を養うためのもの」であり,また,「生徒が人間として他者と共によりよく生きていく上で学ぶことが必要と考えられる道徳的価値を含む内容を,短い文章で平易に表現したもの」であり,「生徒自らが道徳性を養うための手掛かり」であると捉えられる。 (2) 道徳科の授業において,教師が特定の価値観を生徒に押し付けたり，指示どおりに主体性をもたず言われるままに行動するよう指導したりすることは，道徳教育が目指す方向の対極にあるものである。中学生になると，自分の考え方や生き方を主体的に見つめ直し，人間としての生き方や在り方について考えを深め，自分自身の人生の課題や目標を見つけようとする傾向が強まる。したがって，生徒自身が人生の課題や目標に向き合い，道徳的価値を視点に自らの人生を振り返り，これからの自己の生き方を主体的に判断するとともに，人間としての生き方について理解を深めることができるよう支援することが大切になる。

【特別支援(小学校)】

【1】(1) ① ウ　② ケ　③ エ　④ オ　(2) ア

〈解説〉(1) ①・② 特別支援教育においては，児童生徒の「自立と社会参加」をめざすこと，一人一人の「教育的ニーズ」を把握することが重要である。 ③ 特別支援教育は，特別支援学校や特別支援学級だけでなく通常学級等のすべての学級において実施されるものである。 ④ 通常学級，通級による指導，特別支援学級，特別支援学校といった多様な学びの場の充実・整備を進める必要性が述べられていることから考える。 (2) 通級指導教室の対象は「通常学級に在籍している障害のある児童」で，その特徴は「各教科等の大部分の授業は通常の学級で行」うことである。また，ここでいう「障害のある児童」とは，具体的には，言語障害者，自閉症者，情緒障害者，弱視者，難聴者，学習障害者，注意欠陥多動性障害者，肢体不自由者，病弱者及び身体虚弱者を指す。

【2】(1) ウ　(2) ① イ　② ケ　③ ウ　④ キ
⑤ オ　⑥ ア

〈解説〉(1) 自立活動は「人間としての基本的な行動を遂行するために必要な要素」と「障害による学習上又は生活上の困難を改善・克服するために必要な要素」の調和的な発達の基盤に着目して指導するもの

とされている。「全人的」とは，人間を身体・心理・社会的立場などあらゆる角度から総合的に捉えることである。「全人的な発達を促進する」とは，個々の幼児児童生徒の発達の遅れや不均衡を改善したり，発達の進んでいる側面を更に伸ばすことによって遅れている側面の発達を促すようにしたりして，総合的に発達を促進することを意味している。 (2) 自立活動の6つの区分とは，健康の保持，心理的な安定，人間関係の形成，環境の把握，身体の動き，コミュニケーションである。 ① 健康状態の維持・改善の観点である。 ② 気持ちのコントロールや自己の理解の観点である。 ③ 自他の理解，対人関係の円滑，集団参加の基盤の観点である。 ④ 周囲の状況の把握，環境と自己との関係の理解の観点である。 ⑤ 基本的動作の習得，適切な身体の動きの観点である。 ⑥ 場や相手に応じた円滑な行動の観点である。

【3】① エ ② カ ③ ウ

〈解説〉項目(ア)の文は特別支援学級の特別の教育課程である自立活動について示したものである。項目(イ)の文は教科について示したものであることから，理解の困難さのある児童生徒として適するものを考える。また，誤肢ア「発達障害者」については，特別支援学校の校種に発達障害特別支援学校はないことをおさえておこう。

2022年度　実施問題

本試験においては,「障害」は「障がい」,「障害者」は「障がい者」と表記する。ただし，法令等の名称，専門用語や学術用語などに用いられる場合には，従来の「障害」の表記を用いる。

【特別支援(知的他・音楽・美術)】

【1】次の文は,「特別支援学校教育要領・学習指導要領(平成29年告示)解説　自立活動編(幼稚部・小学部・中学部)　第2章　今回の改訂の要点」から抜粋したものである。文中の(　　)に当てはまる語句を以下の選択肢から選び，記号で答えなさい。

> 障害者が日常・社会生活で受ける(　①　)は，心身の機能の障害のみならず，社会における様々な(　②　)と相対することによって生ずるものという考え方，すなわち，いわゆる「(　③　)」の考え方を踏まえた障害の捉え方については，WHOにおいて(　④　)が採択されてから，引き続き，大切にされているのである。

ア　差別　　イ　社会モデル　　ウ　ICF
エ　障害者差別解消法　　オ　制限　　カ　困難
キ　合理的配慮　　ク　環境　　ケ　医学モデル
コ　国際障害分類　　サ　障壁

(☆☆☆◎◎◎)

【2】次の表は,「特別支援学校学習指導要領(平成29年告示)解説　各教科等編(小学部・中学部)　第4章　知的障害者である児童生徒に対する教育を行う特別支援学校の各教科　第4節　小学部の各教科　第1　生活科　2　生活科の目標及び内容　(2)　生活科の内容」を表にまとめ

たものである。(　　)に当てはまる語句を答えなさい。

主に基本的な生活習慣に関する内容	ア 基本的生活習慣 イ (①) ウ 日課・予定
主に生活や家庭に関する内容	エ 遊び オ 人との関わり カ (②) キ 手伝い・仕事 ク (③)の扱い
中学部における「社会」につながる内容	ケ きまり コ 社会の仕組みと(④)
中学部における「理科」につながる内容	サ (⑤) シ ものの仕組みと働き

(☆☆☆◎◎◎)

【3】次の問いに答えなさい。

(1) 次の表は,「特別支援学校　幼稚部教育要領　小学部・中学部学習指導要領(平成29年告示)　第2章　各教科　第2節　中学部　第2款　知的障害者である生徒に対する教育を行う特別支援学校　第1　各教科の目標及び内容〔職業・家庭〕」における職業分野の目標を段階ごとにまとめたものである。(　　)に当てはまる語句を答えなさい。

1段階	ア 職業について関心をもち，将来の職業生活に係る基礎的な知識や技能を身に付けるようにする。
	イ 将来の職業生活に必要な事柄について触れ，課題や解決策に気付き，実践し，学習したことを伝えるなど，課題を解決する力の基礎を養う。
	ウ 将来の職業生活の実現に向けて，生活を工夫しようとする態度を養う。
2段階	ア 働くことに対する関心を(①)，将来の職業生活に係る基礎的な知識や技能を身に付けるようにする。
	イ 将来の職業生活に必要な事柄を見いだして課題を設定し，解決策を考え，実践し，学習したことを振り返り，考えたことを表現するなど，課題を解決する力を養う。
	ウ 将来の職業生活の実現に向けて，生活を工夫し(②)実践的な態度を養う。

(2) 次の文は,「特別支援学校　幼稚部教育要領　小学部・中学部学習指導要領(平成29年告示)　第2章　各教科　第1節　小学部　第2款　知的障害者である児童に対する教育を行う特別支援学校　第1　各教科の目標及び内容〔音楽〕」から抜粋したものである。(　　)に当てはまる語句を以下の選択肢から答えなさい。

【音楽】
1　目標
表現及び(　①　)の活動を通して,音楽的な(　②　)を働かせ,生活の中の音や音楽に興味や関心をもって関わる資質・能力を次のとおり育成することを目指す。
(1) 曲名や曲想と音楽のつくりについて気付くとともに,感じたことを音楽表現するために必要な(　③　)を身に付けるようにする。
(2) 感じたことを表現することや,曲や演奏の楽しさを見いだしながら,音や音楽の楽しさを味わって聴くことができるようにする。
(3) 音や音楽に楽しく関わり,(　④　)して音楽活動をする楽しさを感じるとともに,身の回りの様々な音楽に親しむ態度を養い,豊かな(　⑤　)を培う。

ア　見方・考え方	イ　感性	ウ　歌唱	エ　表現力
オ　知識	カ　技能	キ　連携	ク　協働
ケ　音楽性	コ　情操	サ　鑑賞	シ　演奏
ス　感覚	セ　理解	ソ　協調	タ　情緒

(3) 「特別支援学校　幼稚部教育要領　小学部・中学部学習指導要領(平成29年告示)　第2章　各教科　第1節　小学部　第2款　知的障害者である児童に対する教育を行う特別支援学校　第1　各教科の目標及び内容〔音楽〕」に示されている小学部の歌唱教材における共通教材を1つ答えなさい。

(☆☆☆◎◎◎)

【4】次の文は,「特別支援学校　幼稚部教育要領　小学部・中学部学習指導要領(平成29年告示)　第1章　総則　第5節　児童又は生徒の調和的な発達の支援」から抜粋したものである。以下の各問いに答えなさい。

教育課程の編成及び実施に当たっては，次の事項に配慮するものとする。

(1)　学習や生活の基盤として，教師と児童又は生徒との信頼関係及び児童又は生徒相互のよりよい人間関係を育てるため，日頃から(ア)学級経営の充実を図ること。また，主に集団の場面で必要な指導や援助を行う(　①　)と，個々の児童又は生徒の多様な実態を踏まえ，一人一人が抱える課題に個別に対応した指導を行う(　②　)の双方により，児童又は生徒の発達を支援すること。

あわせて，小学部の低学年，中学年，高学年の学年の時期の特長を生かした指導の工夫を行うこと。

(2)　児童又は生徒が，自己の存在感を実感しながら，よりよい人間関係を形成し，有意義で充実した学校生活を送る中で，現在及び将来における(　③　)を図っていくことができるよう，児童理解又は生徒理解を深め，学習指導と関連付けながら，生徒指導の充実を図ること。

(3)　児童又は生徒が，学ぶことと自己の将来とのつながりを見通しながら，社会的・職業的自立に向けて必要な基盤となる(　④　)を身に付けていくことができるよう，(　⑤　)を要としつつ各教科等の特質に応じて，キャリア教育の充実を図ること。その中で，中学部においては，生徒が自らの生き方を考え主体的に進路を選択することができるよう，学校の教育活動全体を通じ，(　⑥　)な進路指導を行うこと。

(4)　児童又は生徒が，学校教育を通じて身に付けた知識及び技能を活用し，もてる能力を最大限伸ばすことができるよう，

(　⑦　)への意欲を高めるとともに，社会教育その他様々な(　⑧　)に関する情報の提供に努めること。また，生涯を通じてスポーツや芸術文化活動に親しみ，豊かな生活を営むことができるよう，地域のスポーツ団体，文化芸術団体及び障害者福祉団体等と連携し，多様なスポーツや文化芸術活動を体験することができるよう配慮すること。
(後略)

(1)　文中の(　　)に当てはまる語句を次の選択肢から選んで，記号で答えなさい。

ア　資質・能力　　イ　ロジャース
ウ　知識・態度　　エ　社会自立
オ　作業学習　　カ　特別活動
キ　生涯学習　　ク　進路学習
ケ　ガイダンス　　コ　スポーツライフ
サ　カウンセリング　　シ　自己理解
ス　組織的かつ計画的　　セ　継続的かつ系統的
ソ　段階的かつ発展的　　タ　自己実現
チ　コンサルテーション　　ツ　学習機会
テ　余暇活動

(2)　下線部(ア)について，次の文は「特別支援学校教育要領・学習指導要領(平成29年告示)解説　総則編(幼稚部・小学部・中学部)　第3編　第2章　教育課程の編成及び実施　第5節　児童生徒の調和的な発達の支援　1　児童生徒の調和的な発達を支える指導の充実(1)　学級経営，児童生徒の発達の支援(第1章第5節の1の(1))」からの抜粋である。(　　)に当てはまる語句を書きなさい。

学級経営を行う上で最も重要なことは学級の児童生徒一人一人の(　①　)を(　②　)すること，すなわち確かな児童生徒理解である。
(中略)
また，学級を一人一人の児童生徒にとって存在感を実感できる場としてつくりあげることが大切である。
(中略)
学級経営に当たって，学級担任の教師は，校長や副校長，教頭の指導の下，学部や学年の教師や生徒指導の主任，さらに養護教諭など他の教職員と連携しながら学級経営を進めることが大切であり，(　③　)学級経営の実現を目指す必要がある。また，充実した学級経営を進めるに当たっては，家庭や(　④　)との連携を密にすることが大切である。

(☆☆☆◎◎◎)

【5】次の文は，「特別支援学校学習指導要領(平成29年告示)解説　各教科等編(小学部・中学部)　第4章　知的障害者である児童生徒に対する教育を行う特別支援学校の各教科　第2節　知的障害者である児童生徒に対する教育を行う特別支援学校における指導の特徴について」における「各教科等を合わせた指導の特徴と留意点」から抜粋したものである。「日常生活の指導」について述べているものを全て選び記号で答えなさい。

ア　必要な知識や技能の習得とともに，思考力，判断力，表現力等や学びに向かう力，人間性等の育成を図るものであり，生活上の望ましい態度や習慣が形成され，身につけた指導内容が現在や将来の生活に生かされるようにすること。

イ　毎日反復して行い，望ましい生活習慣の形成を図るものであり，繰り返しながら取り組むことにより習慣化していく指導の段階を経て，発展的な内容を取り扱うようにすること。

ウ　できつつあることや意欲的な面を考慮し，適切な支援を行うとともに，生活上の目標を達成していくために，学習状況等に応じて課題を細分化して段階的な指導ができるものであること。

エ　単元は，実際の生活から発展し，児童生徒の知的障害の状態や生活年齢等及び興味や関心を踏まえたものであり，個人差の大きい集団にも適合するものであること。

オ　学校と家庭等とが連携を図り，児童生徒が学校で取り組んでいること，また家庭等でこれまで取り組んできたことなどの双方向で学習状況等を共有し，指導の充実を図るようにすること。

(☆☆☆◎◎◎)

【6】次の表1は，「特別支援教育要領・学習指導要領(平成29年告示)解説　自立活動編(幼稚部・小学部・中学部)　第7章　自立活動の個別の指導計画の作成と内容の取扱い　8　個別の教育支援計画等の活用」に示されている「実態把握から具体的な指導内容を設定するまでの例示図11]を参考にして作成したものである。表中②の(　　)に当てはまるものを表中①のa～gから選び記号で答えなさい。ただし，同じ(　　)には同じ記号が入るものとする。

〈　表1　〉

学部・学年	中学部・第1学年
障害の種類・程度や状態等	自閉症，知的障害。言葉でのやりとりはできるが，他者の意図や感情の理解に困難さがみられる。
事例の概要	他者とのコミュニケーションを苦手としている生徒に，やり取りの仕方を指導した事例。

① 障害の状態，発達や経験の程度，興味・関心，学習や生活の中で見られる長所やよさ，課題等について情報収集
a 聴覚から情報をとらえることは苦手であるものの，視覚からの情報を理解することが得意である。 b 運動が好きで，進んで体を動かしている。 c 気持ちが落ち着かなくなったときに，自らの行動を抑制することが難しく，他者に対して荒々しい行動に及んでしまうことがある。 d 困ったことに直面したときに，他者に援助を求める方法が身に付いていない。 e 険しい表情・口調で話してしまうことが多く，相手に動揺を与えてしまうことがある。 f 感情などを言葉にして話すことが難しく，相手に意思が伝わらないことが多い。 g 一方的に話してしまうことが多く，相手の話を聞くのが苦手なため，会話が成立しにくい。

② 収集した情報（①）を自立活動の区分に即して整理する段階					
健康の保持	心理的な安定	人間関係の形成	環境の把握	身体の動き	コミュニケーション
（ ア ）	（ イ ）	（ ウ ） （ エ ）	（ オ ）	（ ア ）	（ カ ） （ キ ）

(☆☆☆◎◎◎)

【7】「小学校学習指導要領(平成29年告示)解説　特別の教科　道徳編」について，次の各問いに答えなさい。

(1) 「第2章　道徳教育の目標　第2節　道徳科の目標」には，道徳教育の要である道徳科の目標について，次のように述べられている。

(　　)に当てはまる語句を答えなさい。

> 第1章総則の第1の2の(2)に示す道徳教育の目標に基づき，よりよく生きるための基盤となる道徳性を養うため，道徳的諸価値についての(　①　)を基に，自己を見つめ，物事を多面的・多角的に考え，(　②　)についての考えを深める学習を通して，道徳的な判断力，心情，実践意欲と態度を育てる。

(2) 「第5章　道徳科の評価　第2節　2　道徳科における評価　(5)」には，発達障がい等のある児童や海外から帰国した児童，日本語習得に困難のある児童等に対する配慮について，次のように述べられている。(　　)に当てはまる語句を，以下の[選択肢]からそれぞれ選び，記号で答えなさい。

> 発達障害等のある児童の学習状況や道徳性に係る(　①　)を把握するため，道徳的価値の理解を深めていることをどのように見取るのかという評価資料を集めたり，集めた資料を検討したりするに当たっては，相手の気持ちを想像することが苦手であることや，望ましいと分かっていてもそのとおりにできないことがあるなど，一人一人の障害により学習上の(　②　)をしっかりと踏まえた上で行い，評価することが重要である。

[選択肢]　ア　困難さの状況　　イ　発達の状況
　　　　　ウ　成長の様子　　　エ　生活経験

(☆☆☆◎◎◎)

【8】「中学校学習指導要領(平成29年告示)解説　特別の教科　道徳編」について，次の各問いに答えなさい。

(1) 「第3章　道徳科の内容　第1節　内容の基本的性格　2　内容の取扱い方　(1)」には，関連的，発展的な取扱いの工夫について，次のように述べられている。(　　)に当てはまる語句を答えなさい。

道徳科の指導に当たっては，内容項目間の(　①　)を十分に考慮したり，指導の(　②　)を工夫したりして，生徒の実態に応じた適切な指導を行うことが大切である。そして，全ての内容項目が調和的に関わり合いながら，生徒の道徳性が養われるように工夫する必要がある。

(2) 「第4章　指導計画の作成と内容の取扱い　第3節　指導の配慮事項　5　問題解決的な学習など多様な方法を取り入れた指導　(1)」には，道徳科における問題解決的な学習の工夫について，次のように述べられている。(　　)に当てはまる語句を答えなさい。

道徳科における問題解決的な学習とは，生徒一人一人が生きる上で出会う様々な道徳上の問題や課題を多面的・多角的に考え，(　①　)に判断し実行し，よりよく生きていくための資質・能力を養う学習である。そうした問題や課題は，多くの場合，道徳的な判断や心情，意欲に誤りがあったり，複数の道徳的価値が衝突したりするために生じるものである。指導方法は，(　②　)に即して，目標である道徳性を養うことに資するものでなければならない。

(☆☆☆☆◎◎◎◎)

【特別支援(知的他・音楽・美術)／特別支援(小学校)】

【1】次の文は，「特別支援学校教育要領・学習指導要領(平成29年告示)解説　総則編(幼稚部・小学部・中学部)　第1編　総説　第1章　教育課程の基準の改善の趣旨　第1節　改訂の経緯」から抜粋したものである。文中の(　　)に当てはまる語句を答えなさい。ただし，同じ番号には同じ語句が入るものとする。

> 平成24年7月に「(　①　)の形成に向けた(　②　)構築のための特別支援教育の推進(報告)」が取りまとめられた。この報告では，(　②　)を構築するためには，最も本質的な視点として，「それぞれの子どもが，授業内容が分かり学習活動に参加している実感・達成感を持ちながら，充実した時間を過ごしつつ，生きる力を身に付けていけるかどうか」とした上で，障害のある者とない者とが同じ場で(　③　)ことを追求するとともに，個別の教育的ニーズのある子供に対し，自立と社会参加を見据え，その時々で教育的ニーズに最も的確に応える指導を提供できる，多様で柔軟な仕組みを整備することが重要であるとしている。その際，小・中学校等の通常の学級，通級による指導及び特別支援学級や，特別支援学校といった，子供たちの多様な教育的ニーズに対応できる連続性のある「(　④　)」において，子供一人一人の十分な学びを確保していくことが重要であると報告は指摘している。

(☆☆☆◎◎◎)

【2】自立活動の指導について，次の各問いに答えなさい。

(1) 次の文は，「特別支援学校　幼稚部教育要領　小学部・中学部学習指導要領(平成29年告示)　第7章　自立活動　第1　目標」である。文中の(　　)に当てはまる語句を答えなさい。

> 個々の児童又は生徒が自立を目指し，障害による学習上又は生活上の困難を(　①　)に改善・克服するために必要な知識，技能，態度及び習慣を養い，もって心身の(　②　)の基盤を培う。

(2) 次の文は，「特別支援学校教育要領・学習指導要領(平成29年告示)解説　自立活動編(幼稚部・小学部・中学部)　第6章　自立活動の内容　4　環境の把握　(3)　感覚の補助及び代行手段の活用に関すること　②　具体的指導内容例と留意点」を一部抜粋し，障がい種ごとにまとめたものである。文中の(　　　)に当てはまる語句を以下の選択肢から選び，記号で答えなさい。

視覚障がいのある幼児児童生徒の場合

小さな文字など細かなものや遠くのものを読み取ることが難しいことがある。そこで，遠用・近用などの各種の弱視レンズや(　①　)などの視覚補助具，(　②　)などを効果的に活用できるように指導することが大切である。

聴覚障がいのある幼児児童生徒の場合

補聴器や人工内耳を装用していても，音や他者の話を完全に聞き取れるわけではない。その際，聴覚活用に加えて，視覚を通した情報の収集が考えられる。視覚を活用した情報収集の方法としては，手話や指文字，(　③　)，口形，読話などがあり，それぞれの特徴や機能を理解していくことが重要である。

自閉症のある幼児児童生徒の場合

聴覚に(　④　)が見られ，特定の音を嫌がることがある。そこで，自分で苦手な音などを知り，音源を遠ざけたり，イヤーマフやノイズキャンセルヘッドホン等の音量を調節する器具を利用したりするなどして，自分で(　⑤　)できる方法を身に付けるように指導することが必要である。

ア　拡大ルーペ　　イ　スケジュール管理
ウ　白杖　　エ　絵カード
オ　拡大読書器　　カ　タブレット型端末
キ　異常　　ク　対処
ケ　筆談　　コ　キュード・スピーチ
サ　学習　　シ　過敏さ

(☆☆☆◎◎◎)

【3】次の文は,「特別支援学校学習指導要領(平成29年告示)解説　各教科等編(小学部・中学部)　第4章　知的障害である児童生徒に対する教育を行う特別支援学校の各教科　第2節　知的障害者である児童生徒に対する教育を行う特別支援学校における指導の特徴について」から抜粋したものである。以下の各問いに答えなさい。

> ウ　生活単元学習
>
> 生活単元学習は,児童生徒が生活上の目標を達成したり,課題を解決したりするために,一連の活動を組織的・体系的に経験することによって,(　①　)のために必要な事柄を(　②　)に学習するものである。
>
> 生活単元学習では,広範囲に(　③　)の目標や内容が扱われる。
>
> 生活単元学習の指導では,児童生徒の学習活動は,実際の生活上の目標や課題に沿って指導目標や指導内容を組織されることが大切である。

(1)　文中の(　　)に当てはまる語句を選び,記号で答えなさい。

ア　情緒の安定	イ　横断的
ウ　特別活動	エ　総合的な学習の時間
オ　発達	カ　系統的
キ　将来の生活	ク　実際的・総合的
ケ　自立や社会参加	コ　意図的・計画的
サ　各教科等	シ　自立活動

(2)　知的障がい者である児童生徒に対する教育を行う特別支援学校において従前から実践されている「各教科等を合わせた指導」には,「生活単元学習」のほかにどのようなものがあるか,「特別支援学校学習指導要領(平成29年告示)解説　各教科等編(小学部・中学部)」に示されているものを一つ答えなさい。なお,「生単」のように省略せず,記載されているとおりに表記しなさい。

(☆☆☆◎◎◎)

解答・解説

【特別支援(知的他・音楽・美術)】

【1】① オ　② サ　③ イ　④ ウ

〈解説〉WHO(世界保健機関)では，1980年に「国際障害分類」(ICIDH: International Classification of Impairments, Disabilities and Handicaps)を制定したが，疾病等に基づく状態のマイナス面のみを取り上げているとの指摘があった。そこで，障害のみならず健康というプラス部分を含む人間の健康状態に関わるすべてのことが対象となるように改められたのが，2001年に発表された「国際生活機能分類」(ICF: International Classification of Functioning, Disability and Health)である。ICIDHが疾病の結果(consequence of disease)に対する分類であったのに対し，ICFでは健康状態の構成要素(components of health)に対する分類に変更されたことが大きな違いである。ICFによれば，「障害」とは「人間の生活機能を構成する『心身機能・身体構造』，『活動』，『参加』に支障がある状態」であり，生活機能と障害の状態は，健康状態や環境因子等と相互に影響し合うものと説明されている。ICFの考え方が広く一般に浸透しつつあることを踏まえ，今後の自立活動の指導では，生活機能や障害，環境因子等をより的確に把握し，相互の関連性についても十分考慮することが求められている。

【2】① 安全　② 役割　③ 金銭　④ 公共施設　⑤ 生命・自然

〈解説〉生活科では，自ら考えて判断し表現等をしていく中で，知識や技能を身に付けていくことを重視している。その内容は，「ア　基本的生活習慣」，「イ　安全」，「ウ　日課・予定」，「エ　遊び」，「オ　人との関わり」，「カ　役割」，「キ　手伝い・仕事」，「ク　金銭の扱い」，「ケ　きまり」，「コ　社会の仕組みと公共施設」，「サ　生命・自然」，「シ　ものの仕組みと働き」の12項目で構成されている。これらの構成は1段階から3段階まで共通しており，段階を積み重ねて学習していくことができるよう配慮されている。また，これらの内容の取り扱いについては，日々の日課に即して，実際的な指導をしていくことや，具体的な活動や体験を通して多様な学習活動を行うことが必要とされている。

【3】(1)　①　高め　②　考えようとする　(2)　①　サ　②　ア　③　カ　④　ク　⑤　コ　(3)　うみ

〈解説〉(1)〈職業分野〉の1段階では，職業に関する体験や，作業や実習等を通した初歩的な知識や技能を習得しながら，課題の解決を試みる力や将来の職業生活につながる生活面での工夫をする態度を養うことをねらいとしている。2段階では，1段階で育成した資質・能力を踏まえ，より主体的に学び，課題を解決する力や生活を工夫する実践的な態度を育てることをねらいとしている。　①「働くことに対する関心を高め」とは，将来の自分の仕事について考える基盤として，職業の種類や内容，働くことの社会的な意義などについて知り，興味をもつようになることを示している。　②「生活を工夫し考えようとする実践的な態度を養う」とは，実際に取り組んでいる作業における具体的な課題解決の過程を経験することを重視する。　(2)　学習指導要領では，音楽は「表現」,「鑑賞」の2つの領域で構成されており，児童の音楽遊び，歌唱，楽器の演奏，音楽づくり，音楽を体の動きで表現する身体表現は「表現」領域にまとめられている。音楽によって喚起されるイメージや感情，自分の生活との関わりについて考えることによって，表現領域では，自分なりの思いをもって歌ったり楽器を演奏したり音楽をつくったり身体表現したりする学習が，鑑賞領域では，楽しさを見いだし味わって聴く学習が一層充実する。　(3)　小学部の共通教材には「うみ」,「かたつむり」,「日のまる」,「ひらいたひらいた」,「かくれんぼ」,「春がきた」,「虫のこえ」,「夕やけこやけ」がある。共通教材については，児童の障害の状態や特性及び心身の発達の段階等を考慮しながら選択して扱う。なお，小学部で取り上げる歌唱教材は，「児童の生活年齢及び発達の段階に応じた，日常の生活に関連した曲」であることを踏まえ，児童が親しみやすい内容の歌詞やリズム，旋律をもつ教材を選ぶなど，児童の興味・関心に十分に配慮するとともに，独唱，斉唱で歌う曲が対象とされている。

【4】(1) ① ケ　② サ　③ タ　④ ア　⑤ カ
⑥ ス　⑦ キ　⑧ ツ　(2) ① 実態　② 把握
③ 開かれた　④ 地域社会

〈解説〉(1)　項目(1)は学級経営及び児童生徒の発達の支援について示した項目である。学級は，児童生徒にとって学習や学校生活の基盤であるため，学級担任の教師は，調和のとれた学級経営の目標を設定し，学級経営の全体的な構想を立てるようにする必要がある。項目(2)は生徒指導の充実について示した項目である。生徒指導の基盤となるのは児童生徒一人一人についての児童生徒理解の深化を図ることである。項目(3)はキャリア教育の充実について示した項目である。児童生徒に学校で学ぶことと社会との接続を意識させ，一人一人の社会的・職業的自立に向けて必要な基盤となる資質・能力を育み，キャリア教育の充実を図ることを示している。項目(4)は生涯学習への意欲の向上について示した項目である。障害のある児童生徒が在学中から地域における活動に参加し，楽しむ態度を養い，必要な行政や民間による支援について学ぶなど，様々な活動に積極的に参加できるよう，生涯学習への意欲を高めることが重要である。　(2)　調和的な発達の支援のためには，学級担任の教師によるガイダンスとカウンセリングが重要である。学級担任の教師は，適切な時期や機会に主に集団の場面で必要な指導や援助を行うガイダンスと，個々の児童生徒が抱える課題の解決に向けて主に個別の会話・面談や言葉掛けを通して指導や援助を行うカウンセリングの双方により，児童生徒の発達を支援することが求められている。

【5】イ，ウ，オ

〈解説〉「日常生活の指導」は，「遊びの指導」，「生活単元学習」，「作業学習」とともに「各教科を合わせた指導」の一つである。また，「各教科を合わせた指導」とは，特別支援学校で行われる，知的障害のある児童生徒に対する指導形態であり，児童生徒が学校での生活を基盤として学習や生活の流れに即して学んでいけることを目的としたものである。出題の「日常生活の指導」とは，例えば，衣服の着脱，洗面，排泄，清潔など，基本的生活習慣の内容や，あいさつ，礼儀作法，きまりを守るなどの日常生活や社会生活に必要な内容である。選択肢アとエは，自立や社会参加のために必要な事柄を実際的・総合的に学習する「生活単元学習」の留意点である。

【6】ア　b　イ　c　ウ　e　エ　g　(ウ，エは順不同)　オ　a　カ　d　キ　f　(カ，キは順不同)

〈解説〉今回の学習指導要領の改訂により，自立活動の指導の成果が就学先や進学先等でも生かされるように，「個別の教育支援計画等」を活用して連携を図ることが新たに示された。「個別の教育支援計画等」の作成は，関係機関が緊密な連携を図り，長期的な視点で幼児児童生徒への教育的支援を行うことを目的としている。障害のある幼児児童生徒の場合，対人関係や環境の変化などにより，新たな学習上又は生活上の困難が生じたり，困難さの状況が変化したりする場合がある。そのため，個別の教育支援計画等によって，本人，保護者，医師，専門家等との連携協力を図り，教育的ニーズや長期的展望に立った指導や支援の方針や方向性等を整理し，学校が自立活動の指導計画の作成に活用していくことが重要なのである。

【7】(1)　①　理解　②　自己の生き方　(2)　①　ウ　②　ア

〈解説〉(1)　道徳教育は学校の教育活動全体を通じて行う教育活動であり，「小学校学習指導要領(平成29年3月告示)」の「第1章　総則　第1　小学校教育の基本と教育課程の役割　2(2)」には，「道徳教育は，教育基本法及び学校教育法に定められた教育の根本精神に基づき，自己の生き方を考え，主体的な判断の下に行動し，自立した人間として他者と共によりよく生きるための基盤となる道徳性を養うことを目標とする」と示されている。出題は，この目標に基づいて作成された道徳科の目標である。文中の「よりよく生きるための道徳性」,「道徳的諸価値」,「自己を見つめる」,「道徳的な判断力，心情，実践意欲と態度」などの文言については，学習指導要領及び同解説を相互参照しながら，その意図するところを理解しておきたい。　(2)　道徳科の評価は他の児童との比較による評価や目標への到達度を測る評価ではなく，一人一人の児童がいかに成長したかを積極的に受け止めて認め，励ます個人内評価として行う。評価に当たっては，困難さの状況ごとの配慮を踏まえることが必要であり，児童が多面的・多角的な見方へ発展させていたり道徳的価値を自分のこととして捉えていたりしているかといったことを丁寧に見取る必要がある。このような道徳科の評価本来の在り方を追求していくことが，一人一人の学習上の困難さに応じた評価につながるものと考えられる。

【8】(1)　①　関連　　②　順序　　(2)　①　主体的　　②　ねらい

〈解説〉(1)「第3章　第1節　2(1)　関連的，発展的な取り扱いの工夫　ア　関連性をもたせる」の項からの出題である。本項では「関連性をもたせる」ことの重要性を提起し「内容項目を熟知した上で，各学校の実態，特に生徒の実態に即して，生徒の人間的な成長をどのように図り，どのように道徳性を養うかという観点から，幾つかの内容を関連付けて指導することが考えられる」と解説している。また，語句としては示されていないが，幾つかの関連した内容などについて取り扱う場合は，関連した内容の順序を十分に考慮する必要があることは言うまでもない。本項には，「特別の教科道徳」を指導する上で重要な内容が説明されている。十分に読みこなし，教師に求められる「授業力」を身に付けておきたい。　(2)　本問については，「中学校学習指導要領(平成29年3月告示)」の「第3章　特別の教科　道徳　第3　指導計画の作成と内容の取扱い」の項を参照されたい。本項の「配慮事項」では，「道徳性を養うことの意義について，生徒自らが考え，理解し，主体的に学習に取り組むことができるようにすること」，「指導のねらいに即して，問題解決的な学習，道徳的行為に関する体験的な学習を適切に取り入れるなど，指導方法を工夫すること」と示されている。本問で提示されている「問題解決的な指導の工夫」は，この配慮事項を受けて作成されたものである。中学校学習指導要領では，指導の際の配慮事項として「主体的に判断し実行」することの視点が，一層重視されるようになっている。「多面的・多角的」という文言と併せ，重要なキーワードとして理解しておくことが大切である。なお，「問題解決的な学習」の指導には，教員としての「授業力」が必要とされる。早期からその力を付けていくことが必要である。

【特別支援(知的他・音楽・美術)／特別支援(小学校)】

【1】①　共生社会　　②　インクルーシブ教育システム　　③　共に学ぶ　　④　多様な学びの場

〈解説〉問題文中の「共生社会の形成に向けたインクルーシブ教育システム構築のための特別支援教育の推進(報告)」(中央教育審議会　平成24年7月)では，共生社会について，「これまで必ずしも十分に社会参加できるような環境になかった障害者等が，積極的に参加・貢献していくことができる社会」であると定義しており，「共生社会の形成に向けて，障害者の権利に関する条約に基づくインクルーシブ教育システムの理念が重要であり，その構築のため，特別支援教育を着実に進めていく必要がある」と述べている。なお，「インクルーシブ教育システム」とは，2006(平成18)年に国連で採択された「障害者の権利に関する条約」で初めて提唱された概念であり，障害のある者と障害のない者が可能な限り共に学ぶ仕組みをさす。同システムの構築に必要な要件として，「障害のある者が一般的な教育制度から排除されないこと」，「障害のある者に対する支援のために必要な教育環境が整備されること(基礎的環境整備)」，「障害のある子供が，他の子供と平等に『教育を受ける権利』を行使するため，個々に必要となる適当な変更・調整(合理的配慮)が提供されること」が挙げられている。近年，特別支援学校だけではなく幼稚園や小学校，中学校及び高等学校等においても発達障害を含めた障害のある児童生徒が学んでおり，特別支援教育の対象となる子供の数は増加傾向にある。障害のある子供たちをめぐる日本国内の動向を見てみると，平成23(2011)年には障害者基本法が改正され，平成25年には就学先決定に関する学校教育法施行令が一部改正され，平成28年には障害を理由とする差別の解消の推進に関する法律(障害者差別解消法)が施行されるなど，教育分野を含めた様々な制度改正がなされている。平成29年に公示された特別支援学校幼稚部教育要領，特別支援学校小学部・中学部学習指導要領は，こうした背景のもとで「①　インクルーシブ教育システム構築のための特別支援教育の推進」,「②　子供の障害の重度・重複化，多様化」,「③　社会の急速な変化と卒業後を見据えた教育課程の在り方」を踏まえた改訂がなされている。

【2】(1)　①　主体的　　②　調和的発達　　(2)　①　オ　　②　カ　③　コ　　④　シ　　⑤　ク

〈解説〉特別支援学校教育要領・学習指導要領解説自立活動編(幼稚部・小学部・中学部)(平成30年3月)では，幼稚部における自立活動のねらいは「幼稚部における生活の全体を通して，幼児が障害による学習上又は生活上の困難を主体的に改善・克服するために期待される態度や習慣などを養い，心身の調和的発達の基盤を培うことによって，自立を目指すことを示したもの」であり，小学部・中学部における自立活動の目標は「学校の教育活動全体を通して，児童生徒が障害による学習上又は生活上の困難を主体的に改善・克服するために必要とされる知識，技能，態度及び習慣を養い，心身の調和的発達の基盤を培うことによって，自立を目指すことを示したもの」であると解説されている。　①「障害による学習上又は生活上の困難を主体的に改善・克服する」とは，幼児児童生徒の実態に応じ，日常生活や学習場面等(幼稚部は遊び等)の諸活動において，その障害によって生ずるつまずきや困難を軽減しようとしたり，また，障害があることを受容したり，つまずきや困難の解消のために努めたりすることを明記したものである。　②「調和的発達の基盤を培う」とは，一人一人の幼児児童生徒の発達の遅れや不均衡を改善したり，発達の進んでいる側面を更に伸ばすことによって遅れている側面の発達を促すようにしたりして，全人的な発達を促進することを意味している。　(2)「4　環境の把握」の項では，感覚を有効に活用し，空間や時間などの概念を手掛かりとして，周囲の状況を把握したり，環境と自己との関係を理解したりして，的確に判断し，行動できるようにする観点から内容が示されている。視覚障害のある幼児児童生徒の場合，明るさの変化を視覚以外の感覚で確認できる機器を活用できるように指導することも大切である。聴覚障害のある幼児児童生徒の場合，個々の障害の状態に応じて，聴覚以外の感覚を適切に活用できる力を養うことが大切になる。自閉症のある幼児児童生徒の場合，苦手とする特定の音が発生する理由や仕組みなどを理解し，徐々に受け入れられるように指導していくことも大切である。

【3】(1)　①　ケ　　②　ク　　③　サ　　(2)　日常生活の指導

〈解説〉知的障害者である児童生徒は，学習によって得た知識や技能が断片的になりやすく，生活の場で応用されにくいことがある。よって，知的障害者に対する教育を行う特別支援学校では，児童生徒の学校での生活を基盤として学習や生活の流れに即して学んでいけるよう，「日常生活の指導」，「遊びの指導」，「生活単元学習」，「作業学習」で構成される「各教科を合わせた指導」という指導形態が設けられている。「日常生活の指導」とは，例えば，衣服の着脱，洗面，排泄，清潔など，基本的生活習慣の内容や，あいさつ，礼儀作法，きまりを守るなどの日常生活や社会生活に必要な内容である。「遊びの指導」は，主に小学部段階において，遊びを学習活動の中心に据えて取り組み，身体活動を活発にし，仲間とのかかわりを促し，意欲的な活動を育み，心身の発達を促していくものである。「作業学習」は作業活動を学習活動の中心にしながら，児童生徒の働く意欲を培い，将来の職業生活や社会自立に必要な事柄を総合的に学習するものである。なお，「各教科等を合わせて指導を行う」ことの法的根拠は，学校教育法施行規則第130条第2項に「特別支援学校の小学部，中学部又は高等部においては，知的障害者である児童若しくは生徒又は複数の種類の障害を併せ有する児童若しくは生徒を教育する場合において特に必要があるときは，各教科，特別の教科である道徳(特別支援学校の高等部にあつては，前条に規定する特別支援学校高等部学習指導要領で定める道徳)，外国語活動，特別活動及び自立活動の全部又は一部について，合わせて授業を行うことができる」と示されている。

2021年度　実施問題

【特別支援(知的他・音楽・美術)】

【1】次の文は，学校教育法第72条である。文中の(　　)に当てはまる語句を答えなさい。

> 特別支援学校は，視覚障害者，聴覚障害者，知的障害者，肢体不自由者又は病弱者(身体虚弱者を含む。以下同じ。)に対して，幼稚園，小学校，中学校又は高等学校に(　　)教育を施すとともに，(中略) 自立を図るために必要な知識技能を授けることを目的とする。

(☆☆☆◎◎◎)

【2】次の文は，「特別支援学校教育要領・学習指導要領解説　総則編(幼稚部・小学部・中学部)(平成30年3月)　第1編　総説　第1章　教育課程の基準の改善の趣旨　第1節　改訂の経緯」から抜粋したものである。あとの各問いに答えなさい。

> (前略)
> 　また，障害のある子供たちをめぐる動向として，近年は特別支援学校だけではなく幼稚園や小学校，中学校及び高等学校等において発達障害を含めた障害のある子供が学んでおり，特別支援教育の対象となる子供の数は増加傾向にある。そのような中，我が国は，平成19年に「①障害者の権利に関する条約(平成18年国連総会で採択)」に署名し，平成26年にこれを批准した。同条約では，人間の多様性の尊重等を強化し，障害のある者がその能力等を最大限に発達させ，社会に効果的に参加することを可能とするため，障害のある者と障害のない者とが共に学ぶ仕組みとしての「②インクルーシブ教育システム」の理念が提唱された。こうした状況に

鑑み，同条約の署名から批准に至る過程においては，平成23年の③障害者基本法の改正，平成25年の④就学先決定に関する(Ⓐ)の改正，平成28年の⑤障害を理由とする差別の解消の推進に関する法律の施行など，教育分野を含め，同条約の趣旨を踏まえた様々な大きな制度改正がなされたところである。
(後略)

(1) 次の文は下線部①の条約が採択される前の障がい者施策に係る国際的な動向である。次のA～Cを古いものから順に並び替えなさい。

A ユネスコ「特別なニーズ教育に関する世界会議」サラマンカ宣言(「インクルージョン」の規定)

B WHOにおけるICF(国際生活機能分類)の採択

C 国際連合総会「障害者権利宣言」の採択

(2) 次の文は，「障害者の権利に関する条約」における下線部②の理念から一部抜粋して，まとめたものである。文中の( )に当てはまる適切な語句の組合せを選び，番号で答えなさい。

・ 障害のある者が(a)から排除されないこと。
・ 自己の(b)において初等中等教育の機会が与えられること。
・ 個人に必要な「(c)」が提供されること。

① a 特別支援教育 b 関わりのある団体 c 個別プログラム
② a 教育制度一般 b 生活する地域 c 合理的配慮
③ a 特別支援教育 b 所属する学校 c 合理的配慮
④ a 教育制度一般 b 所属する学校 c 個別プログラム
⑤ a 学級集団 b 生活する地域 c タブレット端末

(3) 次の表は，下線部③及び下線部⑤について，それぞれの法律の第1条を一部抜粋したものである。表中の( )には同じ語句が入る。当てはまる語句を漢字2文字で書きなさい。

障害者基本法	この法律は，（中略），全ての国民が，障害の有無によつて分け隔てられることなく，相互に人格と個性を尊重し合いながら（　　　）する社会を実現するため，障害者の自立及び社会参加の支援等のための施策に関し，（後略）。
障害を理由とする差別の解消の推進に関する法律	この法律は，（中略），障害を理由とする差別の解消を推進し，もって全ての国民が，障害の有無によって分け隔てられることなく，相互に人格と個性を尊重し合いながら（　　　）する社会の実現に資することを目的とする。

(4)　次の図は，文部科学省初等中等教育局特別支援教育課が作成した「教育支援資料～障害のある子供の就学手続と早期からの一貫した支援の充実～(平成25年10月)」における参考資料を基に，下線部④に伴い改められた就学先決定の手続を図示したものである。あとの各問いに答えなさい。

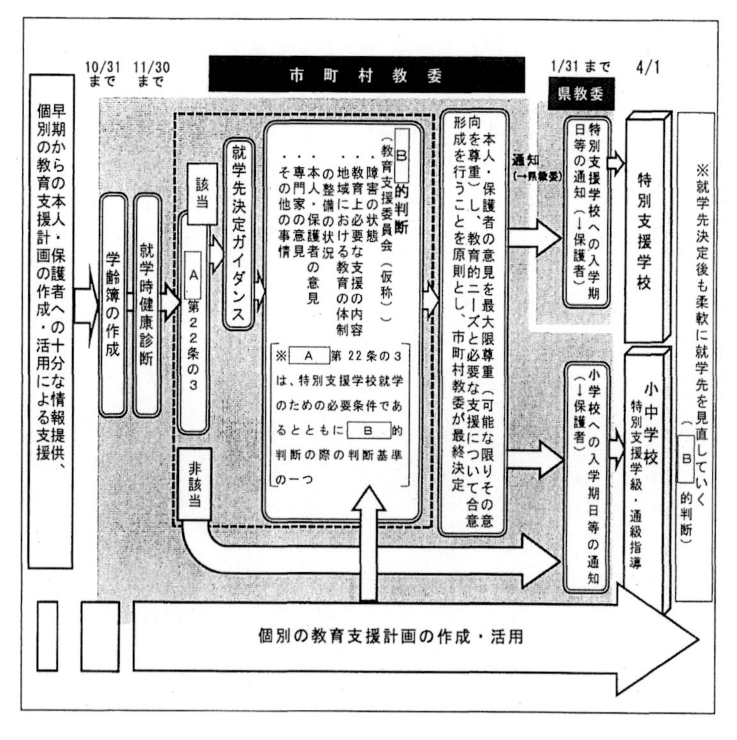

ア　下線部④の文中の［　A　］には，図中の［　A　］と同じ法令名が入る。その法令名を答えなさい。

イ　図中の［　B　］に入る適切な語句を下の選択肢から選んで，記号で答えなさい。ただし，［　B　］には同じ語句が入るものとする。

㋐　客観　　㋑　合理　　㋒　主体　　㋓　総合

(☆☆☆◎◎◎)

【3】次の表は，「特別支援学校小学部・中学部学習指導要領(平成29年4月告示)　第1章　総則　第3節　教育課程の編成」，「特別支援学校高等部学習指導要領(平成31年2月告示)　第1章　総則　第2節　教育課程の編成　第2款　教育課程の編成」の「学部段階間及び学校段階等間の接続」から抜粋したものである。表中の(　　)に当てはまる語句を下の選択肢から1つずつ選んで，記号で答えなさい。

小学部	（前略） 特に，小学部入学当初においては，幼児期において自発的な活動としての（　①　）を通して育まれてきたことが，各教科等における学習に円滑に接続されるよう，（　②　）を中心に，合科的・関連的な指導や弾力的な時間割の設定など，指導の工夫や指導計画の作成を行うこと。
中学部	（前略） 中学部においては，特別支援学校小学部・中学部学習指導要領又は小学校学習指導要領を踏まえ，小学部における教育又は小学校教育までの学習の成果が中学部における教育に円滑に接続され，（　③　）段階の終わりまでに育成することを目指す資質・能力を，生徒が確実に身に付けることができるよう工夫すること。 （後略）
高等部	（前略） 大学や専門学校，教育訓練機関等における教育や社会的・職業的自立，（　④　）にわたる学習や生活のために，高等部卒業以降の進路先との円滑な接続が図られるよう，関連する教育機関や（　⑤　），福祉施設等との連携により，卒業後の進路に求められる資質・能力を着実に育成することができるよう工夫すること。

ア　企業　　　イ　多岐　　ウ　仲間づくり　　　エ　生活科
オ　就学期　　カ　医療　　キ　義務教育　　　　ク　労働局
ケ　体験活動　コ　生涯　　サ　生活単元学習　　シ　遊び

(☆☆☆◎◎◎)

【4】次の語句は，文部科学省初等中等教育局特別支援教育課が作成した「教育支援資料～障害のある子供の就学手続と早期からの一貫した支援の充実～(平成25年10月)　第3編　障害の状態等に応じた教育的対応」から抜粋したものである。下の表の(例)を参考にして，視覚障害，聴覚障害，肢体不自由，病弱・身体虚弱のそれぞれの障がいの種類に最も関連のある語句を2つずつ選び，番号で答えなさい。ただし，一度使用した語句は使えないものとする。

①　日常生活の指導　　　②　デシベル
③　歩行器　　　④　拡大教科書
⑤　自閉症スペクトラム障害　　　⑥　感光器
⑦　アテトーゼ型　　　⑧　悪性新生物
⑨　エコラリア　　　⑩　先天性風疹(ふうしん)症候群
⑪　学校生活管理指導表　　　⑫　作業学習

(例) 知的障害	①	⑫
視覚障害		
聴覚障害		
肢体不自由		
病弱・身体虚弱		

(☆☆☆◎◎◎)

【5】知的障がい特別支援学校の指導について，次の各問いに答えなさい。

(1)　次の文は，「特別支援学校学習指導要領解説　各教科等編(小学部・中学部)(平成30年3月)　第4章　知的障害者である児童生徒に対する教育を行う特別支援学校の各教科　第2節　知的障害者である児童生徒に対する教育を行う特別支援学校における指導の特徴について　3　指導の形態について　(3)　各教科等を合わせて指導を行う場合」から抜粋したものである。文中の(　　)に当てはまる語句を答えなさい。

(前略)

各教科等を合わせて指導を行うことに係る法的な根拠は，学校教育法施行規則第130条第2項に，特別支援学校において「知的障害者である児童若しくは生徒又は複数の種類の障害を併せ有する児童若しくは生徒を教育する場合において特に必要があるときは，各教科，(①)，(②)，特別活動及び(③)の全部又は一部について，合わせて授業を行うことができる」とされていることである。

(後略)

(2) 次の文は，「特別支援学校学習指導要領解説 各教科等編(小学部・中学部)(平成30年3月) 第4章 知的障害者である児童生徒に対する教育を行う特別支援学校の各教科 第2節 知的障害者である児童生徒に対する教育を行う特別支援学校における指導の特徴について 3 指導の形態について (3) 各教科等を合わせて指導を行う場合 ウ 生活単元学習」から抜粋したものである。文中の( )に当てはまる語句をあとの選択肢から選び，記号で答えなさい。

(前略)

生活単元学習の指導計画の作成に当たっては，以下のような点を考慮することが重要である。

(ア) 単元は，実際の生活から発展し，児童生徒の知的障害の状態や生活年齢等及び(①)を踏まえたものであり，個人差の大きい集団にも適合するものであること。

(イ) 単元は，必要な知識や技能の習得とともに，思考力，判断力，表現力等や(②)力，人間性等の育成を図るものであり，生活上の望ましい態度や習慣が形成され，身に付けた指導内容が現在や将来の生活に生かされるようにすること。

(ウ) 単元は，児童生徒が指導目標への意識や期待をもち，(③)をもって，単元の活動に意欲的に取り組むものであり，目標意識や課題意識，課題の解決への意欲等を育む活動をも含んだものであること。
(エ)　単元は，一人一人の児童生徒が力を発揮し，主体的に取り組むとともに，学習活動の中で様々な役割を担い，集団全体で単元の活動に(　④　)して取り組めるものであること。
(オ)　単元は，各単元における児童生徒の指導目標を達成するための課題の解決に必要かつ十分な活動で組織され，その一連の単元の活動は，児童生徒の自然な生活としての(　⑤　)のあるものであること。
(カ)　単元は，各教科等に係る(　⑥　)を生かしたり，働かせたりすることのできる内容を含む活動で組織され，児童生徒がいろいろな単元を通して，多種多様な意義のある経験ができるよう計画されていること。
(後略)

ア　見通し　　イ　見方・学び方　　ウ　まとまり
エ　資質や能力　　オ　協力　　カ　学びに向かう
キ　見方・考え方　　ク　系統性　　ケ　協働
コ　生きる　　サ　興味や関心

(3)　次の表は，「特別支援学校学習指導要領解説　各教科等編(小学部・中学部)(平成30年3月)　第4章　知的障害者である児童生徒に対する教育を行う特別支援学校の各教科　第1節　知的障害者である児童生徒に対する教育を行う特別支援学校の各教科等の基本的な考え方　5　段階の考え方」の「各段階の構成」から一部抜粋して，まとめたものである。小学部1段階から中学部2段階までの，どの段階に当てはまる内容か番号で答えなさい。

①	日常生活を営むのに頻繁に援助を必要とする者を対象とした内容を示している。
②	日常生活や社会生活及び将来の職業生活の基礎を育てることをねらいとする内容を示している。
③	日常生活を営むのにほぼ常時援助が必要である者を対象とした内容を示している。
④	経験の積み重ねを重視するとともに，他人との意思の疎通や日常生活への適応に困難が大きい生徒にも配慮した内容を示している。
⑤	他人との意思の疎通や日常生活を営む際に困難さが見られる。適宜援助を必要とする者を対象とした内容を示している。

(☆☆☆◎◎◎)

【6】自立活動について，次の各問いに答えなさい。

(1) 次の文は，「特別支援学校小学部・中学部学習指導要領(平成29年4月告示) 第7章 自立活動 第1 目標」である。文中の( )に当てはまる語句を答えなさい。

> 個々の児童又は生徒が自立を目指し，障害による(①)上又は生活上の困難を(②)的に改善・克服するために必要な知識，技能，態度及び習慣を養い，もって心身の(③)的発達の基礎を培う。

(2) 「特別支援学校幼稚部教育要領(平成29年4月告示) 第2章 ねらい及び内容」，「特別支援学校小学部・中学部学習指導要領(平成29年4月告示) 第7章 自立活動 第2 内容」，「特別支援学校高等部学習指導要領(平成31年2月告示) 第6章 自立活動 第2款 内容」に書かれている自立活動の内容の6区分を答えなさい。

(3) 次の表は，「特別支援学校小学部・中学部学習指導要領(平成29年4月告示) 第7章 自立活動 第3 個別の指導計画の作成と内容の取扱い」から，具体的な指導内容を設定する際の考慮点について一部抜粋したものである。下線部の語句が正しい場合は○，誤っている場合は×で答えなさい。

①	児童又は生徒が，興味をもって主体的に取り組み，成就感を味わうとともに自己を<u>肯定的</u>に捉えることができるような指導内容を取り上げること。
②	個々の児童又は生徒が，発達の遅れている側面を<u>訓練するとともに</u>，発達の進んでいる側面を更に伸ばすような指導内容を取り上げること。
③	個々の児童又は生徒が，活動しやすいように自ら<u>体調</u>を整えたり，必要に応じて周囲の人に支援を求めたりすることができるような指導内容を計画的に取り上げること。
④	個々の児童又は生徒に対し，<u>自己選択・自己決定</u>する機会を設けることによって，思考・判断・表現する力を高めることができるような指導内容を取り上げること。
⑤	個々の児童又は生徒が，自立活動における学習の意味を将来の自立や社会参加に必要な<u>知識・理解</u>との関係において理解し，取り組めるような指導内容を取り上げること。

(☆☆☆◎◎◎)

【7】「小学校学習指導要領(平成29年告示)解説　特別の教科　道徳編」について，次の各問いに答えなさい。

(1) 「第3章　第1節　内容の基本的性格　1　(1)」には，道徳科において扱う内容の捉え方が次のように述べられている。(　　)に当てはまる語句を答えなさい。

> 内容項目は，児童自らが道徳性を養うための手掛かりとなるものである。なお，その指導に当たっては，内容を端的に表す(　①　)そのものを教え込んだり，知的な(　②　)にのみとどまる指導になったりすることがないよう十分留意する必要がある。

(2) 「第4章　第2節　道徳科の指導　1　(4)」には，児童の発達や個に応じた指導を工夫することについて，次のように述べられている。(　　)に当てはまる語句を答えなさい。

児童には，年齢相応の発達の段階があるとともに，(①)も大きいことに留意し，一人一人の考え方や(②)を大切にした授業の展開を工夫することにより，児童が現在の自分の在り方やこれからの生き方を積極的に考えられるようにする。

(☆☆☆◎◎◎)

【8】「中学校学習指導要領(平成29年告示)解説　特別の教科　道徳編」について，次の各問いに答えなさい。

(1) 「第2章　第2節　道徳科の目標　3　(2)」には，物事を広い視野から多面的・多角的に考えることについて，次のように述べられている。(　　)に当てはまる語句を答えなさい。

グローバル化が進展する中で，様々な文化や価値観を背景とする人々と相互に尊重し合いながら生きることや，科学技術の発達や社会・経済の変化の中で，人間の幸福と社会の発展の(①)な実現を図ることが一層重要な課題となる。こうした課題に対応していくためには，人としての生き方や社会の在り方について，多様な価値観の存在を前提にして，他者と対話し(②)しながら，物事を広い視野から多面的・多角的に考察することが求められる。

(2) 「第5章　第1節　道徳教育における評価の意義　1」には，道徳教育における評価の意義について，次のように述べられている。(　　)に当てはまる語句を，あとの[選択肢]からそれぞれ選び，記号で答えなさい。ただし，同じ番号には，同じ語句が入るものとする。

> 道徳教育における評価も，常に指導に生かされ，結果的に生徒の成長につながるものでなくてはならない。学習指導要領第1章総則の第3の2の(1)では，「生徒のよい点や(①)の状況などを積極的に評価し，学習したことの意義や価値を実感できるようにすること」と示しており，(②)との比較ではなく生徒一人一人のもつよい点や可能性などの多様な側面，(①)の様子などを把握し，年間や学期にわたって生徒がどれだけ成長したかという視点を大切にすることが重要であるとしている。

[選択肢] ア 個性 イ 他者 ウ 進歩 エ 多様性
オ 自己

(☆☆☆◎◎◎)

【特別支援教育(小学校)】

【1】次の表は，平成25年10月4日に文部科学省初等中等教育局長が通知した「障害のある児童生徒等に対する早期からの一貫した支援について」の「第1 障害のある児童生徒等の就学先の決定 3 小学校，中学校又は中等教育学校の前期課程への就学 (1) 特別支援学級」に示されている「障害の種類及び程度」を表にまとめたものである。表中の( )に当てはまる語句を，下の選択肢から1つずつ選んで，記号で答えなさい。ただし，同じ番号には同じ語句が入るものとする。

障害の種類	障害の程度
知的障害者	知的発達の遅滞があり，他人との(①)に軽度の困難があり日常生活を営むのに(②)が必要で，社会生活への適応が困難である程度のもの
(中略)	
自閉症・情緒障害者	一 自閉症又はそれに類するもので，他人との(①)及び(③)の形成が困難である程度のもの 二 主として心理的な要因による(④)等があるもので，社会生活への適応が困難である程度のもの

ア 学習障害 イ 会話 ウ 頻繁に援助

エ　多くの援助　　オ　人格　　カ　一部援助
キ　選択性かん黙　　ク　対人関係　　ケ　人間関係
コ　やり取り　　サ　意思疎通　　シ　心身症

(☆☆☆◎◎◎)

【2】自立活動の指導に関して，次の各問いに答えなさい。

(1)　次の文は，「特別支援学校教育要領・学習指導要領解説　自立活動編(幼稚部・小学部・中学部)(平成30年3月)　第3章　2　(1)　自立活動の指導の特色」から抜粋したものである。文中の(　　)に当てはまる語句を答えなさい。

> 自立活動の指導は，個々の幼児児童生徒が自立を目指し，障害による(　①　)又は(　②　)の困難を主体的に(　③　)しようとする取組を促す教育活動であり，個々の幼児児童生徒の障害の状態や特性及び心身の発達の段階等に即して指導を行うことが基本である。(後略)

(2)　次の文は，「特別支援学校教育要領・学習指導要領解説　自立活動編(幼稚部・小学部・中学部)(平成30年3月)　第6章　6　(1)　コミュニケーションの基礎的能力に関すること」から具体的指導内容例と留意点について抜粋したものである。文中の(　　)に当てはまる語句を漢字2文字で答えなさい。ただし，(　　)の中には同じ語句が入るものとする。

> (前略)
> 知的障害のある幼児児童生徒の場合，自分の気持ちや(　　)を適切に相手に伝えられなかったり，相手の意図が理解できなかったりしてコミュニケーションが成立しにくいことがある。そこで，自分の気持ちを表した絵カードを使ったり，簡単なジェスチャーを交えたりするなど，(　　)を伝える手段を広げるとともに，人とのやりとりや人と協力して遂行するゲームなど

をしたりするなど，認知発達や社会性の育成を促す学習などを通して，自分の意図を伝えたり，相手の意図を理解したりして適切なかかわりができるように指導することが大切である。

(3)　次の文は，「特別支援学校教育要領・学習指導要領解説　自立活動編(幼稚部・小学部・中学部)(平成30年3月)　第7章　2　(1)　幼児児童生徒の実態把握」から抜粋したものである。文中の(　　)に当てはまる語句を下の選択肢から1つずつ選んで，記号で答えなさい。

(前略)
幼児児童生徒の実態把握の方法としては，(　①　)，(　②　)，検査法等の直接的な把握の方法が考えられるが，それぞれの方法の特徴を十分に踏まえながら目的に即した方法を用いることが大切である。(後略)

ア　帰納法　　イ　因果法　　ウ　観察法　　エ　演繹法
オ　面接法　　カ　時系列法

(☆☆☆◎◎◎)

【3】次の文は，「小学校学習指導要領(平成29年告示)　第1章　総則　第4　児童の発達の支援　2　特別な配慮を必要とする児童への指導(1)　障害のある児童などへの指導　エ」から抜粋したものである。文中の(　　)に当てはまる語句を答えなさい。

エ　障害のある児童などについては，家庭，地域及び医療や福祉，保健，労働等の業務を行う関係機関との連携を図り，長期的な視点で児童への教育的支援を行うために，(　①　)を作成し活用することに努めるとともに，各教科等の指導に当たって，個々の児童の実態を的確に把握し，(　②　)を作成し活用することに努めるものとする。(後略)

(☆☆☆◎◎◎)

【4】次の文は，「小学校学習指導要領(平成29年告示)　第2章　各教科　第1節　国語　第3　指導計画の作成と内容の取扱い」から一部抜粋したものである。下の各問いに答えなさい。

> (前略)
> (9)　障害のある児童などについては，学習活動を行う場合に生じる困難さに応じた(　①　)の工夫を(　②　)に行うこと。
> (後略)

(1)　文中の(　　)に当てはまる語句を次の選択肢から選んで，記号で答えなさい。

ア　学習方法や教材研究　　イ　指導内容や指導方法
ウ　指導方法や支援内容　　エ　計画的，組織的
オ　意図的，計画的　　　　カ　弾力的，段階的

(2)　文中の下線部に対する配慮が，「小学校学習指導要領(平成29年告示)解説　国語編　第4章　指導計画の作成と内容の取扱い　1　指導計画作成上の配慮事項」に示されている。「文章を目で追いながら音読することが困難な場合」の国語科における配慮について，次の(例)以外に示されている内容を1つ答えなさい。

> (例)　自分がどこを読むのかが分かるように教科書の文を指等で押さえながら読むよう促す。

(☆☆☆◎◎◎)

解答・解説

【特別支援(知的他・音楽・美術)】

【1】準ずる

〈解説〉学校教育法第72条は，特別支援教育に係る冒頭の条文で，特別支援教育の中核を担う特別支援学校の目的を規定した条文である。「準ずる教育」という表現については，我が国が障害者の権利に関する条約を批准するにあたり，特別支援学校が我が国の一般的な教育制度(教育制度一般)に合致する学校かどうかで議論となった部分である。国は，特別支援学校は学校教育法第1条に示されている学校であって，我が国の一般的な教育制度上の学校であるとした説明を行うとともに，「準ずる」という表現も法律用語としては「同じ」を意味する用語であると説明した。

【2】(1)　C→A→B　　(2)　②　　(3)　共生　　(4)　ア　学校教育法施行令　　イ　㊁

〈解説〉この出題は，現在，推進が図られているインクルーシブ教育システムの基本的な考え方や，歴史的な背景を問うものである。2012年(平成24年)7月に公表された中央教育審議会初等中等教育分科会報告「共生社会の形成に向けたインクルーシブ教育システム構築のための特別支援教育の推進(報告)」の内容の理解はもとより，2007年(平成19年)4月の学校教育法の一部改正により規定された特別支援教育の理念，障害者の権利に関する条約を批准するための教育の分野での法改正の動きとして，2013年(平成25年)9月の学校教育法施行令の一部改正の内容，2011年(平成23年)の障害者基本法の改正などの福祉の分野における動きについて理解を深めておく必要がある。さらに，障害者の権利に関する条約の批准後に施行された，いわゆる障害者差別解消法(2013年(平成25年)6月公布)の内容についても理解しておいてほしい。

(1)　国際的な障害者施策の動向に関する基本的な事柄である。Aのサラマンカ宣言は，1994年(平成6年)である。Bの国際生活機能分類(ICF)が世界保健機関(WHO)で採択されたのは，2001年(平成13年)である。Cの「障害者の権利宣言」が国連総会で採択されたのは，1975年(昭和50年)12月9日である。我が国では，採択されてから6年後の1981年(昭和56年)に，この12月9日を「障害者の日」とした。なお，現在，障害者基本法においては，「障害者の日」に代わるものとして，国際障害者デーである12月3日から9日までを「障害者週間」としている。
(2) 障害者の権利に関する条約の第24条　教育　第2項に示されているインクルーシブ教育システムの理念となる基本的な3つの内容である。 (3) 共生は，例えば，障害者自立支援法の改正により，2013年(平成25年)に施行された障害者総合支援法では，改正に際して追加された基本理念　第1条の2において「全ての国民が，障害の有無によって分け隔てられることなく，相互に人格と個性を尊重し合いながら共生する社会を実現するため～」とされている。 (4) 2013年(平成25年)9月の学校教育法施行令の一部改正の内容であり，教育の分野での法改正の動きとして理解しておいてほしい。就学基準に該当する障害のある子どもは特別支援学校に原則就学するという従来の就学先決定の仕組みを改め，障害の状態，本人の教育的ニーズ，本人・保護者の意見，教育学，医学，心理学等専門的見地からの意見，学校や地域の状況等を踏まえた総合的な観点から就学先を決定する仕組みとすることが適当であるとした改正である。

【3】① シ　② エ　③ キ　④ コ　⑤ ア
〈解説〉特別支援学校小学部・中学部学習指導要領(平成29年4月告示)第1章　総則　第3節　教育課程の編成　「4　学部段階間及び学校段階等間の接続」の内容について，特別支援学校教育要領・学習指導要領解説　総則編(幼稚部・小学部・中学部)(平成30年3月)では，小学部に関しては「小学部低学年は，幼児期の教育を通じて身に付けたことを生かしながら教科等の学びにつなぎ，児童の資質・能力を伸ばしていく時期」とし，小学部においては，幼児期の終わりまでに育ってほ

しい姿を踏まえた指導を工夫することにより児童が主体的に自己を発揮しながら学びに向かい，幼児期の教育を通して育まれた資質・能力を更に伸ばしていくことができるようにすることが重要としている。さらに，中学部との関係において「低学年における学びの特質を踏まえて，自立し生活を豊かにしていくための資質・能力を育むことを目的としている生活科と各教科等の関連を図るなど，低学年における教育課程全体を見渡して，幼児期の教育及び中学年以降の教育との円滑な接続が図られるように工夫する必要がある。」としている。また，中学部に関しては，小学部における教育又は小学校教育の成果を受け継ぎ，生徒に義務教育9年間を通して必要な資質・能力の育成を目指す教育を行うことが求められるとし，「小学部又は小学校及び中学部又は中学校の接続に際しては，義務教育の9年間を通して児童生徒に必要な資質・能力を育むことを目指した取組が求められる。」としている。加えて，「小学部及び中学部のある特別支援学校においては，(中略)　9年間を見通した計画的かつ継続的な教育課程を編成し，小学部と中学部とで一体的な教育内容と指導体制を確立して特色ある教育活動を展開していくことが重要となる。」としている。高等部の設問は，高等部卒業以降の教育や職業との円滑な接続に関する記述である。特別支援学校学習指導要領解説　総則等編(高等部)(平成31年2月)では，「高等部における教育に求められるのは，社会的・職業的自立に向けて必要となる資質・能力を育成するとともに，生涯にわたって，必要となる知識及び技能などを自ら身に付けていくことができるようにすること」とし，「生徒が進もうとしている進路を見据えながら，必要な資質・能力を育成することができるよう，教育課程の改善・充実を図っていくことが求められるのであり，そのための手段として，例えば，企業や福祉施設等と連携して実践的な教育活動を導入していくことなども考えられる。」としている。

【4】視覚障害…④，⑥　　聴覚障害…②，⑩　　肢体不自由…③，⑦
病弱・身体虚弱…⑧，⑪

〈解説〉この出題のように，各障害の特徴や，障害ごとの指導に関する基本的な事柄については，本資料を活用しながら学習を進めておくことが重要である。(例)の知的障害に関する内容としては，特徴ある指導の形態として，日常生活の指導や遊びの指導，生活単元学習，作業学習があることを理解しておく必要がある。すなわち，関連する語句は，①と⑫である。②の「デシベル」とは，音の大きさや電波の強さを表す単位であり，聴覚障害に関係する語句である。③の「歩行器」は，歩行を補助する器具のことであり，肢体不自由に関係する語句である。④の「拡大教科書」は，文字を大きくした視覚障害のある人が活用しやすくした教科書である。⑤の「自閉症スペクトラム障害」は，発達障害に関係する語句である。⑥の「感光器」とは，光を音に変換する装置のことで，視覚障害のある児童生徒が目で見ることができない光を音で聞いて理解することができる装置である。⑦のアテトーゼ型は，脳性まひの型の1つで，肢体不自由に関係する語句である。⑧の「悪性新生物」とは悪性腫瘍のことで，病弱・身体虚弱に関係する語句である。⑨の「エコラリア」とは，反響言語，オウム返しのことで，自閉症スペクトラム障害に関係する語句である。⑩の「先天性風疹症候群」とは，妊娠初期に感染した風疹ウイルスが胎児に感染し，出生児が先天性の心疾患や難聴などの状態になる小児慢性特定疾病である。難聴になることが多くみられることから聴覚障害に関係する語句である。⑪の「学校生活管理指導表」とは，疾病等により医師から生活する上での制限内容などを記述した医師の診断書のようなもので，病弱・身体虚弱に関係する語句である。

【5】(1) ① 道徳科　② 外国語活動　③ 自立活動
(2) ① サ　② カ　③ ア　④ ケ　⑤ ウ　⑥ キ
(3) (小学部) 1段階…③，2段階…①，3段階…⑤　(中学部) 1段階…④，2段階…②

〈解説〉知的障害者である児童生徒に対する教育を行う特別支援学校における指導の特徴に関する問題である。特別支援教育の特徴的な指導に関する基本的な内容であるので，確実に学習しておいてほしい。
(1)　知的障害者である児童生徒に対する教育を行う特別支援学校における指導の形態としての「日常生活の指導」や「遊びの指導」「生活単元学習」「作業学習」に関する出題である。出題部分に続き，特別支援学校学習指導要領解説　各教科等編(小学部・中学部)(平成30年3月)では，「各学校において，各教科等を合わせて指導を行う際は，児童生徒の知的障害の状態，生活年齢，学習状況や経験等に即し，次に示す事項を参考とすることが有効である。また，各教科等を合わせて指導を行う場合においても，各教科等の目標を達成していくことになり，育成を目指す資質・能力を明確にして指導計画を立てることが重要となる。」として，各教科等を合わせた指導の特徴と留意点を「日常生活の指導」「遊びの指導」「生活単元学習」「作業学習」ごとに列挙している。　(2)　前問で触れた「各教科等を合わせた指導の特徴と留意点」の中の「ウ　生活単元学習」の留意事項からの出題である。同解説では，生活単元学習は「児童生徒が生活上の目標を達成したり，課題を解決したりするために，一連の活動を組織的・体系的に経験することによって，自立や社会参加のために必要な事柄を実際的・総合的に学習するもの」と説明されており，「生活単元学習の指導では，児童生徒の学習活動は，実際の生活上の目標や課題に沿って指導目標や指導内容を組織されることが大切である。　(中略)　個々の児童生徒の自立と社会参加を視野に入れ，個別の指導計画に基づき，計画・実施することが大切である。」としている。　(3)　小学部及び中学部の各教科の段階ごとの基本的な考え方に関する出題である。段階ごとの見分け方としては，小学部では，援助の度合いに関する表記をみるとよい。③の「ほぼ常時」，①の「頻繁に」，⑤の「適宜」の順になる。中学部は，高等部に繋がる内容に着目するとわかる。②の「将来の職業生活の基礎を育てる」という内容は，高等部の前段階と考えてよい。

【6】(1)　①　学習　　②　主体　　③　調和　　(2)　健康の保持，心理的な安定，人間関係の形成，環境の把握，身体の動き，コミュニケ

ーション　(3)　①　○　②　×　③　×　④　○　⑤　×

〈解説〉自立活動については，特別支援教育の中核を担う指導として，特別支援教育に携わることを目指す者であれば，こうした出題にも耐えられるよう，目標はもちろん，改定された内容を含め，6区分27項目について理解しておく必要がある。　(1)　最も基本的な自立活動の目標である。特別支援学校教育要領・学習指導要領解説　自立活動編(幼稚部・小学部・中学部)(平成30年3月)では，「自立」の意味を「児童生徒がそれぞれの障害の状態や発達の段階等に応じて，主体的に自己の力を可能な限り発揮し，よりよく生きていこうとすること」とした上で，自立活動の目標を「学校の教育活動全体を通して，児童生徒が障害による学習上又は生活上の困難を主体的に改善・克服するために必要とされる知識，技能，態度及び習慣を養い，心身の調和的発達の基盤を培うことによって，自立を目指すことを示したもの」と解説している。　(2)　自立活動の6区分27項目の内訳は，「健康の保持(5項目)」：生活のリズムや生活習慣の形成に関すること，病気の状態の理解と生活管理に関すること，身体各部の状態の理解と養護に関すること，障害の特性の理解と生活環境の調整に関すること，健康状態の維持・改善に関すること，「心理的な安定(3項目)」：情緒の安定に関すること，状況の理解と変化への対応に関すること，障害による学習上又は生活上の困難を改善・克服する意欲に関すること，「人間関係の形成(4項目)」：他者とのかかわりの基礎に関すること，他者の意図や感情の理解に関すること，自己の理解と行動の調整に関すること，集団への参加の基礎に関すること，「環境の把握(5項目)」：保有する感覚の活用に関すること，感覚や認知の特性についての理解と対応に関すること，感覚の補助及び代行手段の活用に関すること，感覚を総合的に活用した周囲の状況についての把握と状況に応じた行動に関すること，認知や行動の手掛かりとなる概念の形成に関すること，「身体の動き(5項目)」：姿勢と運動・動作の基本的技能に関すること，姿勢保持と運動・動作の補助的手段の活用に関すること，日常生活に必要な基本動作に関すること，身体の移動能力に関すること，作業に必要な動作と円滑な遂行に関すること，「コミュニケーション(5項目)」：コミュニケーションの基礎的能力に関すること，言語の受容と表出に関すること，言語の形成と活用に関すること，コミュニケーション手段の選択と活用に関すること，状況に応じたコミュニケーションに関すること。それぞれの区分の各項目の内容についても確認しておきたい。　(3)　②の「訓練するとともに」は「補うために」，③の「体調」は「環境」，⑤の「知識・理解」は「資質・能力」である。

【7】(1)　①　言葉　　②　理解　　(2)　①　個人差　　②　感じ方

〈解説〉道徳の「特別の教科」化については，道徳は学級担任が担当とすることが望ましいと考えられることや，数値などによる評価が馴染まないと考えられるなど，各教科にはない側面があるため，「特別の教科」という新たな枠組みを設け位置づけられたことについて理解を深めておく必要がある。また，知的な理解だけを重視したり，言葉を教え込んだりするような学習活動ではなく，問題解決的な学習や体験的な学習などを取り入れ，指導方法を工夫することや，児童生徒の道徳性に係る成長の様子を認め，記述式の励ます評価を大切にするなど数値評価ではない評価を追求していくことの必要性などについても理解を深めておいてほしい。　(1)　道徳科で扱う「内容の捉え方」からの出題。小学校学習指導要領(平成29年告示)解説　特別の教科　道徳編では，出題部分に続いて，「各内容項目について児童の実態を基に把握し直し，指導上の課題を具体的に捉え，児童自身が道徳的価値の理解を基に自己を見つめ，物事を多面的・多角的に考え，自己の生き方についての考えを深めることができるよう，実態に応じた指導をしていくことが大切である。」としている。　(2)　指導の基本方針の一つである「児童の発達や個に応じた指導を工夫する」からの出題。同解説では，「各教科，外国語活動，総合的な学習の時間及び特別活動における道徳教育と密接な関連を図りながら，年間指導計画に基づき，児童や学級の実態に即して適切な指導を展開しなければならない。」とした上で，指導の基本方針として，「道徳科の特質を理解する」「教師と児童，児童相互の信頼関係を基盤におく」「児童の自覚を促す指導方法を工夫する」「児童の発達や個に応じた指導を工夫する」「問題解決的な学習，体験的な活動など多様な指導方法の工夫をする」「道徳教育推進教師を中心とした指導体制を充実する」の6項目を掲げている。

【8】(1) ① 調和的　② 協働　(2) ① ウ　② イ

〈解説〉本問は特別の教科道徳に関する基本的な事項であり，学校種に関係なく，必ず押さえておきたい内容といえる。 (1) 「物事を広い視野から多面的・多角的に考える」からの出題。中学校学習指導要領(平成29年告示)解説　特別の教科　道徳編では，出題の部分は「生徒一人一人の道徳的価値に係る諸事象を，小・中学校の段階を含めたこれまでの道徳科を要とする各教科等における学習の成果や，「主として自分自身に関すること」，「主として人との関わりに関すること」，「主として集団や社会との関わりに関すること」，「主として生命や自然，崇高なものとの関わりに関すること」の四つの視点を踏まえ，多面的・多角的に考察する学習を意味している。」としている。 (2) 「道徳教育における評価の意義」からの出題。同解説では，出題部分の記述を受け，「学校の教育活動全体を通じて行う道徳教育における評価については，教師が生徒一人一人の人間的な成長を見守り，生徒自身の自己のよりよい生き方を求めていく努力を評価し，それを勇気付ける働きをもつようにすることが求められる。そして，それは教師と生徒の温かな人格的な触れ合いに基づいて，共感的に理解されるべきものである。」としている。

【特別支援(小学校)】

【1】① サ　② カ　③ ク　④ キ

〈解説〉「障害のある児童生徒等に対する早期からの一貫した支援について(通知)」(平成25年10月4日　文部科学省初等中等教育局長)については，平成24年7月に公表された中央教育審議会初等中等教育分科会報告における「就学基準に該当する障害のある子どもは特別支援学校に原則就学するという従来の就学先決定の仕組みを改め，障害の状態，本人の教育的ニーズ，本人・保護者の意見，教育学，医学，心理学等専門的見地からの意見，学校や地域の状況等を踏まえた総合的な観点から就学先を決定する仕組みとすることが適当である」との提言などを踏まえ，平成25年9月からの学校教育法施行令の一部改正に伴い発出された通知であることを理解しておく必要がある。出題以外の障害については，「肢体不自由者　補装具によっても歩行や筆記等日常生活における基本的な動作に軽度の困難がある程度のもの」，「病弱者及び身体虚弱者　一　慢性の呼吸器疾患その他疾患の状態が持続的又は間欠的に医療又は生活の管理を必要とする程度のもの　二　身体虚弱の状態が持続的に生活の管理を必要とする程度のもの」，「弱視者　拡大鏡等の使用によっても通常の文字，図形等の視覚による認識が困難な程度のもの」，「難聴者　補聴器等の使用によっても通常の話声を解することが困難な程度のもの」，「言語障害者　口蓋裂，構音器官のまひ等器質的又は機能的な構音障害のある者，吃音等話し言葉におけるリズムの障害のある者，話す，聞く等言語機能の基礎的事項に発達の遅れがある者，その他これに準じる者(これらの障害が主として他の障害に起因するものではない者に限る。)で，その程度が著しいもの」が示されている。

【2】(1)　①　学習上　②　生活上　③　改善・克服　(2)　要求
(3)　①　ウ　②　オ

〈解説〉自立活動については，特別支援教育の中核を担う指導であることから，目標はもちろんのこと，6区分27項目について，具体的な指導内容を含め十分に理解しておいてほしい。　(1)　特別支援学校教育要領・学習指導要領解説　自立活動編(幼稚部・小学部・中学部)(平成30年3月)では，出題部分を受けて，「自立活動の指導に当たっては，個々の幼児児童生徒の的確な実態把握に基づき，指導すべき課題を明確にすることによって，個別に指導目標(ねらい)や具体的な指導内容を定めた個別の指導計画が作成されている。」としている。　(2)　自立活動には，「健康の保持」「心理的な安定」「人間関係の形成」「環境の把握」「身体の動き」「コミュニケーション」という6つの内容(6区分)がある。出題はこの6つの内容のうち，「コミュニケーション」からである。この「コミュニケーション」には，指導する際の項目として，出題の「コミュニケーションの基礎的能力に関すること」のほか，「言語の受容と表出に関すること」「言語の形成と活用に関すること」「コミュニケーション手段の選択と活用に関すること」「状況に応じたコミュニケーションに関すること」がある。なお，「コミュニケーションの基礎的能力に関すること」の「②　具体的指導内容例と留意点」では，知的障害のある幼児児童生徒の場合として，「自分の気持ちや要求を適切に相手に伝えられなかったり，相手の意図が理解できなかったりしてコミュニケーションが成立しにくいことがある。そこで，自分の気持ちを表した絵カードを使ったり，簡単なジェスチャーを交えたりするなど，要求を伝える手段を広げるとともに，人とのやりとりや人と協力して遂行するゲームなどをしたりするなど，認知発達や社会性の育成を促す学習などを通して，自分の意図を伝えたり，相手の意図を理解したりして適切なかかわりができるように指導することが大切である。」としている。　(3)　同解説では，実態把握の方法とあわせ，「実態把握をする際に収集する情報の内容として，病気等の有無や状態，生育歴，基本的な生活習慣，人やものとのかかわり，心理的な安定の状態，コミュニケーションの状態，対人関係や社会性の発達，身体機能，視機能，聴覚機能，知的発達や身体発育の状態，興味・関心，障害の理解に関すること，学習上の配慮事項や学力，特別な施設・設備や補助用具(機器を含む。)の必要性，進路，家庭や地域の環境等」を挙げている。また，情報の収集に際しては「幼児児童生徒が困難なことのみを観点にするのではなく，長所や得意としていることも把握することが大切である。」としている。

【3】① 個別の教育支援計画　② 個別の指導計画

〈解説〉出題の部分は，今回の学習指導要領の改訂において，特別支援教育の重要性に鑑み設定された内容の1つといってよい。通常の学級には，発達障害などの障害のある児童生徒を含め特別な配慮を必要とする児童生徒が在籍している状況にある。そうした児童生徒に対しては，一人一人の状況やニーズに応じ，きめ細やかでていねいな指導や支援を行うことが極めて重要である。出題の部分は，そのための方策等について示した部分である。小学校学習指導要領(平成29年告示)解説総則編では，「個別の教育支援計画」は，2003年(平成15年)度から実施された障害者基本計画において，障害のある児童の生涯にわたる継続的な支援体制を整え，それぞれの年代における児童の望ましい成長を促すために作成される個別の支援計画のうち，教育機関が中心となって作成するものとされている。加えて，同解説では「障害のある児童などは，学校生活だけでなく家庭生活や地域での生活を含め，長期的な視点で幼児期から学校卒業後までの一貫した支援を行うことが重要である。このため，教育関係者のみならず，家庭や医療，福祉などの関係機関と連携するため，それぞれの側面からの取組を示した個別の教育支援計画を作成し活用していくことが考えられる。」としている。また，「個別の指導計画」は，個々の児童の実態に応じて適切な指導を行うために学校で作成されるもので，同解説では「教育課程を具体化し，障害のある児童など一人一人の指導目標，指導内容及び指導方法を明確にして，きめ細やかに指導するために作成するもの」としている。なお，両者の関係について，「個別の教育支援計画の作成を通して，児童に対する支援の目標を長期的な視点から設定することは，学校が教育課程の編成の基本的な方針を明らかにする際，全教職員が共通理解をすべき大切な情報となる。また，在籍校において提供される教育的支援の内容については，教科等横断的な視点から個々の児童の障害の状態等に応じた指導内容や指導方法の工夫を検討する際の情報として個別の指導計画に生かしていくことが重要である。」としている。

【4】(1) ① イ　② エ　(2) 行間を空けるために拡大コピーをしたものを用意する。

〈解説〉今回の学習指導要領の改訂において，特別支援教育の重要性に鑑み示された内容からの出題である。　(1) 小学校学習指導要領(平成29年告示)　第2章　各教科では，教科ごとの「指導計画の作成と内容の取扱い」において「障害のある児童などについては，学習活動を行う場合に生じる困難さに応じた指導内容や指導方法の工夫を計画的，組織的に行うこと。」が明示されている。具体的な指導方法等の工夫の仕方が例えば，小学校学習指導要領(平成29年告示)解説　社会編では，社会科における配慮として「地図等の資料から必要な情報を見付け出したり，読み取ったりすることが困難な場合には，読み取りやすくするために，地図等の情報を拡大したり，見る範囲を限定したりして，掲載されている情報を精選し，視点を明確にするなどの配慮をする。」等が例示されている。教科ごとに確認しておきたい。

(2) (1)で触れた各教科における配慮の，国語科の例示に関する問題である。解説では，「文章を目で追いながら音読することが困難な場合」の具体的な配慮として，「自分がどこを読むのかが分かるように教科書の文を指等で押さえながら読むよう促すこと，行間を空けるために拡大コピーをしたものを用意すること，語のまとまりや区切りが分かるように分かち書きされたものを用意すること，読む部分だけが見える自助具(スリット等)を活用することなどの配慮をする」が示されている。

2020年度　実施問題

【特別支援(知的他・音楽・美術)】

【1】次の表は,「学校教育法施行令第22条の3」に示されている「視覚障害者等の障害の程度」である。(　　)に当てはまる語句を答えなさい。

区分	障害の程度
視覚障害者	両眼の視力がおおむね〇・三未満のもの又は視力以外の（　①　）が高度のもののうち、拡大鏡等の使用によつても通常の文字、図形等の視覚による認識が不可能又は著しく困難な程度のもの
聴覚障害者	両耳の聴力レベルがおおむね六〇デシベル以上のもののうち、補聴器等の使用によつても通常の（　②　）を解することが不可能又は著しく困難な程度のもの
知的障害者	一　知的発達の遅滞があり、他人との（　③　）が困難で日常生活を営むのに頻繁に援助を必要とする程度のもの （後略）
肢体不自由者	一　肢体不自由の状態が補装具の使用によつても歩行、（　④　）等日常生活における基本的な動作が不可能又は困難な程度のもの （後略）
病弱者	一　慢性の呼吸器疾患、腎臓疾患及び神経疾患、悪性新生物その他の疾患の状態が継続して医療又は（　⑤　）を必要とする程度のもの （後略）

(☆☆☆◎◎◎)

【2】次の文は,「特別支援学校小学部・中学部学習指導要領(平成29年4月告示)　第1章　第5節　1　児童又は生徒の調和的な発達を支える指導の充実」から抜粋したものである。(　　)に当てはまる語句を選択肢から1つ選びなさい。ただし,同じ番号には同じ記号が入るものとする。

(前略)

(4) 児童又は生徒が，学校教育を通じて身に付けた知識及び技能を活用し，もてる能力を最大限伸ばすことができるよう，(①)学習への意欲を高めるとともに，社会教育その他様々な学習機会に関する情報の提供に努めること。また，(①)を通じて(②)や芸術文化活動に親しみ，豊かな生活を営むことができるよう，地域の(②)団体，文化芸術団体及び(③)団体等と連携し，多様な(②)や文化芸術活動を体験することができるよう配慮すること。

(5) 家庭及び地域並びに医療，福祉，保健，(④)等の業務を行う関係機関との連携を図り，(⑤)な視点で児童又は生徒への教育的支援を行うために，個別の教育支援計画を作成すること。

(6) 複数の種類の障害を併せ有する児童又は生徒(以下「重複障害者」という。)については，専門的な知識，技能を有する教師や(⑥)の協力の下に指導を行ったり，必要に応じて専門の医師やその他の専門家の指導・助言を求めたりするなどして，学習効果を一層高めるようにすること。

(後略)

ア 労働　イ 総合的　ウ 特別支援教育コーディネーター
エ 交流　オ 社会福祉　カ スポーツ　キ 企業
ク ボランティア　ケ 障害者福祉　コ 長期的
サ 生涯　シ 特別支援学校間

(☆☆☆◎◎◎)

【3】次の文は，「特別支援学校小学部・中学部学習指導要領(平成29年4月告示) 第2章 第1節 第1款 視覚障害者，聴覚障害者，肢体不自由者又は病弱者である児童に対する教育を行う特別支援学校」から抜粋したものである。( )に当てはまる語句を答えなさい。

1　視覚障害者である児童に対する教育を行う特別支援学校
(1)　児童が聴覚，触覚及び保有する視覚などを十分に活用して，具体的な事物・事象や(　①　)と言葉とを結び付けて，的確な概念の形成を図り，言葉を正しく理解し活用できるようにすること。
(後略)
2　聴覚障害者である児童に対する教育を行う特別支援学校
(前略)
(3)　児童の聴覚障害の状態等に応じて，音声，文字，手話，(　②　)等を適切に活用して，発表や児童同士の話し合いなどの学習活動を積極的に取り入れ，的確な意思の(　③　)が行われるよう指導方法を工夫すること。
(後略)
3　肢体不自由者である児童に対する教育を行う特別支援学校
(前略)
(4)　児童の身体の動きや意思の表出の状態等に応じて，適切な補助具や補助的手段を工夫するとともに，(　④　)等の情報機器などを有効に活用し，指導の効果を高めるようにすること。
(後略)
4　病弱者である児童に対する教育を行う特別支援学校
(前略)
(2)　健康状態の維持や管理，改善に関する内容の指導に当たっては，(　⑤　)を深めながら(　⑥　)を高めるために，自立活動における指導との密接な関連を保ち，学習効果を一層高めるようにすること。
(後略)

(☆☆☆◎◎◎)

【4】知的障がい者である児童生徒に対する教育について，次の各問いに答えなさい。

(1) 次の文は，「特別支援学校小学部・中学部学習指導要領(平成29年4月告示) 第2章 第1節 第2款 知的障害者である児童に対する教育を行う特別支援学校」の「第1 各教科の目標及び内容」のうち，「生活」の目標を抜粋したものである。( )に当てはまる語句を，下の選択肢から1つ選び答えなさい。ただし，同じ番号には同じ記号が入るものとする。

> 具体的な活動や体験を通して，生活に関わる見方・考え方を生かし，(①)し生活を(②)していくための資質・能力を次のとおり育成することを目指す。
> (1) 活動や体験の過程において，自分自身，身近な人々，社会及び自然の特徴やよさ，それらの関わり等に(③)とともに，生活に必要な(④)や技能を身に付けるようにする。
> (2) 自分自身や身の回りの生活のことや，身近な人々，社会及び自然と自分との関わりについて(⑤)し，考えたことを(⑥)することができるようにする。
> (3) 自分のことに取り組んだり，身近な人々，社会及び自然に自ら働きかけ，意欲や(⑦)をもって学んだり，生活を(②)しようとしたりする態度を養う。

ア 知識　イ 表現　ウ 充実　エ 自立　オ 気付く
カ 意欲　キ 自信　ク 方法　ケ 理解　コ 豊かに
サ 習慣　シ 発表

(2) 次の表は，「特別支援学校学習指導要領解説 各教科等編(小学部・中学部)(平成30年3月) 第4章 第2節 3 (3) 各教科等を合わせて指導を行う場合」の「エ 作業学習」の内容の一部である。下線部の語句が正しい場合は○，誤っている場合は正しい語句を答えなさい。

①	作業学習は，作業活動を学習活動の中心にしながら，児童生徒の創作意欲を培い，将来の職業生活や社会自立に必要な事柄を総合的に学習するものである。
②	作業学習の成果を直接,児童生徒の将来の進路等に直結させることよりも,(中略),将来の職業生活や社会自立に向けて基盤となる資質・能力を育むことができるようにしていくことが重要である。
③	作業学習の指導は，中学部では職業・家庭科の目標及び内容が中心となるほか，高等部では職業科，家庭科及び農業科の目標及び内容や，主として専門学科において開設される各教科の目標及び内容を中心とした学習へとつながるものである。
④	中学部の職業・家庭科に示す「産業現場等における実習」(一般に「現場実習」や「職場実習」とも呼ばれている。）を，他の教科等と合わせて実施する場合は，作業学習として位置付けられる。
⑤	小学部の段階では，(中略)，学習に意欲的に取り組むことや，集団への参加が円滑にできるようにしていくことが重要となることから，日常生活の指導の中で，道具の準備や後片付け，必要な道具の使い方など，作業学習につながる基礎的な内容を含みながら単元を構成することが効果的である。

(3)　次の表は，「特別支援学校小学部・中学部学習指導要領(平成29年4月告示)　第2章　第1節　第2款　第1　各教科の目標及び内容」の「生活」において，「ア　基本的生活習慣」と「イ　安全」の段階ごとに示された内容を表にまとめたものである。(　　)に当てはまる語句を答えなさい。

内容	1段階	2段階	3段階
ア　基本的生活習慣	食事や用便等の生活習慣に関わる初歩的な学習活動を通して，次の事項を身に付けることができるよう指導する。 (後略)	食事，用便，(　①　)等の基本的生活習慣に関わる学習活動を通して，次の事項を身に付けることができるよう指導する。 (後略)	身の回りの整理や(　②　)などの基本的生活習慣や日常生活に役立つことに関わる学習活動を通して，次の事項を身に付けることができるよう指導する。 (後略)
イ　安全	(　③　)や危険な場所等における安全に関わる初歩的な学習活動を通して，次の事項を身に付けることができるよう指導する。 (後略)	(　④　)や器具の使い方，避難訓練等の基本的な安全や防災に関わる学習活動を通して，次の事項を身に付けることができるよう指導する。 (後略)	(　⑤　)や避難訓練等の安全や防災に関わる学習活動を通して，次の事項を身に付けることができるよう指導する。 (後略)

(☆☆☆◎◎◎)

【5】自立活動について，次の各問いに答えなさい。

(1) 次の文は「特別支援学校教育要領・学習指導要領解説　自立活動編(幼稚部・小学部・中学部)(平成30年3月)　第2章　2 (2) 障害の捉え方の変化と自立活動とのかかわり」から抜粋したものである。(　　)に当てはまる語句を答えなさい。ただし，同じ番号には同じ語句が入るものとする。

> (前略)
>
> その後，我が国は，国連総会において採択された「(　①　)」に平成19年9月に署名後，条約を締結するために必要な国内法の整備等に取り組み，平成26年1月20日，条約の締約国となった。国内法の整備の中で，平成23年7月に改正された「(　②　)」に規定する障害者については，「身体障害，知的障害，精神障害(発達障害を含む。)その他の心身の機能の障害(以下「障害」と総称する。)がある者であつて，障害及び社会的(　③　)により継続的に日常生活又は社会生活に相当な(　④　)を受ける状態にあるものをいう。」とし，いわゆる(　⑤　)の所持に限られないことや，難病に起因する障害は心身の機能障害に含まれ，高次脳機能障害は精神障害に含まれることが規定された。つまり，障害者が日常・社会生活で受ける(　④　)は，心身の機能の障害のみならず，社会における様々な(　③　)と相対することによって生ずるものという考え方，すなわち，いわゆる「(　⑥　)」の考え方を踏まえた障害の捉え方については，WHOにおいて(　⑦　)が採択されてから，引き続き，大切にされているのである。
>
> (後略)

(2) 次の①～⑤は自立活動の6区分27項目のうち「4　環境の把握」における5項目である。また，下の表は「特別支援学校教育要領・学習指導要領解説　自立活動編(幼稚部・小学部・中学部)(平成30年3月)　第6章　自立活動の内容　4　環境の把握」の中から具体的指導内容例と留意点を抜粋したものである。下の表の具体的指導内容例と留意点が「4　環境の把握」における①～⑤のどの項目に当てはまるか記号で答えなさい。

① 保有する感覚の活用に関すること。

② 感覚や認知の特性についての理解と対応に関すること。

③ 感覚の補助及び代行手段の活用に関すること。

④ 感覚を総合的に活用した周囲の状況についての把握と状況に応じた行動に関すること。

⑤ 認知や行動の手掛かりとなる概念の形成に関すること。

	具体的指導内容例と留意点
ア	弱視の幼児児童生徒は，見ようとするものに極端に目を近づけたり，見える範囲が限られる場合があったりするために，全体像が捉えにくく，地図やグラフなどに示されている情報の中から必要な情報を抽出することが困難なことが多い。そこで，不必要な情報を削除したり，コントラストを高めたりして認知しやすい教材を提供するとともに，これまで学習してきた知識やイメージを視覚認知に生かすなどの指導を行うことが大切である。
イ	肢体不自由のある幼児児童生徒の場合，運動・動作に伴う筋の収縮・伸張，関節の屈曲・伸展などに制限や偏りがあり，自分自身の体位や動きを把握し，調整することに困難さが見られる。そこで，自分自身の体位や動きについて，視覚的なイメージを提示したり，分かりやすい言葉で伝えたりして，自分の身体を正しく調整することができる力を身に付けることが大切である。
ウ	知的障害のある幼児児童生徒の場合，自分の身体に対する意識や概念が十分に育っていないため，ものや人にぶつかったり，簡単な動作をまねすることが難しかったりすることがある。そこで，粗大運動や微細運動を通して，全身及び身体の各部位を意識して動かしたり，身体の各部位の名称やその位置などを言葉で理解したりするなど，自分の身体に対する意識を高めながら，自分の身体が基点となって位置，方向，遠近の概念の形成につなげられるように指導することが大切である。
エ	自閉症のある幼児児童生徒の場合，聴覚に過敏さが見られ，特定の音を嫌がることがある。そこで，自分で苦手な音などを知り，音源を遠ざけたり，イヤーマフやノイズキャンセルヘッドホン等の音量を調節する器具を利用したりするなどして，自分で対処できる方法を身に付けるように指導することが必要である。
オ	視覚障害のある幼児児童生徒の場合，障害の特性により屋外だけでなく屋内においても蛍光灯などにまぶしさを強く感じることがある。そこで，遮光眼鏡を装用するよう指導するとともに，その習慣化を図ることが大切である。

(☆☆☆◎◎◎)

【6】「小学校学習指導要領(平成29年告示)解説　特別の教科　道徳編」について，次の各問いに答えなさい。

(1)　次の文は「第2章　第2節　道徳科の目標」である。(　　)に当てはまる語句を答えなさい。

> 第1章総則の第1の2の(2)に示す道徳教育の目標に基づき，よりよく生きるための基盤となる道徳性を養うため，道徳的諸価値についての理解を基に，自己を見つめ，物事を多面的・多角的に考え，自己の生き方についての考えを深める学習を通して，道徳的な(　①　)，心情，(　②　)と態度を育てる。

(2)　「第4章　第3節　指導の配慮事項」には，指導計画の作成と内容の取扱いが述べられている。(　　)に当てはまる語句を答えなさい。

> 道徳科が学校の教育活動全体を通じて行う道徳教育の(　①　)としての役割を果たすことができるよう，計画的・発展的な指導を行うこと。特に，各教科，外国語活動，総合的な学習の時間及び特別活動における道徳教育としては取り扱う機会が十分でない内容項目に関わる指導を(　②　)ことや，児童や学校の実態等を踏まえて指導をより一層深めること，内容項目の相互の関連を捉え直したり発展させたりすることに留意すること。

(☆☆☆◎◎◎)

【7】「中学校学習指導要領(平成29年告示)解説　特別の教科　道徳編」について，次の各問いに答えなさい。

(1)「第3章　第1節　内容の基本的性格　1(1)」には，道徳科において扱う内容項目を指導する上での留意事項が述べられている。(　　)に当てはまる語句を答えなさい。

> 内容項目は，生徒自らが道徳性を養うための(　①　)となるものである。なお，その指導に当たっては，内容を端的に表す言葉そのものを教え込んだり，(　②　)な理解にのみとどまる指導になったりすることがないよう十分留意する必要がある。

(2) 「第5章　第2節　道徳科における生徒の学習状況及び成長の様子についての評価　2(1)」には，道徳科に関する評価の基本的な考え方が述べられている。(　　)に当てはまる語句を下の選択肢から選び，記号で答えなさい。

> 評価に当たっては，(中略)，一面的な見方から多面的・多角的な見方へと発展しているか，(　①　)の理解を(　②　)との関わりの中で深めているかといった点を重視することが重要である。

ア　道徳的価値　　イ　内容項目　　ウ　他者　　エ　自分自身

(☆☆☆◎◎◎)

【特別支援(小学校)】

【1】次の文は，平成19年4月1日に文部科学省初等中等教育局長が通知した「特別支援教育の推進について」の「1. 特別支援教育の理念」から抜粋したものである。(　　)に当てはまる語句をあとの選択肢から1つ選びなさい。

> (前略)
> また，特別支援教育は，これまでの特殊教育の対象の障害だけでなく，知的な遅れのない(　①　)も含めて，特別な支援を必要とする幼児児童生徒が在籍する(　②　)において実施されるものである。
> さらに，特別支援教育は，障害のある幼児児童生徒への教育にとどまらず，障害の(　③　)やその他の個々の違いを認識しつ

つ様々な人々が生き生きと活躍できる(　④　)の形成の基礎となるものであり，我が国の現在及び将来の社会にとって重要な意味を持っている。

ア　特別支援学校　　イ　発達障害　　ウ　状態
エ　ノーマライゼーション　　オ　共生社会　　カ　精神疾患
キ　全ての学校　　ク　有無

(☆☆☆◎◎◎)

【2】次の文は，「学校教育法　第81条」から抜粋したものである。(　　)に当てはまる語句を答えなさい。

第81条　幼稚園，小学校，中学校，義務教育学校，高等学校及び中等教育学校においては，次項各号のいずれかに該当する幼児，児童及び生徒その他教育上特別の支援を必要とする幼児，児童及び生徒に対し，文部科学大臣の定めるところにより，障害による(　①　)上又は(　②　)上の困難を(　③　)するための教育を行うものとする。
(後略)

(☆☆☆◎◎◎)

【3】自立活動の指導に関して，次の各問いに答えなさい。

(1)　次の文は，「特別支援学校教育要領・学習指導要領解説　自立活動編(幼稚部・小学部・中学部)(平成30年3月)　第3章　1　(2)　自立活動の教育課程上の位置付け」から抜粋したものである。(　　)に当てはまる語句を答えなさい。

(前略)
自立活動は，授業時間を(　①　)して行う自立活動の時間における指導を中心とし，(　②　)の指導においても，自立活動の指導と密接な関連を図って行われなければならない。このように，自立活動は，障害のある幼児児童生徒の教育において，教育課程上重要な位置を占めていると言える。
(後略)

(2) 次の文は，「特別支援学校教育要領・学習指導要領解説 自立活動編(幼稚部・小学部・中学部)(平成30年3月) 第7章 2 (1) 幼児児童生徒の実態把握」から自立活動の指導を行う際の実態把握等に関する内容を抜粋したものである。( )に当てはまる語句を答えなさい。

(前略)
実態把握をする際に収集する情報の内容としては，病気等の有無や状態，(①)，基本的な生活習慣，人やものとのかかわり，心理的な安定の状態，コミュニケーションの状態，対人関係や社会性の発達，[中略]，進路，家庭や(②)の環境等様々なことが考えられる。
その際，幼児児童生徒が困難なことのみを観点にするのではなく，(③)や得意としていることも把握することが大切である。
(後略)

(☆☆☆◎◎◎)

【4】次の文は，「小学校学習指導要領(平成29年告示) 第1章 第4 2 特別な配慮を必要とする児童への指導」の「(1) 障害のある児童などへの指導 イ」から抜粋したものである。( )に当てはまる語句をあとの選択肢から1つ選びなさい。

(前略)
(イ) 児童の障害の(①)や学級の実態等を考慮の上，各教科の目標や内容を(②)の教科の目標や内容に替えたり，各教科を，(③)である児童に対する教育を行う特別支援学校の各教科に替えたりするなどして，実態に応じた教育課程を編成すること。

ア　状態　　イ　肢体不自由者　　ウ　下学年　　エ　他学年
オ　程度　　カ　知的障害者

(☆☆☆◎◎◎)

解答・解説

【特別支援(知的他・音楽・美術)】

【1】①　視機能障害　　②　話声　　③　意思疎通　　④　筆記
⑤　生活規制

〈解説〉本表は特別支援教育の基本的事項であり，他の自治体でも頻出なので，後略の部分も含めて，数値に注意しながら学習するとよい。

【2】①　サ　　②　カ　　③　ケ　　④　ア　　⑤　コ　　⑥　シ

〈解説〉当該項目は「(1)学級経営，児童生徒の発達の支援」「(2)生徒指導の充実」「(3)キャリア教育の充実」「(4)生涯学習への意欲の向上」「(5)個別の教育支援計画の作成」「(6)重複障害者の指導」「(7)学校医との連絡」で構成されている。内容については学習指導要領解説の文章も含めて熟読しておくこと。特に，具体的な例示については面接試験も含め出題の可能性があるので，事例の混同に注意しながらおさえておきたい。

【3】①　動作　　②　指文字　　③　相互伝達
④　コンピュータ(コンピューター)　　⑤　自己理解
⑥　学びに向かう力

〈解説〉障害を持つ児童生徒への指導は，障害の特性を知ること，当該児童生徒の特徴を知ることが重要である。特徴については，単に障害の程度を知るだけでなく，その障害によって学習にどう影響しているのかといったことまで知る必要がある(例：聴覚障害によりコミュニケーションが限定され，語彙力が少ない)。障害の特性については，特別支援学校学習指導要領解説や教育支援資料などからの出題もあるので，学習しておくとよい。

【4】(1)　①　エ　②　コ　③　オ　④　サ　⑤　ケ　⑥　イ　⑦　キ　(2)　①　働く意欲　②　○　③　情報科　④　○　⑤　生活単元学習　(3)　①　清潔　②　身なり　③　危ないこと　④　遊具　⑤　交通安全

〈解説〉(1)　今回の学習指導要領改訂では，目標に資質・能力の育成に関する内容が示されたことが特徴の一つとなっている。具体的には，(1)が「知識及び技能」，(2)が「思考力，判断力，表現力等」，(3)が「学びに向かう力，人間性等」に関するものである。これらも頻出であるので，十分に学習しておくこと。　(2)　作業学習はキャリア教育の一環であり，将来に向けた職業教育の下地づくりといった要素もあると思われる。一方，教育的な内容として，本資料では「児童生徒にとって教育的価値の高い作業活動等を含み，それらの活動に取り組む意義や価値に触れ，喜びや完成の成就感が味わえること」といったことも示されている。文章の正誤だけでなく，本資料から教育的意義などもおさえておきたい。　(3)　同じ内容であっても段階が上になれば，その分，内容が具体的かつ高度化していくことをおさえておきたい。児童生徒の日常生活をイメージしながら，どのようなことに気を付けるべきか考えるとよいだろう。

【5】(1)　①　障害者の権利に関する条約(障害者権利条約)　②　障害者基本法　③　障壁　④　制限　⑤　障害者手帳　⑥　社会モデル　⑦　ICF(国際生活機能分類)　(2)　①　イ　②　オ　③　エ　④　ウ　⑤　ア

〈解説〉(1)　いわゆる障害者権利条約批准のための法的整備としては，障害者基本法の改正のほかに，障害者総合支援法，障害者差別解消法の成立，および障害者雇用促進法の改正等があげられる。どれも重要な法規なので，目的や定義，教育に関する条文はおさえておくとよい。また，障害者権利条約で重要なものの一つに「合理的な配慮」があげられる。定義や具体例について学習しておくこと。　(2)　対策としては，項目と具体例をセットで学習することが最も適切だが，わからなくても項目とキーワードを整理・比較することで解答を導くこともできる。例えば，エはイヤーマフやヘッドホンといった補助器具に関する内容なので，③と判断できる。

【6】(1)　①　判断力　　②　実践意欲　　(2)　①　要　　②　補う

〈解説〉(1)　道徳的な判断力とは，人間として生きるために道徳的価値が大切なことを理解し，様々な状況下において人間としてどのように対処することが望まれるかを判断する力である。道徳的実践意欲と態度は，道徳的判断力や道徳的心情によって価値があるとされた行動をとろうとする傾向性を意味する。　(2)　まず，小学校における道徳教育は道徳科の授業だけでなく，学校教育全体で行わなければならないことをおさえておくこと。とはいえ，小・中学校において道徳科が特別の教科として位置づけられているので，それらを踏まえながら，体系的に指導することも求められていることを知っておく必要がある。

【7】(1)　①　手掛かり　　②　知的　　(2)　①　ア　　②　エ

〈解説〉(1)　内容項目は，生徒が中学校で学習すべきことを，短い文章で平易に表現したものであり，指導する際には生徒の実態と照らし合わせ，実態に応じて行う。その際，生徒自身が道徳的価値の理解を基に自己を見つめ，物事を広い視野から多面的・多角的に考え，人間としての生き方についての考えを深めることができるようにすることが求められる。　(2)　道徳科の評価は，目標に明記された学習活動に着目して行われる。道徳科の学習では，生徒自身が真正面から自分のこととして道徳的価値に広い視野から多面的・多角的に向き合うことが重要であり，こうした学習における一人一人の生徒の姿を把握していくことが生徒の学習活動に着目した評価を行うことになるのである。

【特別支援(小学校)】

【1】① イ　② キ　③ ク　④ オ

〈解説〉オの共生社会について，これまで十分に社会参加できなかった障害者等が積極的に参加・貢献していくことができ，誰もが相互に人格と個性を尊重し支え合い，人々の多様な在り方を相互に認め合える社会といえる。発達障害も含め，文言の定義はできるだけおさえておくとよい。

【2】① 学習　② 生活　③ 克服

〈解説〉学校教育法第81条は特別支援学級の根拠条文であり，第2項で対象となる障害種が示されている(知的障害者，肢体不自由者，身体虚弱者，弱視者，難聴者，その他)。対象となる障害種も出題実績があるので，通級による指導との混同に注意しながら学習しておくこと。

【3】(1) ① 特設　② 各教科等　(2) ① 生育歴　② 地域　③ 長所

〈解説〉自立活動は，個々の障害による学習上又は生活上の困難を改善・克服するための指導であり，これによって日常生活や学習場面において様々なつまずきや困難を克服し，人間として調和のとれた育成を目的とする。したがって，自立活動は各教科等と同様に重視されていることをおさえておく必要がある。また上述の通り，自立活動は個々の障害によるものであるため，幼児児童生徒の実態把握が前提になることも知っておきたい。実態把握の方法として，特別支援学校学習指導要領解説　自立活動編では観察法，面接法，検査法等の直接的な把握を最初にあげている。

【4】① オ　② ウ　③ カ

〈解説〉児童の実態を把握しながら適切な教育課程を編成することを示した内容であるが，その際の注意点として，学習指導要領解説では「(各教科の目標や内容を下学年の教科の目標に替えたり，各教科を知的障害者である児童に対する教育を行う特別支援学校の各教科に替えたりすることについて)保護者等に対する説明責任を果たしたり，指導の継続性を担保したりする観点から，理由を明らかにしながら教育課程の編成を工夫することが大切」としていることも知っておきたい。

2019年度　実施問題

【1】「特別支援学校教育要領・学習指導要領解説　総則編(幼稚部・小学部・中学部)(平成30年3月)　第1編　第1章　第2節　改訂の基本方針」では，「2　インクルーシブ教育システムの推進により，障害のある子供たちの学びの場の柔軟な選択を踏まえ，幼稚園，小・中・高等学校の教育課程との連続性を重視」としており，改善を図るための3つの観点が示されている。その3つの観点をすべて答えなさい。

(☆☆☆☆◎◎)

【2】次の文は，「特別支援学校　小学部・中学部学習指導要領(平成29年4月　告示)　第1章　第5節　児童又は生徒の調和的な発達の支援」の一部を抜粋したものである。(　　)に当てはまる語句を答えなさい。

> (前略)
> (3)　児童又は生徒が，学ぶことと(　①　)とのつながりを見通しながら，社会的・職業的自立に向けて必要な基盤となる資質・能力を身に付けていくことができるよう，(　②　)を要としつつ各教科等の特質に応じて，(　③　)の充実を図ること。その中で，中学部においては，生徒が自らの生き方を考え主体的に進路を選択することができるよう，学校の教育活動全体を通じ，組織的かつ計画的な進路指導を行うこと。
> (4)　児童又は生徒が，学校教育を通じて身に付けた知識及び技能を活用し，もてる能力を最大限伸ばすことができるよう，(　④　)への意欲を高めるとともに，社会教育その他様々な学習機会に関する情報の提供に努めること。
> (後略)

(☆☆☆◎◎◎)

【3】次の文は,「特別支援学校教育要領・学習指導要領解説　自立活動編(幼稚部・小学部・中学部)(平成30年3月)　第2章　3　今回の改訂の要点」の中から,自立活動の内容について示したものである。(　　)に当てはまる語句を答えなさい。

> 従前の内容は,六つの区分の下に26項目が示されていた。
>
> 今回の改訂では,六つの区分は従前と同様であるが,(　①　)や重複障害を含めた障害のある幼児児童生徒の多様な障害の種類や状態等に応じた指導を一層充実するため,「1　(　②　)」の区分に「(4)　障害の(　③　)と(　④　)に関すること。」の項目を新たに設けた。
>
> また,自己の理解を深め,主体的に学ぶ意欲を一層伸長するなど,発達の段階を踏まえた指導を充実するため,「4　(　⑤　)」の区分の下に設けられていた「(2)　感覚や認知の特性への対応に関すること」の項目を「(2)　感覚や認知の特性についての(　⑥　)に関すること。」と改めた。さらに,感覚を総合的に活用した周囲の状況の把握にとどまることなく,把握したことを踏まえて,的確な判断や行動ができるようにすることを明確にするため,「(4)　感覚を総合的に活用した周囲の状況の把握に関すること。」の項目を「(4)　感覚を総合的に活用した周囲の状況についての把握と(　⑦　)に関すること。」と改めた。

(☆☆☆◎◎◎)

【4】知的障がい者である児童生徒に対する教育について,次の各問いに答えなさい。

(1)　次の文は,「特別支援学校学習指導要領解説　各教科等編(小学部・中学部)(平成30年3月)　第4章　第1節　1　知的障害について」から抜粋したものである。(　　)に当てはまる語句を答えなさい。

> (前略)
> 知的障害とは，知的機能の発達に明らかな遅れと，適応行動の困難性を伴う状態が，発達期に起こるものを言う。
> 「知的機能の発達に明らかな遅れ」がある状態とは，認知や(　①　)などに関わる精神機能のうち，(　②　)面とは区別される知的面に，同年齢の児童生徒と比較して平均的水準より有意な遅れが明らかな状態である。
> 「適応行動の困難性」とは，他人との意思の疎通，日常生活や社会生活，安全，仕事，余暇利用などについて，その年齢段階に標準的に要求されるまでには至っていないことであり，適応行動の習得や習熟に困難があるために，実際の生活において支障をきたしている状態である。
> 「伴う状態」とは，「知的機能の発達に明らかな遅れ」と「適応行動の困難性」の両方が同時に存在する状態を意味している。知的機能の発達の遅れの原因は，概括的に言えば，(　③　)の機能障害であり，適応行動の困難性の背景は，周囲の要求水準の問題などの(　④　)要因等が関係している。
> (後略)

(2)　次の表は，「特別支援学校学習指導要領解説　各教科等編(小学部・中学部)(平成30年3月)　第4章　第1節　4　各教科等の構成と履修」及び「特別支援学校学習指導要領解説　各教科等編(小学部・中学部)(平成30年3月)　第4章　第2節　3　指導の形態について」の一部をまとめたものである。

ア　表中の(　　)に当てはまる語句を答えなさい。ただし，同じ番号には，同じ語句が入るものとする。

<table>
<tr><td rowspan="2">教科別に指導を行う場合</td><td>小学部</td><td>（　①　）、国語、算数、音楽、図画工作、体育</td></tr>
<tr><td>中学部</td><td>国語、社会、数学、理科、音楽、美術、保健体育、
（　②　）、外国語科（必要に応じて）</td></tr>
<tr><td>道徳科、（　③　）、特別活動、自立活動の時間を設けて指導を行う場合</td><td colspan="2">道徳科、（　③　）、特別活動、自立活動、
総合的な学習の時間（中学部）</td></tr>
<tr><td>各教科等を合わせて指導を行う場合</td><td colspan="2">（　④　）、遊びの指導、㋐生活単元学習、作業学習</td></tr>
</table>

イ　表中の下線部㋐について述べた，次の文の(　　)に当てはまる語句を答えなさい。

> 生活単元学習は，児童生徒が生活上の目標を達成したり，課題を解決したりするために，一連の活動を(　①　)・体系的に経験することによって，自立や社会参加のために必要な事柄を(　②　)・総合的に学習するものである。
>
> 生活単元学習では，広範囲に(　③　)の目標や内容が扱われる。
>
> 生活単元学習の指導では，児童生徒の(　④　)は，実際の生活上の目標や課題に沿って指導目標や指導内容を組織されることが大切である。

(☆☆☆◎◎◎)

【5】肢体不自由者である児童生徒に対する教育について，次の各問いに答えなさい。

(1)　次の文は，「特別支援学校小学部・中学部学習指導要領(平成21年3月　告示)　第2章　第1節　第1款　3　肢体不自由者である児童に対する教育を行う特別支援学校」及び「特別支援学校小学部・中学部学習指導要領(平成29年4月　告示)　第2章　第1節　第1款　3　肢体不自由者である児童に対する教育を行う特別支援学校」の全文である。文中の(　　)に当てはまる語句を答えなさい。ただし，同じ番号には，同じ語句が入るものとする。

平成21年3月　告示	平成29年4月　告示
(1) 体験的な活動を通して表現する意欲を高めるとともに，児童の言語発達の程度や身体の動きの状態に応じて，考えたことや感じたことを表現する力の育成に努めること。	(1) 体験的な活動を通して（　①　）等の形成を的確に図り，児童の障害の状態や発達の段階に応じた思考力，判断力，表現力等の育成に努めること。
(2) 児童の身体の動きの状態や生活経験の程度等を考慮して，(　②　)を適切に精選し，基礎的・基本的な事項に重点を置くなどして指導すること。	(2) 児童の身体の動きの状態や認知の特性，各教科の内容の習得状況等を考慮して，（　②　）を適切に設定し，重点を置く事項に時間を多く配当するなど計画的に指導すること。
(3) 身体の動きやコミュニケーション等に関する内容の指導に当たっては，特に（　③　）との密接な関連を保ち，学習効果を一層高めるようにすること。	(3) 児童の学習時の姿勢や認知の特性等に応じて，指導方法を工夫すること。
(4) 児童の学習時の姿勢や認知の特性等に応じて，指導方法を工夫すること。	(4) 児童の身体の動きや（　④　）の状態等に応じて，適切な補助具や補助的手段を工夫するとともに，コンピュータ等の情報機器などを有効に活用し，指導の効果を高めるようにすること。
(5) 児童の身体の動きや（　④　）の状態等に応じて，適切な補助用具や補助的手段を工夫するとともに，コンピュータ等の情報機器などを有効に活用し，指導の効果を高めるようにすること。	(5) 各教科の指導に当たっては，特に（　⑤　）との密接な関連を保ち，学習効果を一層高めるようにすること。

(2) 「特別支援学校学習指導要領解説　総則等編(幼稚部・小学部・中学部)(平成21年6月)第3編　第2部　第2章　第4　4　姿勢や認知の特性に応じた指導の工夫」には，肢体不自由のある児童生徒が学習活動に応じて適切な姿勢をとることができるように，工夫や指導を行う上で大切な点が示されている。示されている内容を答えなさい。

(3) 「特別支援学校学習指導要領解説　自立活動編(幼稚部・小学部・中学部・高等部)(平成21年6月)　第6章　5　身体の動き」には，幼児児童生徒が補助用具を必要とする場合の指導上の留意点が示されている。示されている指導上の留意点を1つ答えなさい。

(☆☆☆☆◎◎)

【6】病弱者である児童生徒に対する教育について，あとの各問いに答えなさい。

次の文は，「特別支援学校小学部・中学部学習指導要領(平成29年4月

告示) 第2章 第1節 第1款 4 病弱者である児童に対する教育を行う特別支援学校」の全文である。

(1) 個々の児童の学習状況や病気の状態，授業時数の制約等に応じて，指導内容を適切に(①)し，基礎的・基本的な事項に重点を置くとともに，指導内容の(②)に配慮した工夫を行ったり，各教科等相互の関連を図ったりして，効果的な学習活動が展開できるようにすること。
(2) 健康状態の維持や管理，改善に関する内容の指導に当たっては，(③)を深めながら学びに向かう力を高めるために，自立活動における指導との密接な関連を保ち，学習効果を一層高めるようにすること。
(3) 体験的な活動を伴う内容の指導に当たっては，児童の病気の状態や学習環境に応じて，間接体験や(④)，仮想体験等を取り入れるなど，指導方法を工夫し，効果的な学習活動が展開できるようにすること。
(4) 児童の身体活動の制限や認知の特性，学習環境等に応じて，教材・教具や㋐入力支援機器等の補助用具を工夫するとともに，コンピュータ等の情報機器などを有効に活用し，指導の効果を高めるようにすること。
(5) 児童の病気の状態等を考慮し，学習活動が負担過重となる又は必要以上に(⑤)することがないようにすること。
(6) 病気のため，姿勢の保持や長時間の学習活動が困難な児童については，姿勢の変換や適切な(⑥)の確保などに留意すること。

(1) 文中の( )に当てはまる語句を答えなさい。
(2) 下線部㋐について，次のア～ウの場合，活用できるものをあとのa～cの中から選び，記号で答えなさい。
ア 児童生徒が本を読むことが困難な場合
イ 児童生徒に運動・動作の障がいがある場合

ウ　児童生徒が病気のため教室に登校できない場合
　a　テレビ会議システム
　b　タブレット端末等の拡大機能
　c　スイッチや視線入力装置，音声出力会話補助装置

(☆☆☆◎◎◎)

【7】次の文は，「特別支援学校教育要領・学習指導要領解説　総則編(幼稚部・小学部・中学部)(平成30年3月)　第3編　第2章　第8節　3　重複障害者の場合」の中から，重複障がい者に関する教育課程を検討する際，障がいの状態により特に必要がある場合についてまとめたものである。正しい文には○，誤っている文には×を記入しなさい。

(1)	重複障害者については、知的障害者である児童に対する教育を行う特別支援学校小学部の１段階の内容を習得し目標を達成することが難しそうな児童に対し、１段階から丁寧に指導するという判断がある一方で、自立活動に替えて指導するという判断もある。
(2)	小・中学部において、自立活動を主とした指導を行うことができるという規定を適用する際には、各教科と自立活動の目標設定に至る手続きの違いを踏まえ、小・中学部の在学期間に学校教育として提供すべき教育の内容を卒業後の生活も考慮しながら、障害の状態により特に必要がある場合か否かを検討していくことが必要である。
(3)	自立活動を主とした指導を行う際、道徳科及び外国語科については、その目標及び内容の全部を替えることができないことに留意する必要がある。
(4)	障害が重複している、あるいはその障害が重度であるという理由だけで、各教科等の目標や内容を取り扱うことを全く検討しないまま、安易に自立活動を主とした指導を行うことのないように留意しなければならない。

(☆☆☆◎◎◎)

【8】「小学校学習指導要領(平成29年告示)解説　特別の教科　道徳編」について，次の各問いに答えなさい。

(1)　次の文は「第2章　第2節　道徳科の目標」である。(　　)に当てはまる語句を答えなさい。

> 第1章総則の第1の2の(2)に示す道徳教育の目標に基づき，よりよく生きるための基盤となる(　①　)を養うため，道徳的諸価値についての理解を基に，自己を見つめ，物事を多面的・多角的に考え，自己の(　②　)についての考えを深める学習を通して，道徳的な判断力，心情，実践意欲と態度を育てる。

(2) 「第5章　第1節　道徳科における評価の意義」には，評価について述べられている。(　　)に当てはまる語句を答えなさい。

> 児童の(　①　)や道徳性に係る(　②　)を継続的に把握し，指導に生かすよう努める必要がある。ただし，数値などによる評価は行わないものとする。

(☆☆☆◎◎◎)

【9】「中学校学習指導要領(平成29年告示)解説　特別の教科　道徳編」について，次の各問いに答えなさい。

(1) 「第1章　総説　3(2)」には，内容項目のまとまりを示す四つの視点について，次のように述べられている。文中の(　①　)に当てはまる語句を答えなさい。また，(　②　)～(　⑤　)に当てはまる語句を下の選択肢から選び，記号で答えなさい。

> 生徒にとっての(　①　)に即して整理し，「A　主として(　②　)に関すること」「B　主として(　③　)に関すること」「C　主として(　④　)に関すること」「D　主として(　⑤　)に関すること」として順序を改めた。

〔選択肢〕　ア　集団や社会との関わり
　　　　　イ　人との関わり
　　　　　ウ　自分自身
　　　　　エ　生命や自然，崇高なものとの関わり

(2) 「第4章　第2節　道徳科の指導　1」には，道徳科における指導の基本方針について述べられている。(　　)に当てはまる語句を答えなさい。

道徳科においては，各教科，総合的な学習の時間及び特別活動における(　①　)と密接な関連を図りながら，(　②　)に基づき，生徒や学級の実態に即し，道徳科の特質に基づく適切な指導を展開しなければならない。

(☆☆☆◎◎◎)

解答・解説

【1】・学びの連続性を重視した対応　　・一人一人の障害(障がい)の状態等に応じた指導の充実　　・自立と社会参加に向けた教育の充実

〈解説〉特別支援教育は，多様な障害の種類や状態等に応じた指導や支援の必要性がより強く求められている。障害のある子供が自己のもつ能力や可能性を最大限に伸ばし，自立し社会参加するために必要な力を培うためには，一人一人の障害の状態等に応じたきめ細かな指導及び評価を一層充実することが重要である。このため，本資料では，解答の3つの観点から改善を図り，知的障害である子供のための教育課程として，小学部の教育課程に外国語活動を設けることができるという規定や，中学部に2段階を新設するなどの変更点を挙げている。

【2】①　自己の将来　　②　特別活動　　③　キャリア教育　　④　生涯学習

〈解説〉(3)はキャリア教育の，(4)は生涯学習の充実に関する項目である。生涯学習については，障害者のライフステージ全体を豊かなものとするため，障害のある児童生徒に対して学校教育段階から将来を見据えた教育活動の充実を図ることを示している。第5節の内容は，これらのほかに，ガイダンス機能やカウンセリング機能の充実，生徒指導の充実，個別の教育支援計画の作成，重複障害者である児童生徒への指導の充実等について言及されている。

【3】① 発達障害(発達障がい) ② 健康の保持 ③ 特性の理解 ④ 生活環境の調整 ⑤ 環境の把握 ⑥ 理解と対応 ⑦ 状況に応じた行動

〈解説〉特別支援学校に在籍する重複障害者の割合は増加傾向にあり，他の障害に自閉症を合わせ有する者や視覚と聴覚の障害を合わせ有する者など，多様な障害の種類や状態等に応じた自立活動の指導の充実が求められている。今回の改訂では，そういった児童生徒への支援の充実に主眼が置かれている。また，発達障害を含めた障害のある児童生徒等が，特別支援学校だけではなく小・中学校等においても学んでいることから，特別支援学級，通級による指導においても，児童生徒等の多様な障害の種類や状態等に応じたきめ細かな自立活動の指導の充実が求められている。

【4】(1) ① 言語 ② 情緒 ③ 中枢神経系 ④ 心理的，社会的，環境的 (2) ア ① 生活(科) ② 職業・家庭(科) ③ 外国語活動 ④ 日常生活の指導 イ ① 組織的 ② 実際的 ③ 各教科等 ④ 学習活動

〈解説〉知的障害者である児童生徒に対する教育を行う場合は，その特徴を理解しておく必要がある。この障害の多くは，胎児期，出生時及び出生後の比較的早期に起こる(発達期の規定の仕方は，必ずしも一定しないが，成長期(18歳)までとすることが一般的である)。適応行動の面では，概念的スキルの困難性(言語理解，言語表出能力，読字，計算，推論など)，社会的スキルの困難性(友達関係，社会的ルールの理解，集団行動など)，実用的スキルの困難性(食事，排せつ，衣服の着脱，清潔行動，買い物，乗り物の利用，公共機関の利用，運動における協

調運動，運動動作技能，持久力など)に困難さが生じやすい。

【5】(1)　①　言語概念　②　指導内容　③　自立活動における指導　④　意思の表出　⑤　自立活動の時間における指導

(2)　いすや机の位置及び高さなどを調整することについて，児童生徒の意見を聞きながら工夫するとともに，児童生徒自らがよい姿勢を保つことに注意を向けるよう日ごろから指導することが大切である。

(3)　自分に合うように補助用具を調整したりすることを指導する。

〈解説〉(1)　①の「言語概念」についてだが，言語の指導に際して最も重要なことは，それぞれの児童生徒が，日常生活の中で，指導しようとする言葉にかかわる具体的な体験をどの程度有しているかということで，特に，言葉の意味を理解したり，それによって的確な言語概念を形成したり，その指導の過程において言語による思考力を高めたりするためには，具体的経験をいかに言葉で表現し理解できるようにするかが極めて大切なことである。肢体不自由のある児童生徒は，身体の動きに困難があることから，様々なことを体験する機会が不足したまま，言葉や知識を習得していることが少なくない。そのため，言葉を知っていても意味の理解が不十分であったり，概念が不確かなまま用語や数字を使ったりすることがある。　(3)　そのほかに，「用途や目的に応じて適切な用具を選び十分使いこなせるように指導する」「補助用具のセッティングや収納の仕方を身につける」等がある。

【6】(1)　①　精選　②　連続性　③　自己理解　④　疑似体験　⑤　制限　⑥　休養　(2)　ア　b　イ　c　ウ　a

〈解説〉(1)　病弱児である場合，入退院を繰り返したり，長期の入院により学習内容の系統性が保たれにくいことがあるため，適切な学習活動のためには十分な配慮が必要である。本問(3)の文中の，間接体験，疑似体験，仮想体験では，知らない場所へ行くことに強い不安を感じる児童生徒が社会見学をする場合には，VR(Virtual Reality)の技術を使った機器を活用して見学先を事前に仮想体験し，不安を軽減してから見学することで，積極的に参加できるようにすることも大切である。病気の状態等によっては，直接的な体験ができない場合があるので，実験学習ではWebサイトでの実験の様子を見て間接体験をする，タブレット端末で実験シミュレーションアプリを操作することによって疑似体験をする，社会科で地域調査をする際にテレビ会議システム等を活用して地域の人から話を聞くなどの間接的な体験をする，体育科では体感型アプリ等を利用してスポーツの疑似体験を行うなど指導方法を工夫する。　(2)　身体活動が制限されている，高次脳機能障害や小児がんの晩期合併症などにより認知上の特性がある等の児童生徒の指導では，実態に応じて教材・教具や入力支援機器等の補助用具や補助的手段，コンピュータ等を活用する。また，学習が効果的に行えるよう，学習できる機会を確保するために情報機器を活用することも大切である

【7】(1)　○　　(2)　○　　(3)　×　　(4)　○

〈解説〉重複障害者である児童生徒は，自立活動を主とした教育課程で学ぶことを前提とするなど，最初から既存の教育課程の枠組みに児童生徒を当てはめて考えることは避けなければならない。(3)の自立活動を主とした指導を行う際，外国語科(各教科)については，その目標及び内容の全部を替えて行うことができるが，道徳科については全部を替えることはできない。

【8】(1)　①　道徳性　　②　生き方　　(2)　①　学習状況　　②　成長の様子

〈解説〉小学校学習指導要領　第1章　総則　第1の2の(2)には，道徳教育や体験活動，多様な表現や鑑賞の活動等を通して，豊かな心や創造性の涵養を目指した教育の充実に努めること。とある。道徳科が目指すものは，学校の教育活動全体を通じて行う道徳教育の目標と同様によりよく生きるための基盤となる道徳性を養うことである。道徳科以外の道徳教育と関連を図り，自己を見つめ，自己の生き方についての考

えを深める学習を通して，道徳性を養うことを目標としている。
(2)　道徳科において養うべき道徳性は，児童の人格全体に関わるものであり，数値などによって不用意に評価してはならないことを特に明記したものである。教師が児童一人一人の人間的な成長を見守り，児童自身の自己のよりよい生き方を求めていく努力を評価し，それを勇気付ける働きをもつようにすることが求められている。
　新学習指導要領からの出題である。道徳教育の目標や内容の細部にわたる変更点をきちんと押さえておく必要がある。

【9】(1)　①　対象の広がり　　②　ウ　　③　イ　　④　ア　⑤　エ　　(2)　①　道徳教育　　②　年間指導計画
〈解説〉(1)「第1章　総説　3　改訂の要点　(2)　第2　内容」からの出題である。問題部分は，これまで「1　主として自分自身に関すること」「2　主として他の人とのかかわりに関すること」「3　主として自然や崇高なものとのかかわりに関すること」「4　主として集団や社会とのかかわりに関すること」の順で示していた4つの視点を，生徒にとっての対象の広がりに即して順序を改め整理したものである。内容項目についても改善が図られているので，確認しておくこと。
(2)「指導の基本方針」からの出題である。問題文に続いて，「(1)道徳科の特質を理解する，(2)信頼関係や温かい人間関係を基盤に置く」など6つの基本方針が示されている。

2018年度　実施問題

【1】中央教育審議会初等中等教育分科会がまとめた「共生社会の形成に向けたインクルーシブ教育システム構築のための特別支援教育の推進(報告)　(平成24年7月)」について，次の各問いに答えなさい。

(1)　次の文は，共生社会の形成について示されたこの報告の一部を抜粋したものである。(　　)に当てはまる語句を下の選択肢から1つずつ選び記号で答えなさい。

> ○「共生社会」とは，これまで必ずしも十分に社会参加できるような環境になかった障害者等が，積極的に参加・(　①　)していくことができる社会である。それは，誰もが相互に人格と(　②　)を尊重し支え合い，人々の多様な在り方を相互に認め合える全員参加型の社会である。このような社会を目指すことは，我が国において最も積極的に取り組むべき重要な課題である。　―中略―
>
> ○基本的な方向性としては，障害のある子どもと障害のない子どもが，できるだけ同じ場で(　③　)ことを目指すべきである。その場合には，それぞれの子どもが，授業内容が分かり学習活動に参加している実感・達成感を持ちながら，充実した時間を過ごしつつ，(　④　)を身に付けていけるかどうか，これが最も本質的な視点であり，そのための環境整備が必要である。

a　協働　　b　授業を受ける　　c　権利　　d　個性
e　共に学ぶ　　f　社会性　　g　貢献　　h　生きる力

(2)　次の文は，合理的配慮について示されたこの報告の一部を抜粋したものである。(　　)に当てはまる語句をあとの選択肢から1つずつ選び記号で答えなさい。

○「合理的配慮」は，一人一人の(　①　)や教育的ニーズ等に応じて決定されるものであり，設置者・学校と本人・保護者により，(　②　)を考慮しつつ，「合理的配慮」の観点を踏まえ，「合理的配慮」について可能な限り(　③　)を図った上で決定し，提供されることが望ましく，その内容を個別の(　④　)に明記することが望ましい。

a　興味や関心　　b　実態　　c　発達の段階
d　合意形成　　e　障害の状態　　f　指導計画
g　教育支援計画　　h　共通理解

(☆☆☆◎◎◎)

【2】次の各文は，「特別支援学校学習指導要領解説　総則等編(幼稚部・小学部・中学部)(平成21年6月)　第3編　第2部　第1章　教育課程の編成及び実施」の一部を抜粋したものである。あとの各問いに答えなさい。

一般に，特別支援学校に在籍する児童生徒の障害の状態は多様であり，(　①　)が大きい。また，個々の児童生徒についてみると，心身の発達の諸側面に(　②　)が見られることも少なくない。各学校においては，このような児童生徒の障害の状態や発達の段階を的確に把握し，これに応じた適切な教育を展開することができるよう十分配慮することが必要である。

また，特別支援学校において個々の児童生徒の実態を考える場合，障害の状態とそれに起因する発達の遅れのみに目が向きがちであるが，それ以外にも能力・適性，興味・関心や性格，さらには(　③　)などの違いにも注目していくことが大切である。小学部及び中学部の段階は，6歳から15歳という心身の成長の著しい時期である。小学部の児童はそれぞれ能力・適性，興味・関心，性格等が異なっている。そのため，児童の発達の(　④　)などを的確にとらえるとともに，その学校あるいは学年などの児童の特性や課題について十分配慮して，適切な教育課程を編成することが必要である。また，中学部の生徒は小学部段階と比べ心身の発達上の変化が著しく，生徒の能力・適性，興味・関心等の多様化が一層進展するとともに，内面的な成熟へと進み，性的にも成熟し，知的な面では抽象的，論理的思考が発達するとともに(　⑤　)なども発達してくる。したがって，学年による生徒の発達の段階の差異にも留意しなければならない。

(1)　文中の(　　)に当てはまる語句を答えなさい。

(2)　文中の下線部について，次の表は，遠城寺式乳幼児分析的発達検査法で示されている検査問題の一部について，月齢の低い方から高い方へ並べたものである。このうち，正しいものには○で，誤っているものには×で答えなさい。

		月齢が低い ──→ 月齢が高い
ア	移動運動	靴をはいて歩く　→　ボールを前にける　→　片足で2～3秒立つ
イ	手の運動	まねて直線を引く　→　積木を二つ重ねる　→　はさみを使って紙を切る
ウ	基本的習慣	ストローで飲む　→　ひとりでパンツを脱ぐ　→　顔をひとりで洗う
エ	対人関係	友だちと手をつなぐ　→　人見知りをする　→　年下の子供の世話をやきたがる

(☆☆☆◎◎◎)

【3】自立活動について，次の各問いに答えなさい。

(1)　次の図は，「特別支援学校学習指導要領解説　自立活動編(幼稚部・小学部・中学部・高等部)(平成21年6月)　第3章　2　障害のとらえ方と自立活動」において示されたICFの構成要素間の相互関係を表したものである。あとの問いに答えなさい。

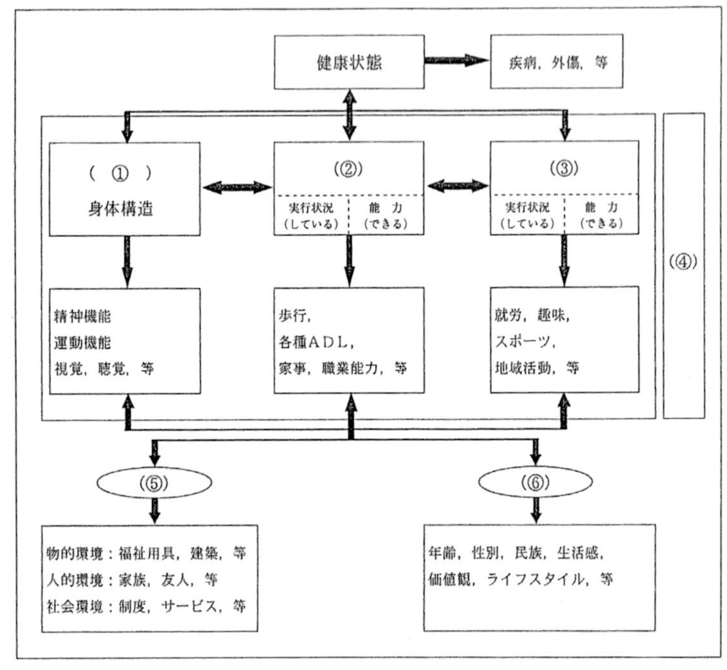

ア　図中の(　　)に当てはまる語句を答えなさい。

イ　ICFとは何か，漢字8文字で答えなさい。

(2)　次の各文は，「特別支援学校　小学部・中学部学習指導要領(平成21年3月　告示)」に自立活動の項目として示されているものである。これらの項目は，自立活動の6つの区分として示されているもののうち，それぞれどの区分に分類されているか，(例)を参考にして答えなさい。

(例)　姿勢と運動・動作の基本的技能に関すること。
①　自己の理解と行動の調整に関すること。
②　言語の形成と活用に関すること。
③　身体各部の状態の理解と養護に関すること。
④　状況の理解と変化への対応に関すること。
⑤　保有する感覚の活用に関すること。

⑥　障害による学習上又は生活上の困難を改善・克服する意欲に関すること。

(3)　次の文は,「特別支援学校　小学部・中学部学習指導要領(平成21年3月　告示)　第1章　第2節　第5　重複障害者等に関する教育課程の取扱い」の一部を抜粋したものである。(　　)に当てはまる語句を答えなさい。ただし,同じ番号には同じ語句が入るものとする。

重複障害者のうち,障害の状態により特に必要がある場合には,(　①　),(　②　),(　③　)若しくは(　④　)の目標及び内容に関する事項の一部又は(　①　),(　③　)若しくは(　⑤　)に替えて,自立活動を主として指導を行うことができるものとする。

(☆◎◎◎◎◎)

【4】知的障がい者である児童生徒に対する教育について,次の各問いに答えなさい。

(1)　次の文は,「特別支援学校学習指導要領解説　総則等編(幼稚部・小学部・中学部)(平成21年6月)　第3編　第2部　第3章　第1節　2　(1)　知的障害のある児童生徒の学習上の特性等」の一部を抜粋したものである。(　　)に当てはまる語句を答えなさい。

(1)　知的障害のある児童生徒の学習上の特性等
知的障害のある児童生徒の学習上の特性としては,学習によって得た知識や技能が(　①　)になりやすく,実際の生活の場で応用されにくいことや,(　②　)が少ないことなどにより,主体的に活動に取り組む(　③　)が十分に育っていないことなどが挙げられる。

(2)　次の文は,「(1)　知的障害のある児童生徒の学習上の特性等」を踏まえた重要な教育的対応の基本の一部を示したものであるが,各文の語句の中に1か所ずつ誤りがある。誤り部分の語句に下線を引き，正しい語句を答えなさい。

ア	望ましい社会参加を目指し， 日常生活や社会生活に必要な知識や習慣が身に付くよう指導する。
イ	生活の課題に沿った多様な生活経験を通して， 日々の活動の意欲が高まるよう指導する。
ウ	できる限り児童生徒の成功経験を豊富にするとともに， 自発的・自主的な活動を大切にし，具体的活動を促すよう指導する。

(3)　次の文は，「特別支援学校学習指導要領解説　総則等編(幼稚部・小学部・中学部)(平成21年6月)　第3編　第2部　第3章　第1節　2　知的障害である児童生徒に対する教育を行う特別支援学校における指導の特徴について」において，日常生活の指導に当たって考慮すべき事項を示したものである。文中の(　　)に当てはまる語句を答えなさい。

> 日常生活の指導は，(　①　)の内容だけでなく，広範囲に，(　②　)等の内容が扱われる。それらは，例えば，衣服の着脱，洗面，手洗い，排泄，食事，清潔など(　③　)の内容や，あいさつ，言葉遣い，礼儀作法，時間を守ること，きまりを守ることなどの日常生活や(　④　)において必要で基本的な内容である。

(4)　次の文は，「特別支援学校学習指導要領解説　総則等編(幼稚部・小学部・中学部)(平成21年6月)　第3編　第2部　第3章　第4節　中学部の各教科」において，各教科の目標や内容等について示しているものの一部を引用したものである。文中の(　　)に当てはまる語句を答えなさい。

国　語　科	中学部では，小学部で培った日常生活に必要な国語の理解や表現力を深め，(　①　)力を高めるとともに，生徒の生活の広がりに伴って，「聞く・話す」，「読む」，「書く」力を高め，表現力を更に伸ばして生活で活用することに意義がある。
数　学　科	内容は，「数と計算」，「量と測定」，「図形・数量関係」，「(　②　)」の４つの観点から示している。

音楽科	内容は，「鑑賞」，「(　③　)」，「器楽」，「歌唱」の４つの観点から示している。
美術科	内容は，「(　④　)」，「材料・用具」，「鑑賞」の３つの観点で構成されている。
保健体育科	内容は，「いろいろな運動」，「(　⑤　)」，「保健」の３つの観点から示している。

(5)　次の文は，「特別支援学校学習指導要領解説　総則等編(高等部)(平成21年12月)　第2編　第2部　第5章　第3節　第8　職業」で示されている職業科の各段階の内容(1)である。文中の(　　)に当てはまる語句を答えなさい。

> 1段階(1)　働くことの意義を理解し，作業や実習に取り組み，(　①　)を味わう。
> 2段階(1)　働くことの意義について理解を深め，積極的に作業や実習に取り組み，職場に必要な(　②　)を身に付ける。

(☆☆☆◎◎◎◎)

【5】肢体不自由者である児童生徒に対する教育について，次の各問いに答えなさい。

(1)　次の文は，「特別支援学校小学部・中学部学習指導要領(平成21年3月　告示)　第2章　第1節　第1款　3　肢体不自由者である児童に対する教育を行う特別支援学校」の一部を抜粋したものである。文中の(　　)に当てはまる語句を答えなさい。ただし，同じ記号には同じ語句が入るものとする。

> (1)　①体験的な活動を通して表現する意欲を高めるとともに，児童の言語発達の程度や身体の動きの状態に応じて，考えたことや感じたことを表現する力の育成に努めること。
> (2)　児童の(　㋐　)の状態や(　㋑　)の程度等を考慮して，指

導内容を適切に精選し，基礎的・基本的な事項に重点を置くなどして指導すること。
(3)　(　㋐　)や②コミュニケーション等に関する内容の指導に当たっては，特に自立活動における指導との密接な関連を保ち，学習効果を一層高めるようにすること。

(2)　下線部①のために，日常生活や学習活動において，どのような機会を確保することが必要か答えなさい。

(3)　下線部②について，例えば，音声言語の表出は困難であるが，文字言語の理解ができる児童生徒に対して考えられる支援機器を活用した指導について，具体的に答えなさい。

(☆☆☆◎◎◎)

【6】病弱者である児童生徒に対する教育について，次の各問いに答えなさい。

(1)　次の文は，「特別支援学校小学部・中学部学習指導要領(平成21年3月　告示)　第2章　第1節　第1款　4　病弱者である児童に対する教育を行う特別支援学校」の一部を抜粋したものである。(　　)に当てはまる語句を答えなさい。

(1)　児童の(　①　)の制約や病気の状態等に応じて，指導内容を適切に精選し，基礎的・基本的な事項に重点を置くとともに，各教科等相互の関連を図ったり，指導内容の連続性に配慮した工夫を行ったりして，効果的な学習活動が展開できるようにすること。
(2)　(　②　)の改善等に関する内容の指導に当たっては，特に自立活動における指導との密接な関連を保ち，学習効果を一層高めるようにすること。
(3)　体験的な活動を伴う内容の指導に当たっては，児童の病気の状態や(　③　)に応じて指導方法を工夫し，効果的な学習活動が展開できるようにすること。

(2)　次の各文は「特別支援学校学習指導要領解説　自立活動編(幼稚部・小学部・中学部・高等部)(平成21年6月)　第6章　自立活動の内容」の具体的内容例と留意点の一部を抜粋したものである。文中の(　　)に当てはまる語句を選択肢から1つずつ選び，記号で答えなさい。

若年性の糖尿病の児童生徒の場合，自己の病気の状態を理解し，自ら毎日の血糖値を測定して，適切な(　①　)や適度の運動を取り入れることによって，(　②　)を防止する方法を身に付けることは将来の主体的な(　③　)に結び付くものである。

うつ病などの精神性の疾患の児童生徒の場合，食欲の減退などの身体症状，興味・関心の低下や意欲の減退などの症状が見られるが，それらの症状が(　④　)によるものであることを理解できないことが多い。このような場合には，(　⑤　)の了解を得た上で，病気の仕組みと治療方法を理解させるとともに，(　⑥　)がそれらの症状に影響を与えることが多いので，自らその軽減を図ることができるように指導することが大切である。

白血病のため入院している幼児児童生徒は，治療の副作用による(　⑦　)や嘔吐などが長期間続くことにより，心理的に不安定な状態になることがある。そのようなときは，悩みを打ち明けたり，自分の不安な気持ちを表現できるようにしたりするなどして，(　⑧　)を図ることが大切である。

a　障害　　b　心理的な安定　　c　社会参加
d　ストレス　　e　学習空白　　f　生活習慣病
g　食欲の低下　　h　食生活　　i　病気
j　保護者　　k　医師　　l　睡眠

m　生活管理　　n　貧血　　o　病気の進行
p　人間関係の形成

(☆☆☆◎◎◎)

解答・解説

【1】(1) ①　g　②　d　③　e　④　h　(2)　①　e　②　c
③　d　④　g

〈解説〉(1)　共生社会の定義と教育における対応に関する問題。本資料は障害者の権利に関する条約(以下，条約)とセットでとらえるとよいだろう。条約では「共生社会」という文言は使われていないが，前文，および第1～2条を読めば，理解できるだろう。　(2)「合理的配慮」の定義については，条約の第2条にも示されている。文部科学省のホームページ等で，学校等における合理的配慮の具体例が示されているので，セットで学習すれば理解が深まると思われる。

【2】(1)　①　個人差　②　不均衡　③　進路　④　過程
⑤　社会性　(2)　ア　○　イ　×　ウ　○　エ　×

〈解説〉(1)　本問では児童生徒の調和の取れた発達を図るという観点から，児童生徒の障害の状態や発達の段階や特性を十分把握することを示している。実際の指導においては，個別の指導計画の作成等の工夫，具体的には，児童生徒の実態把握をさらに深化させ，個別の指導計画を柔軟に修正するといったことが重要である。　(2)　遠城寺式乳幼児分析的発達検査では，運動(移動運動・手の運動)，社会性(基本的習慣・対人関係)，言語(発達・言語理解)の領域から子どもの能力を分析するようになっている。イは積み木を二つ重ねる→まねて直線を引く→ハサミを使って紙を切る，エは人見知りをする→友だちと手をつなぐ→年下の世話をやきたがる，が正しい。基本的には検査問題がやさしいほど月齢が低いことを踏まえて考えるとよいだろう。

【3】(1) ア ① 心身機能 ② 活動 ③ 参加 ④ 生活機能 ⑤ 環境因子 ⑥ 個人因子 イ 国際生活機能分類
(2) ① 人間関係の形成 ② コミュニケーション ③ 健康の保持 ④ 心理的な安定 ⑤ 環境の把握 ⑥ 心理的な安定
(3) ① 各教科 ② 道徳 ③ 外国語活動 ④ 特別活動
⑤ 総合的な学習の時間

〈解説〉(1) ICF(国際生活機能分類)は，WHOにより提唱された新たな障害に関する考え方である。ICFでは日常の生活活動全てを「生活機能」と定義し，生活機能を「心身機能・身体構造」(心身の働きなど)，「活動」(ADL：日常生活動作の水準)，「参加」(家庭での役割や社会参加など)の3つに分類している。そして，この生活機能の水準が高いことを「健康」，低い状態であることを「障害」と捉えている。 (2) 自立活動の6区分26項目については，きちんと整理しておく必要がある。そして，平成29年4月に公示された新しい特別支援学校小学部・中学部学習指導要領では，自立活動の「健康の保持」の区分に，「障害の特性の理解と生活環境の調整に関すること」という新たな項目が加えられたことも踏まえて学習しておこう。 (3) 障害者の障害の状態は個々に異なることを考慮してか，特別支援に関する学習指導要領では，いわゆる例外規定も多い。まずは原則となるものを把握し，それから例外を整理・学習することが求められるだろう。

【4】(1) ① 断片的 ② 成功経験 ③ 意欲 (2) (誤りの部分：正しい語句の順) ア 知識：技能 イ 活動の意欲：生活の質 ウ 具体的：主体的 (3) ① 生活科 ② 各教科 ③ 基本的生活習慣 ④ 社会生活 (4) ① 伝え合う ② 実務 ③ 身体表現 ④ 表現 ⑤ きまり (5) ① 働く喜び ② 態度

〈解説〉(1) (2) 知的障害のある児童生徒は，知的能力や適応能力の低さから，知識や技能を繋げて理解することや実生活に生かすことに困難さを示すことが多い。また，成功経験や成功によってほめられるといった場面が多くないことから，自主的及び主体的に活動に取り組む意欲が育まれにくい。このような特性を配慮し，定着するまで繰り返し丁寧に指導することや，実際の生活の場で応用できるよう各場面を想定した具体的な指導を行うこと，成功経験を積ませて意欲を育むことが重要になる。　(3)　日常生活の指導は，「領域・教科を合わせた指導」の一つであり，児童生徒の日常生活が充実し，高まるように日常生活の諸活動を適切に指導するものである。個々の障害の状態や程度に応じて，日常生活の自然な流れに沿って指導を行うことが重要であり，さらに，反復して段階的に指導することが重要である。「領域・教科を合わせた指導」の他3つ(遊びの指導，生活単元学習，作業学習)についてもあわせて確認しておきたい。　(4)　知的障害中学部の各教科には国語，社会，数学，理科，音楽，美術，保健体育・職業・家庭及び外国語科があり，内容は学年ではなく段階で示される。各教科にはそれぞれ観点が示されているので，その内容を整理しておくとよい。
(5)　高等部における職業科は，社会参加としての職業における勤労の意義について理解するとともに，将来の職業生活に必要な能力を高め，実習を積み重ねることによって，実践的な態度を育てることを目標としている。内容は「働くことの意義」，「道具・機械等の取扱いや安全・衛生」，「役割」，「職業に関する知識」，「産業現場等における実習」，「健康管理・余暇」及び「機械・情報機器」の7つの観点で構成されており，本問は「働くことの意義」からの出題である。それぞれの内容について，整理・学習しておくことが求められるだろう。

【5】(1)　㋐　身体の動き　　㋑　生活経験　　(2)　不思議なことや面白いことに気付いたり，美しいものに感動したりする機会。
(3)　ボタンを押すと音声が出る機器やコンピュータを使って，自分の意思を表出する指導。
〈解説〉(1)　肢体不自由者への「表現する力の育成」「指導内容の精選等」

「自立活動の時間における指導との関連」に関する問題である。肢体不自由者の特徴について，学習指導要領解説では「身体の動きに困難があることから，様々な体験をする機会が不足しがちであり，そのため表現する意欲に欠けたり，表現することを苦手としたりすることが少なくない」としている。そのため，表現する力の育成においては，児童生徒の障害が重度化している近年の傾向を踏まえ，各教科の指導において，児童生徒の実態に応じて表現する力の育成に努めることを明示している。　(2)　体験的な活動を経て，子どもはその体験から得た感動や気付きを表現しようとする。そのため，子どもが表現しようとする意欲を高めるためには直接経験による体験的な活動が不可欠であり，子どもが自由に表現できるような指導を行う事が必要である。
(3)　音声言語の表出が無くとも，視線入力が可能なコンピュータやあらかじめ音声を入力しておいたボタンを押すといったVOCAや拡大・代替コミュニケーション(AAC)によるものが考えられる。ALS等の疾患であると，ほとんど体を動かす事ができず，視線のみでコミュニケーションをとる場合などがある。そこで子どもの意思表示の動作(瞬き2回等)をあらかじめ指導し，決定しておくことで，音声言語に頼らなくとも五十音表の指差し等でコミュニケーションを図ることができるため，そのための指導が本問での指導例としてはふさわしいだろう。

【6】(1)　①　授業時数　②　健康状態　③　学習環境
(2)　①　h　②　o　③　m　④　i　⑤　k　⑥　d
⑦　n　⑧　b

〈解説〉(1)　病弱の児童は，学習時間の制約，学習の空白や遅れ，身体活動の制限を受けている場合が多いことが学習指導要領解説で述べられている。そのため，病弱の児童生徒に対しては効果的，効率的な学習がより求められていることを踏まえて考えるとよい。　(2)　病弱者であっても，26項目から個々の児童生徒に必要とされる項目を選定し，具体的な指導内容を設定することが重要である。

2017年度　実施問題

【1】合理的配慮について，次の各問いに答えなさい。

(1)　次の文は，平成18年に国連総会において採択された，「障害者の尊厳」，「自律及び自立」，「差別されないこと」，「社会参加等」を一般原則として規定した条約の一部を抜粋したものである。文中の(　　)に当てはまる語句を答えなさい。

> 第24条
> 1　締約国は，教育についての(　①　)を認める。締約国は，この権利を差別なしに，かつ，機会の均等を基盤として実現するため，次のことを目的とするあらゆる段階における障害者を(　②　)する教育制度及び生涯学習を確保する。(後略)

(2)　中央教育審議会初等中等教育分科会がまとめた「共生社会の形成に向けたインクルーシブ教育システム構築のための特別支援教育の推進(報告)(平成24年7月)」では，「合理的配慮」を提供するに当たっての観点を3つ示している。この3つの観点を答えなさい。

(3)　上記(2)の「報告」では，心理面・健康面の配慮について，視覚障がいのある児童生徒への合理的配慮が示されているが，具体的な内容を2つ答えなさい。

(☆☆☆◎◎◎◎)

【2】学校防災について，次の問いに答えなさい。

「学校防災マニュアル(地震・津波災害)作成の手引き(平成24年)(文部科学省)」及び「学校防災のための参考資料『生きる力』を育む防災教育の展開(平成25年改訂)(文部科学省)」では，障がいのある児童生徒の災害時に予想される困難と支援例について，障がい種別に示されている。次の表は，この2つの資料をもとに作成したものである。表中の(　　)に適する内容を答えなさい。

	予想される困難	支援例
情報の理解や意思表示	全体への緊急情報伝達だけでは伝達漏れが生じやすい。	聴覚障がい者である児童生徒の場合，(　①　)。
危険回避行動	危険の認知が難しい場合がある。	視覚障がい者である児童生徒の場合，情報を言葉で伝える。
避難行動	エレベーターが使用できず，避難できないことがある。	肢体不自由者である児童生徒の場合，(　②　)。
生活・生命維持	医療用具・機器がないと生命の維持が難しい。	医療的ケアが必要である児童生徒の場合，(　③　)。
非日常への適応	経験したことのない場面に，対応できないことがある。	自閉症のある児童生徒の場合，(　④　)。

(☆☆☆◎◎◎)

【3】アセスメントについて，次の各問いに答えなさい。

(1)　次のような実態のAさんについて「S－M社会生活能力検査」を実施し，その結果をまとめた。あとの表中の(　　)に入る適当な語句や数字を答えなさい。

【Aさんの実態】

・特別支援学校に通う小学部4年生。女子。
・知的障がいは軽度で下肢障がいもある。移動は車いすで介助を必要とするが，上肢には障がいがなく，右利きである。健康面では特別な配慮の必要はない。
・学習面においては，意欲的に課題に取り組むことが多く，読字に困難さはないが，①書字を苦手としている。
・生活面においては，更衣，排泄等について介助を必要とするが，基本的な生活習慣は身に付いている。②友人とささいなトラブルになることが度々ある。
・家庭生活では特に問題はなく，保護者も学校の取組に協力的である。休日は家庭で過ごすことが多い。

領域	身辺自立	移動	（ア）	（イ）	集団参加	（ウ）
領域別粗点合計	24	9	13	13	11	13

⇓

粗点合計	社会生活年齢	生活年齢	社会生活指数
83	6歳9ヵ月	9歳5ヵ月	（エ）

(2)　前記(1)の下線部①について，Aさんの指導方法を検討するために「K－ABC」を実施したところ，継次処理をやや得意としていることが分かった。Aさんに「漢字を書く」指導をする場合，どのように工夫するか答えなさい。

(3)　前記(1)の下線部②について，Aさんが友人とトラブルになることの要因を分析するために「WISC－Ⅲ」を実施したところ，言語性IQと動作性IQに有意な差はなく，群指数間でも有意な差はなかった。また，下位検査については次のような結果となった。どのように解釈するか答えなさい。

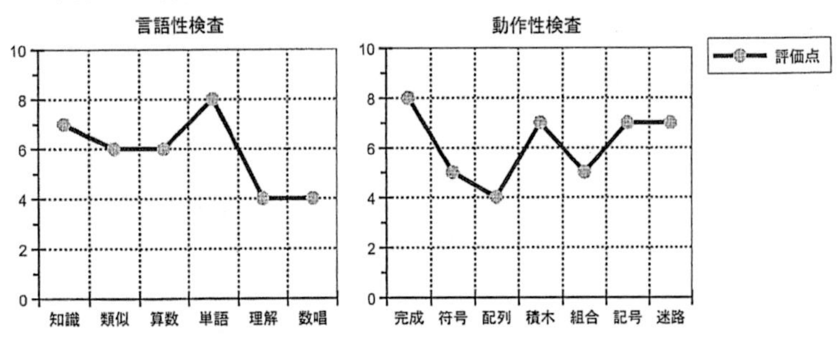

完成…絵画完成　／　配列…絵画配列　／　積木…積木模様　／
組合…組合せ　／　記号…記号探し

(☆☆☆☆◎◎◎)

【4】自立活動について，次の各問いに答えなさい。

(1)　次の文は，「特別支援学校学習指導要領解説　自立活動編(幼稚部・小学部・中学部・高等部)(平成21年6月)　第5章　自立活動の目標」の一部を抜粋したものである。文中の(　　)に当てはまる語句を答えなさい。ただし，同じ番号には同じ語句が入るものとする。

(前略)「自立」とは，児童生徒がそれぞれの障害の状態や発達の段階等に応じて，(　①　)に自己の力を(　②　)発揮し，よりよく生きていこうとすることを意味している。
そして，「障害による学習上又は生活上の困難を(　①　)に改善・克服する」とは，児童生徒の実態に応じ，日常生活や学習場面等の諸活動において，その障害によって生ずるつまずきや困難を(　③　)しようとしたり，また，障害があることを(　④　)したり，つまずきや困難の解消のために努めたりすることを明記したものである。(後略)

(2) 「特別支援学校学習指導要領解説　自立活動編(幼稚部・小学部・中学部・高等部)(平成21年6月)　第6章　4　環境の把握」には，「『(1)　保有する感覚の活用に関すること。』は，保有する視覚，聴覚，触覚などの感覚を十分に活用できるようにすることを意味している。」とある。「視覚障害のある幼児児童生徒の場合」と「聴覚障害のある幼児児童生徒の場合」について，それぞれどのような指導を行うことが必要であるか答えなさい。

(3) 「特別支援学校学習指導要領解説　自立活動編(幼稚部・小学部・中学部・高等部)(平成21年6月)　第6章　1　健康の保持」には，「自閉症のある幼児児童生徒は，特定の食物や衣服に強いこだわりを示す場合がある。そのため，極端な偏食になったり，季節の変化にかかわらず同じ衣服を着続けたりすることがある。」とある。このような場合には，どのように指導することが大切であるか答えなさい。

(4) 次のような実態のBさんについて，あとの表に整理した。表中の(　　)に適する内容を答えなさい。

小学部5年生のBさんは，知的障がいがあります。気に入らないことがあるとすぐにかんしゃくを起こします。C先生がなだめると，余計に興奮して「うるせえ」等の乱暴な言葉を繰り返してしまいます。C先生は，Bさんの生育歴について調べてみました。すると小学部1年生の頃から落ち着きがなく，家庭や学校でしばしば注意や叱責を受け，周囲から否定的に見られていたことが分かりました。また，最近では，「どうせ自分はダメなんだ」等の言葉を言っていることも分かりました。

推測できるつまずきの要因	区分	項目	具体的な指導内容
現在の状況を把握する力の弱さ	心理的な安定	状況の理解と変化への対応に関すること	（　①　）
（　②　）	人間関係の形成	（　③　）	（　④　）

(☆☆☆◎◎◎)

【5】外国語活動について，次の各問いに答えなさい。

(1)　次の文は，「特別支援学校小学部・中学部学習指導要領(平成21年3月)　第4章　外国語活動」の全文である。文中の(　　)に当てはまる語句を答えなさい。

小学部における外国語活動の目標，内容及び指導計画の作成と内容の取扱いについては，小学校学習指導要領第4章に示すものに①準ずるほか，次の事項に配慮するものとする。

1　児童の障害の状態等に応じて，指導内容を適切に(　ア　)するとともに，その(　イ　)の置き方等を工夫すること。

2　指導に当たっては，②自立活動における指導との密接な関連を保ち，学習効果を一層高めるようにすること。

(2)　上記(1)の下線部①に関して，「準ずる」とは原則としてどのような意味であるか答えなさい。

(3)　上記(1)の下線部②に関して，外国語活動の目標の一つは，児童が外国語を用いて積極的にコミュニケーションを図ることができるようになることであるが，自立活動との関連を図った指導が重要になる。特に，自立活動の時間における指導との関連を重視すると，どのような指導が考えられるか答えなさい。

(☆☆☆◎◎◎)

【6】病弱者である児童生徒に対する教育について，次の各問いに答えなさい。

(1) 次に示す疾病とその原因又は症状等の組合せとして正しいものを2つ選び，記号で答えなさい。

記号	疾病	原因又は症状等
ア	ギランバレー症候群	脳の神経細胞の異常な電気的興奮
イ	もやもや病	染色体異常
ウ	筋ジストロフィー	進行性の筋力低下
エ	ムコ多糖症	細菌，ウイルス等による感染
オ	糖尿病	代謝異常

(2) 病気療養児は，長期，短期，頻回の入院等による学習空白によって，学習に遅れが生じたり，回復後においては学業不振となったりすることも多く，このような学習の遅れを補完することは重要な意義がある。病弱教育においては，その他にどのような意義があるか2つ答えなさい。

(3) 白血病を発症した場合，正常な血液が減少することに伴う学校生活における必要な配慮が生じる。例えば，白血球の減少による感染予防からマスクの着用を勧めたり，手洗いを励行したりする等衛生面へ配慮することが考えられる。その他にどのような配慮が必要となるか具体的に答えなさい。また，そのような配慮が必要となる理由を症状と関連付けて答えなさい。

(☆☆☆◎◎◎)

【7】肢体不自由者である児童生徒に対する教育について，次の各問いに答えなさい。

(1) 次の文は，「特別支援学校学習指導要領解説　総則等編(幼稚部・小学部・中学部)(平成21年6月)第3編　第2部　第2章　第4　肢体不

自由者である児童生徒に対する教育を行う特別支援学校」の一部を抜粋したものである。文中の(　　)に当てはまる語句を答えなさい。

> よい姿勢を保持することは，学習内容を理解する点からも重要である。例えば，位置，(　①　)，(　②　)の概念は，自分の(　③　)が基点となって形成されるものであるから，安定した姿勢を保つことにより，こうした概念を基礎とする学習内容の理解が深まることになる。(中略)
>
> 一方，肢体不自由のある児童生徒の(　④　)の特性に応じて指導を工夫することも重要である。脳性疾患等の児童生徒は，課題を(　⑤　)理解したり(　⑥　)理解したりすることに困難がある場合がある。こうした場合には，課題を提示するときに，注目すべき所を強調したり，(　⑦　)と(　⑧　)の両方を活用できるようにしたりするなど指導方法を工夫することが大切である。

(2)　肢体不自由のある児童生徒の空間概念形成を図る場合，どのような指導が必要であるか答えなさい。

(3)　脳性まひのある中学部1年生のDさんは，人とかかわることが大好きである。言葉の理解には困難がないが，話し言葉が不明瞭で短い言葉を伝えるのに相当な時間がかかることがある。Dさんがコミュニケーションを円滑に行うことができるようにするためには，授業中の指導として，どのような手立てが考えられるか具体的に答えなさい。

(☆☆◎◎◎)

【8】知的障がい者である児童生徒に対する教育について，次の各問いに答えなさい。

(1)　次の文は，「特別支援学校学習指導要領解説　総則等編(幼稚部・小学部・中学部)(平成21年6月)第3編　第2部　第3章　第2節　各教科に係る改善の要点」の一部を抜粋したものである。文中の(　　)

に当てはまる語句を答えなさい。

> 2　各教科(第2章)
> イ　指導計画の作成と各教科全体にわたる内容の取扱いにおいて，各教科の指導に当たっては，具体的に指導内容を設定するものとするとともに，より一層(　①　)に結び付いた効果的な指導を行ったり，教材やコンピュータ等の(　②　)などを有効に活用したりするものとした。

(2)　知的障がい者である児童生徒に対する教育を行う特別支援学校では，各教科等を合わせて指導を行うことが効果的である。次の文は，各教科等を合わせた指導の特徴を示している。それぞれの文が説明している内容に最も適する指導の形態名を正確に答えなさい。

> ①　身体活動を活発にし，仲間とのかかわりを促し，意欲的な活動をはぐくみ，心身の発達を促していく。
> ②　児童生徒の働く意欲を培い，将来の職業生活や社会自立に必要な事柄を総合的に学習する。
> ③　基本的生活習慣の内容やきまりを守ることなどの日常生活や社会生活において必要で基本的な内容を扱う。

(3)「特別支援学校学習指導要領解説　総則等編(幼稚部・小学部・中学部)(平成21年6月)」には，知的障がいのある児童生徒の学習上の特性を踏まえ，基本とする教育的対応が示されている。その中の1つを答えなさい。

(4)「特別支援学校学習指導要領解説　総則等編(幼稚部・小学部・中学部)(平成21年6月)」では，知的障がい者である児童生徒に対する教育を行う特別支援学校の各教科の指導計画の作成と各教科全体にわたる内容の取扱いにおいて，「児童(生徒)の実態に即して学習環境を整えるなど，安全に留意するものとする。」とある，この点を踏まえて，小学部「生活科」の「健康・安全」の観点から「危険防止」の内容を取り扱う場合，知的障がい者の特性を考慮してどのように指導するか答えなさい。

(5)　次の表は，「特別支援学校小学部・中学部学習指導要領及び高等部学習指導要領(平成21年3月)に示されている，「知的障害者である児童生徒に対する教育を行う特別支援学校の各教科」の「算数」及び「数学」の目標をまとめたものである。文中の(　　)に当てはまる語句を下の選択肢から1つずつ選び，記号で答えなさい。ただし，同じ記号には同じ語句が入るものとする。

学部	教科	目　標
小学部	算数	①具体的な操作などの活動を通して，(ア)や(イ)などに関する(ウ)なことを理解し，それらを扱う能力と態度を育てる。
中学部	数学	(エ)に必要な(ア)や(イ)などに関する(ウ)な事柄についての理解を深め，それらを扱う能力と態度を育てる。
高等部	数学	(オ)に必要な(ア)や(イ)などに関する理解を深め，②それらを活用する能力と態度を育てる。

a　初歩的　　b　基礎的　　c　生活　　d　社会生活
e　職業生活　　f　計算　　g　図形　　h　実務
i　数量　　j　日常生活

(6)　次の各文は，知的障がい者である児童生徒に対する教育を行う特別支援学校の各教科の内容を示している。このうち「算数」の内容を示しているものを全て選び，記号で答えなさい。

ア　簡単な買い物をして，金銭の取扱いに慣れる。
イ　決まった額の買い物をして，金銭の必要なことが分かる。
ウ　時計や暦に関心をもつ。
エ　一日の時の移り変わりに気付く。
オ　日常生活でのおよその予定が分かり，見通しをもって行動する。

(7)　上記(5)の下線部①に関して，「具体物があることが分かり，見分けたり，分類したりする。」という学習の確かめをする場合，給食の場面において，「具体的な操作などの活動」を取り入れてどのように指導するか答えなさい。その際，「分類・整理する」「対応する」という視点から答えなさい。

(8)　上記(5)の下線部②に関して，「表やグラフを理解し，工夫して使う」学習として，「自分の健康管理と運動の関係」という内容を取り扱う場合，どのように指導するか答えなさい。

(☆☆☆☆◎◎◎)

解答・解説

【1】(1) ① 障害者の権利 ② 包容 (2) 教育内容・方法，支援体制，施設・設備 (3) ・自己の視覚障がいを理解し，眼疾の進行や事故を防止できるようにする。 ・視覚障がいがある児童生徒等が集まる交流の機会の情報提供を行う。

〈解説〉(1) 平成18年に国連総会において採択された本条約は「障害者の権利に関する条約」である。 (2) 本報告の3(1) ④「合理的配慮」と「基礎的環境整備」の項目内で示されている。本報告では，障害種別に応じ「合理的配慮」を3つの観点から例示しているが，複数の障害を併せ有する場合，それぞれ「合理的配慮」を柔軟に組み合わせることが適当である。 (3) 解答例の他には，「身の回りの状況が分かりやすい校内の環境作りを図り，見えにくい時には自信をもって尋ねられるような雰囲気を作る」ことが挙げられる。この内容は本報告の別表に記載されている。障害種別に細かくまとめられているので，確認されたい。

【2】① 個別に手話，筆談等による視覚的な情報伝達を行う。
② 担架，車いす等の使用を想定して，移動方法を検討しておく。
③ 停電による医療機器の使用不能な状況に対し，バッテリー等の電源を確保する。 ④ 避難後の行動等，次の見通しを早い段階で伝える。

〈解説〉障害のある児童生徒等は，自分の身を守り，安全な場所に避難するなどの行動をとる際，様々な困難が予想される。学校においては，一人一人の予想される困難を理解し，必要な支援体制と対応計画を検討しておく必要がある。「学校防災のための参考資料『生きる力』を育む防災教育の展開」の第5章では，障害ごとの避難行動等に予想される困難と支援を例示的にまとめている。それぞれの障害においてどのような困難が考えられるのか，障害に応じて個々への支援が求められる。

【3】(1)　ア　作業　　イ　意志交換　　ウ　自己統制　　エ　72
(2)「書き順カード」を使って，「1たて・2よこ」のように，言語的な手掛かりを与えながら，順番に情報を提示する。　(3)「理解」と「絵画配列」の得点が低いことから，社会的なルールや常識が身に付いていないと考えられる。また，物事の因果関係の理解も困難なのではないかと考えられる。

〈解説〉(1)「S－M社会生活能力検査」は，身辺自立，移動，作業，意志交換，集団参加，自己統制の6領域からなる社会生活能力を測定するものである。社会生活指数は，まず社会生活年齢と生活年齢を月数に直す。そうすると，社会生活年齢は81か月，生活年齢は113か月である。次に $\left\{\frac{\text{社会生活年齢}}{\text{生活年齢}}\times 100\right\}$ の計算を行う。四捨五入をして，社会生活指数は72となる。　(2)「K－ABC」は日本では「K－ABC心理・教育アセスメントバッテリー」として知られる。子どもの知的活動を認知処理過程と習得度から測定するものである。継次処理優位とは，聴覚優位に多く，時間軸に沿って順序良く把握することが得意であり，反対に複数の情報を同時に処理することが苦手であるという特徴を指す。「漢字を書く」に関しても，順番に情報を提示し，聴覚的な言語的手がかりを用いながら支援を行うことが必要である。
(3)「WISC－Ⅲ」とは，ウェクスラーによって作成された知能検査である。検査結果のグラフから，対人関係や社会的スキルに関わる項目「理解」「絵画配列」の低さが読み取れる。「理解」は日常的な問題の解決と社会的なルールなどについての理解に関する一連の問題に口頭で答える課題である。「絵画配列」は短い物語の描かれた絵カードを決められた順序に並べる課題である。これらの課題の検査結果の低さから，社会的ルールが身についていない，物事の前後や因果関係の理解の困難さが挙げられる。なお，最新版はWISC－Ⅳである。

【4】(1) ① 主体的 ② 可能な限り ③ 軽減 ④ 受容
(2) 視覚障害…全盲であれば聴覚や触覚を活用し，弱視であれば，保有する視覚を最大限活用するとともにその他の感覚も十分に活用するように指導する。 聴覚障害…補聴器等の装用により，保有する聴力を十分に活用するように指導する。 (3) 個々の幼児児童生徒の困難の要因を明らかにした上で，無理のない程度の課題から取り組む。
(4) ① 落ち着いている状態のときに，教師と一緒に状況を整理し，適切な行動について確認する。 ② 自尊感情の低下 ③ 自己の理解と行動の調整に関すること ④ できる活動に取り組むことで成功体験を積むようにし，自己の理解を深めていく。

〈解説〉(1) 出題文中に「障害による学習上又は生活上の困難を(①)に改善・克服する」とあるが，学習指導要領解説には「「改善・克服」については，改善から克服へといった順序性を示しているものではない」とあることに留意する。自立活動は特別支援学校の教育活動の柱となるものであり，中でも学習指導要領の目標は頻出である。解説も含めよく確認されたい。 (2)「4 環境の把握」では，感覚を有効に活用した指導を挙げている。視覚障害のある幼児児童生徒に対しては，障害の程度により指導が異なることに留意する。また聴覚障害のある幼児児童生徒については場所や場面に応じた集団補聴システムの活用についても留意する。 (3) 自閉症のある幼児児童生徒が生活習慣を身につけることの困難さの要因として，強いこだわりが挙げられる。どのようなこだわりがあるのか実態把握を行い，無理のない程度の課題設定が必要である。また生活習慣は家庭等との密接な連携において指導することが求められる。 (4) ① 知的障がいの生徒は理解力の低さから，周りから遅れてしまうこともある。情緒が不安定になった時は，まず本人が落ち着く場所等に行き，落ち着かせた上で状況の整理，どのような行動が適切か教師と一緒に確かめる等の支援が必要である。　②「どうせ自分はダメなんだ」という言葉から自分自身を価値のある者だと感じる感覚，自尊感情が低下していることがわかる。　③　本項目は，自己に対する知識やイメージ，様々な経験や他者との比較を通じて形成されていくものである。　④　知的障がいのある生徒の場合，失敗経験の積み重ね等により，自分に対する自信が持てないことがある。まず，本人ができる課題を設定し，成就感を味わうことができるようにし，自己理解を深めていけるような支援が必要である。これらの具体的な指導内容は，学習指導要領解説の自立活動編第6章2心理的な安定に詳しいので，熟読されたい。

【5】(1)　ア　精選　　イ　重点　　(2)　(原則として)同一　　(3)　発音・発語指導

〈解説〉(1)　平成21年の改訂により，視覚障害者，聴覚障害者，肢体不自由者又は病弱者である児童に対する教育を行う特別支援学校の小学部5学年及び6学年に外国語活動が新設された。特別支援学校において外国語活動を指導するにあたっては，個々の児童の障害の状態や興味関心を考慮して指導内容を精選し，重点の置き方を工夫することが重要である。学習指導要領解説にある同箇所についての解説には，聴覚障害のある生徒に対する工夫の例が挙げられているので，目を通すとよい。　(2)「準ずる」とは，原則として「同一」ということを意味している。小学校学習指導要領を基本として，児童の実態や興味関心に即して柔軟に対応することが重要である。　(3)　発音・発語の指導や聴覚的な認知にかかわる指導，文字の視覚的な認知に関する指導等が，学習指導要領解説に挙げられている。

【6】(1)　ウ，オ　　(2)　・病気に対する自己管理能力の育成
・心理的安定の促進　　(3)　配慮…刃物を使う時は特に注意する。
理由…血小板が減少すると，出血しやすくなるから。

〈解説〉(1)　アの「ギランバレー症候群」とは，急速に発症する左右対称性の四肢筋力の低下や腱反射の消失などを主徴とする疾患である。

原因としては，ウイルスや細菌による感染により自己免疫的機序を介して発症すると考えられている。イの「もやもや病」とは，脳底部に異常血管網が見られる進行性脳血管閉塞症である。日本で見つかった病気で，かつてはウィリス動脈輪閉塞症と呼ばれていた。症状としては，虚血や頭痛，神経発作，けいれん発作等がある。エの「ムコ多糖症」とは，遺伝的な要因による先天性代謝異常の一種である。体内のムコ多糖を分解するライソゾーム酵素が欠損することにより全身にムコ多糖が蓄積し，多様な症状を示す。7つの病型があり，共通する症状としては，骨格変形，低身長，巨舌，厚い皮膚，関節拘縮，気道狭窄，中枢神経障害等がある。　(2)　病弱教育には，学習の遅れを補完するだけでなく様々な意義がある。病弱児は，長期にわたる療養経験から，積極性や自主性，社会性が乏しくなりやすい等の傾向が見られており，このような傾向を防ぎ健全な成長を促すことにも重要な意義がある。また，病弱児は病気への不安や家族，友人と離れた孤独感から心理的に不安定な状態に陥りやすく，健康回復への意欲を減退させる場合も多く，病弱教育によって，心理的な安定をもたらし，健康回復への意欲を育てることにもつながる。さらに，病弱児の教育は，病気の状態等に配慮しつつ病気を改善・克服するための知識，技能，態度及び習慣や意欲を培い，病気に対する自己管理能力を育てることにも非常に有用である。　(3)　その他の症状には，白血球や血小板の減少や吐き気や嘔吐，体の痛みの発生などがある。これらの白血病の症状や特性，とるべき対応方法を理解しておく必要がある。

【7】(1)　①　方向　②　遠近　③　身体　④　認知　⑤　見て　⑥　聞いて　⑦　視覚　⑧　聴覚　(2)　自分の姿勢と対象の位置関係を意識させ，言葉と結び付けながら指導する。

(3)　構音指導をするとともに，文字等の補助的手段の活用を図る。

〈解説〉(1)　肢体不自由児に教育を行う特別支援学校においては，学習時の姿勢の保持や学習課題等を認知することに困難を示す者が増加しており，児童生徒の学習時の姿勢や認知の特性等に応じて，指導方法を工夫することが非常に重要である。学習活動に応じて姿勢を保持できることは，疲れにくいだけでなく，身体の操作等も行いやすくなり，より効果的に学習を行うことができるようになる。学習指導に応じて，椅子や机の高さや位置を調整し，児童生徒自らが良い姿勢を保つことに意識を向けられるよう，日常的な指導が非常に重要である。
(2)　肢体不自由のある児童生徒は，身体の動きの不自由さから自分の身体像の状況を十分に理解できていなかったり，空間における自分と物との位置関係を理解することに困難を示したりする場合がある。そのため，言葉と結び付けて，自分の姿勢と対象の位置関係を意識させられるような指導を行うことが重要である。　(3)　脳性まひの子どもは，主に話し言葉による意思の表出を困難とする言語障害を伴うことがある。内言語や言葉の理解には困難がないが，話し言葉が不明瞭であったり，発話に相当な時間がかかったりする場合もある。そのような場合は，発話機能の改善を図るとともに，文字や補助的手段の活用により意思の表出を促すことが非常に大切である。例えば，筆談や文字板，ボタンを押すと音声が出る機器，コンピュータ等の活用など，対象の状態や特性に適した手段の選択が重要である。

【8】(1)　①　生活　　②　情報機器　　(2)　①　遊びの指導
②　作業学習　　③　日常生活の指導　　(3)　生活の課題に沿った多様な生活経験を通して，日々の生活の質が高まるよう指導する。
(4)　状況の予測，判断等ができにくいことから，危険なことや場所について，実際的な状況下で指導する。　(5)　ア　i　　イ　g
ウ　a　　エ　j　　オ　c　　(6)　ウ，エ　　(7)　分類・整理…片付けをする際に，食器，スプーン等に分ける。　対応…お盆に牛乳を1つずつ配る。　(8)　自分が1日に歩いた歩数を調べ，体重の変化と合わせて折れ線グラフに表し，健康管理に活用していくように指導する。
〈解説〉(1)　教科別の指導を行う際は，一人一人の児童生徒の実態や興味関心，学習状況，生活経験等を十分に考慮し，実際の生活において役立てるよう指導することが非常に重要である。　(2)　各教科等を合わせて指導を行うこととは，各教科，道徳，特別活動及び自立活動の一部又は全部を合わせて指導を行うことを言う。日常生活の指導，遊びの指導，生活単元学習，作業学習があり，「領域・教科を合わせた指導」と呼ばれている。「生活単元学習」とは，児童生徒が生活上の目標を達成したり，課題を解決したりするために，一連の活動を組織的に経験することによって，自立的な生活に必要な事柄を実際的・総合的に学習する指導の形態である。　(3)　学習指導要領解説の第3編第2部第3章第1節2「知的障害者である児童生徒に対する教育を行う特別支援学校における指導の特徴について」において記載されている。知的障がいのある児童生徒の学習上の特性としては，学習によって得た知識や技能が断片的になりやすく，実際の生活場面で活用されにくいことや，成功経験が少ないこと，主体的に活動に取り組む意欲が十分に育っていないことなどがあげられる。そのような特性をふまえ，基本とする教育的対応があげられている。　(4)「生活科」における「危険防止」については，危ないことや危険な場所について知るとともに，場所や状況に応じて自分自身を守れるように適切な行動をとること，道具の正しい使い方を知ることなどが指導内容として挙げられる。予測や判断が困難であるという特性に考慮して答える必要がある。
(5)　算数及び数学のみならず，それぞれの教科についても該当箇所に目を通し，段階ごとの目標の違いについて理解を深められたい。
(6)　アは「生活」の3段階，イは「生活」の2段階，ウは「算数」の3段階，エは「算数」の2段階，オは「生活」の3段階で行う内容である。
(7)「分類・整理する」ことはカテゴリーの同じ物を集めさせることをはじめとした，何らかの規則による集合づくりをさせる活動を指す。「対応する」ことは，解答例のように盆や皿を一人に一つずつ配ることや，分割した絵カードを組み合わせて一つの絵を完成させる活動などがある。給食という場面に即した活動を答えると，解答例のようになる。　(8)　学習対象がより具体的なものであることが望ましいため，生徒自身の興味・関心に基づいた内容や生徒自身にとって身近な題材であることが望ましい。

2016年度　実施問題

【1】学習指導要領等について，次の各問いに答えなさい。

(1) 次の各文は，「特別支援学校小学部・中学部学習指導要領(平成21年3月)　第3章　第5章　第6章」の一部を抜粋したものである。文中の(　　)に当てはまる語句を答えなさい。

第3章　道徳

(中略)

3 知的障害者である児童又は生徒に対する教育を行う特別支援学校において，内容の指導に当たっては，個々の児童又は生徒の知的障害の状態や経験等に応じて，適切に指導の(　①　)を定め，指導内容を(　②　)し，体験的な活動を取り入れるなどの工夫を行うこと。

第5章　総合的な学習の時間

(中略)

2 体験活動に当たっては，(　③　)と(　④　)に留意するとともに，学習活動に応じて，小学校の児童又は中学校の生徒などと交流及び共同学習を行うよう配慮すること。

第6章　特別活動

1 学級活動においては，適宜他の(　⑤　)や(　⑥　)と合併するなどして，少人数からくる種々の制約を解消し，活発な集団活動が行われるようにする必要があること。

(2) 「特別支援学校学習指導要領解説　総則等編(幼稚部・小学部・中学部)(平成21年6月)　第3編　第2部　第1章　第2節　2　道徳教育」において，「中学部における道徳教育は，生徒相互の好ましい人間関係や生徒と教師の信頼関係が確立していなければ実質的な効果は期待できないものであり，この点については日ごろから十分配慮する必要がある。」とある。その際，生徒が人間としての生き方について考えを深められるように，教師はどのような姿勢で指導に当たるべきか答えなさい。

(3) 次の文は，「特別支援学校学習指導要領解説　総則等編(幼稚部・小学部・中学部)(平成21年6月)　第3編　第2部　第1章　第4節　9　総合的な学習の時間の実施による特別活動の代替」の一部を抜粋したものである。文中の(　　)に当てはまる語句を答えなさい。

　総合的な学習の時間において，問題の解決や探究活動といった総合的な学習の時間の趣旨を踏まえ，例えば，自然体験活動やボランティア活動を行う場合において，これらの活動は集団活動の形態をとる場合が多く，望ましい(　①　)の形成や(　②　)の育成など，特別活動の趣旨も踏まえた活動とすることが考えられる。

(4) 次の文章は，「特別支援学校小学部・中学部学習指導要領(平成21年3月)　第1章　第2節　教育課程の編成」の一部を抜粋したものである。下の問いに答えなさい。

1　各学校においては，教育基本法及び学校教育法その他の法令並びにこの章以下に示すところに従い，児童又は生徒の人間として調和のとれた育成を目指し，その①障害の状態及び発達の段階や特性等並びに②地域や学校の実態を十分考慮して，適切な教育課程を編成するものとし，これらに掲げる目標を達成するよう教育を行うものとする。

　学校の教育活動を進めるに当たっては，各学校において，児童又は生徒に生きる力をはぐくむことを目指し，創意工夫を生かした特色ある教育活動を展開する中で，基礎的・基本的な知識及び技能を確実に習得させ，これらを活用して課題を解決するために必要な思考力，判断力，表現力その他の能力をはぐくむとともに，(　　)に学習に取り組む態度を養い，個性を生かす教育の充実に努めなければならない。

① 文章中の(　　)に当てはまる語句を答えなさい。

② 下線部①に関して，「特別支援学校において個々の児童生徒の実態を考える場合，障害の状態とそれに起因する発達の遅れのみ

に目が向きがちである(特別支援学校学習指導要領解説　総則等編(幼稚部・小学部・中学部)平成21年6月)」とある。それ以外に注目すべきことを2つ答えなさい。

③　下線部②に関して，地域の実態において，「学校における教育活動が学校の教育目標に沿って一層効果的に展開されるためには，家庭や地域社会と学校との連携を密にすることが必要である。(特別支援学校学習指導要領解説　総則等編(幼稚部・小学部・中学部)(平成21年6月)」とある。学校は，家庭や地域社会にどのようなことを伝えることが大切であるか2つ答えなさい。

(☆☆◎◎◎)

【2】「障害を理由とする差別の解消の推進に関する法律(平成25年法律第65号)」について，次の各問いに答えなさい。

(1)　次の文は，この法律の第1条(目的)の一部を抜粋したものである。文中の(　　)に当てはまる語句を答えなさい。

この法律は，(　①　)(昭和45年法律第84号)の基本的な理念にのっとり，全ての障害者が，障害者でない者と等しく，基本的人権を享有する個人としてその尊厳が重んぜられ，その尊厳にふさわしい(　②　)を保障される権利を有することを踏まえ，(中略)もって全ての国民が，障害の有無によって分け隔てられることなく，相互に(　③　)と個性を尊重し合いながら(　④　)する社会の実現に資することを目的とする。

(2)　この法律の第2条において，「社会的障壁」が定義されている。それはどのようなものか，答えなさい。

(☆☆◎◎◎◎◎)

【3】個別の指導計画について，次の各問いに答えなさい。

(1)　次の文章は，「特別支援学校学習指導要領解説　自立活動編(幼稚部・小学部・中学部・高等部)(平成21年6月)　第7章　2　指導計画の作成手順」の一部を抜粋したものである。文中の(　　)に当てはまる語句を答えなさい。

実態把握の具体的な内容としては，病気等の有無や状態，生育歴，基本的な生活習慣，人やものとのかかわり，心理的な安定の状態，コミュニケーションの状態，対人関係や(　①　)の発達，身体機能，(　②　)，聴機能，(　③　)や身体発育の状態，興味・関心，障害の理解に関すること，学習上の配慮事項や学力，特別な施設・設備や補助用具(機器を含む。)の必要性，進路，家庭や地域の環境等様々なことが考えられる。

(中略)

幼児児童生徒の実態を的確に把握するに当たって，保護者等から生育歴や家庭生活の状況を聞いたり，保護者の教育に対する考えをとらえたりすることは欠くことができないことである。保護者から話を聴く際には，その心情に配慮し(　④　)な態度で接することが大切である。

(2) 次の文章は，「特別支援学校小学部・中学部学習指導要領(平成21年3月)　第7章　自立活動」の一部を抜粋したものである。文中の(　　)に当てはまる語句を答えなさい。

2　個別の指導計画の作成に当たっては，次の事項に配慮するものとする。

(中略)

(2)　実態把握に基づき，(　①　)的及び(　②　)的な観点から指導の目標を設定し，それらを達成するために必要な指導内容を(　③　)的に取り上げること。

(3) 次の文章は，「教育支援資料(平成25年10月)」に示されている，肢体不自由のある子供の早期からの就学相談・支援の充実に向けて，「障害の状態の把握に当たっての留意点」を抜粋したものである。文中の(　　)に当てはまる語句を答えなさい。

病院の診察室のような雰囲気ではなく，プレイルームのような所で観察することが望ましい。この場合，玩具の使い方などの観察を通して，運動・姿勢や精神発達の側面を評価することが大切であり，子供に触れる時には，母親が抱いた状態で相対する方が，子供に(　①　)を与えることができる。

また，脳性まひ関連疾患の子供については，子供の(　②　)が高まって正しい把握が困難になる場合があるので，十分な配慮が必要である。なお，(　③　)や障害が進行性か否かについては，保護者が日ごろ観察している点を十分に把握することで，理解できる場合がある。

(4)　次に示す検査名は，幼児児童生徒の発達の状態等を把握するために使用するものである。そこで，各検査の特徴を説明している概要を下の選択肢から1つずつ選び，記号で答えなさい。

【検査名】

①　田中ビネー知能検査Ⅴ

②　新版S－M社会生活能力検査

③　遠城寺式乳幼児分析的発達検査法

④　K－ABC心理・教育アセスメントバッテリー

⑤　WISC－Ⅲ(ウエクスラー式児童用知能検査第3版)

【概要】

ア　言語性IQと動作性IQの評価点を合計したものから全検査IQが求められる。また，4つの群指数(「言語理解」「知覚統合」「注意記憶」「処理速度」)は，12の下位検査の評価点をもとに得ることができ，各下位検査の評価点プロフィールの分析によって認知能力の特徴を把握することができる。適用年齢は5歳0ヵ月から16歳11ヵ月まで。

イ　全般的な社会適応スキルと「言語スキル」「日常生活スキル」「社会生活スキル」「対人関係スキル」が，同学年段階の子どもたちの中のどこに位置づけられているのか，それぞれのスキル獲得のバランス，およそ何歳相当のスキル獲得であるのかを把握することができる。本検査の適用は幼稚園年少から高校生まで。

ウ　検査結果は社会生活年令(SA)と社会生活指数(SQ)に換算される。社会生活能力に関して，身辺自立，移動，作業，意志交換，集団参加，自己統制の領域について把握できる。社会生活能力の測定は1歳0ヵ月から中学生程度まで。

エ　「運動・感覚」「言語」「社会性(情緒を含む)」の3分野を，「姿勢」「移動」「技巧」「受容言語」「表出言語」「社会性」の6領域に分け構成されており，すでに獲得している「動き」や「表現」などの行動の特徴を把握し，発達支援の手がかりを得る。適用は0ヵ月から72ヵ月まで。

オ　2歳から13歳までは，知能指数(IQ)及び精神年齢(MA)を算出する。14歳以上は原則として偏差知能指数(DIQ)を算出する。14歳以上の問題は，「結晶性」「流動性」「記憶」「論理推理」の4領域に分けられている。適用年齢は2歳0ヵ月から成人まで。

カ　「移動運動」「手の運動」「基本的習慣」「対人関係」「発語」「言語理解」の6領域で発達をとらえる。主な養育者に発達の状態をたずねる。測定は0ヵ月から4歳7ヵ月まで。

キ　認知処理過程と習得度を測定する個別式尺度。14の下位検査で構成され，継次処理尺度，同時処理尺度，認知処理過程尺度，習得度尺度という4種類の総合尺度から分析する。適用年齢は2歳6ヵ月から12歳11ヵ月まで。

(☆☆☆☆◎◎◎)

【4】自立活動について，次の各問いに答えなさい。

(1)　次の文は，「特別支援学校学習指導要領解説　自立活動編(幼稚部・小学部・中学部・高等部)(平成21年6月)　第2章　2　自立活動の指導の基本」の一部を抜粋したものである。文中の(　　)に当てはまる語句を答えなさい。

知的障害者である幼児児童生徒に対する教育を行う特別支援学校に在学する幼児児童生徒には，(　①　)的な知的発達の程度や(　②　)行動の状態に比較して，言語，(　③　)，情緒，(　④　)

等の特定の分野に，顕著な発達の遅れや特に配慮を必要とする様々な状態が知的障害に随伴して見られる。

(2)　次の各文は，「特別支援学校学習指導要領解説　自立活動編(幼稚部・小学部・中学部・高等部)(平成21年6月)　第6章　6　コミュニケーション」の一部を抜粋したものである。文中の(　　)に当てはまる語句を答えなさい。

(1)　コミュニケーションの(　①　)に関すること。

(2)　言語の受容と(　②　)に関すること。

(3)　言語の(　③　)と活用に関すること。

(4)　コミュニケーション(　④　)の選択と活用に関すること。

(5)　(　⑤　)に応じたコミュニケーションに関すること。

(3)　「特別支援学校小学部・中学部学習指導要領(平成21年3月)　第1章　第2節　教育課程の編成」に示されている，自立活動に充てる授業時数は，どのように規定されているか答えなさい。

(4)　知的障がい者である幼児児童生徒に対する教育を行う特別支援学校の自立活動において，「顕著な発達の遅れや特に配慮を必要とする様々な状態」について，具体的な例を2つ答えなさい。

(☆☆☆◎◎◎)

【5】中央教育審議会初等中等教育分科会がまとめた「共生社会の形成に向けたインクルーシブ教育システム構築のための特別支援教育の推進(報告)(平成24年7月)」に示されている合理的配慮について，次の各問いに答えなさい。

(1)　この報告で，合理的配慮の決定に当たっての基本的考え方が整理された。次の各項目は，合理的配慮を行う前提として，学校教育に求める基本的考え方を抜粋したものである。文中の(　　)に当てはまる語句をあとの選択肢から1つずつ選び，記号で答えなさい。

(ア)　障害のある子どもと障害のない子どもが共に学び共に(　①　)理念を共有する教育

(イ)　一人一人の状態を把握し，一人一人の能力の最大限の(　②　)

を図る教育(確かな学力の育成を含む)

(ウ) 健康状態の維持・改善を図り，生涯にわたる健康の基盤をつくる教育

(エ) コミュニケーション及び人との関わりを広げる教育

(オ) (③)を深め自立し社会参加することを目指した教育

(カ) 自己肯定感を高めていく教育

a 他者理解　b 成長　c 自己理解　d 暮らす
e 伸長　f 生きる　g 育つ　h 活用
i 発揮　j 相互理解

(2) この報告で，合理的配慮の決定方法について示された。次の文章は，その一部を抜粋したものである。文中の(　)に当てはまる語句を答えなさい。

「合理的配慮」は，一人一人の障害の状態や(①)等に応じて決定されるものであり，その検討の前提として，各学校の設置者及び学校は，興味・関心，学習上又は生活上の困難，健康状態等の当該幼児児童生徒の状態把握を行う必要がある。これを踏まえて，設置者及び学校と本人及び保護者により，個別の教育支援計画を作成する中で，発達の段階を考慮しつつ，「合理的配慮」の観点を踏まえ，「合理的配慮」について可能な限り(②)を図った上で決定し，提供されることが望ましく，その内容を個別の教育支援計画に明記することが望ましい。また，個別の指導計画にも活用されることが望ましい。

(3) この報告において，合理的配慮の基礎として，国や都道府県，市町村が行わなければならないことを何と呼ぶか答えなさい。

(☆☆☆◎◎◎)

【6】病弱者に対する教育について，次の各問いに答えなさい。

(1) 次の各文は，「学校教育法施行令(昭和28年10月31日政令第340号)」第22条の3に示されている特別支援学校における病弱者の障がいの程度について，抜粋したものである。文中の間違い2箇所を抜き書きし，正しく答えなさい。

一　急性の呼吸器疾患，腎臓疾患及び神経疾患，白血病その他の疾患の状態が継続して医療又は生活規制を必要とする程度のもの

二　身体虚弱の状態が継続して生活規制を必要とする程度のもの

(2) 次の各文は，「教育支援資料(平成25年10月)」に示されている，疾患に関する内容の一部を抜粋したものである。各文が説明している病名を下の選択肢から1つずつ選び，記号で答えなさい。

① 大量の蛋白尿により血清蛋白が減少(低蛋白血症)する疾患で，むくみを認めることが多い。原因は不明。

② 大腿骨頭の血流が遮断され，その結果栄養が十分に行き渡らなかったため，大腿骨頭が部分的に壊死して，つぶれた状態になり，股関節の疼痛と跛行を伴う。

③ アレルゲンとしては，ダニ，ハウスダスト，ペットのフケや体液，カビ，花粉などの頻度が高い。

④ 発作的に脳の神経細胞に異常な電気的興奮が起こり，その結果，意識，運動，感覚などの突発的な異常を来す病気である。

ア　二分脊椎症　　イ　急性糸球体腎炎　　ウ　肥満症
エ　ペルテス病　　オ　ネフローゼ症候群　　カ　気管支喘息
キ　てんかん　　ク　レット症候群

(3) 食物アレルギーの幼児児童生徒の中には，食べてはいけない食物を，親や教員に分からないようにして食べて，その結果，アレルギー症状が出てしまうことがある。このような場合，「特別支援学校学習指導要領解説　自立活動編(幼稚部・小学部・中学部・高等部)(平成21年6月)」における自立活動の区分「1　健康の保持」のどの項目に基づいて主に指導するか，答えなさい。

(4) 糖尿病の幼児児童生徒は，生涯にわたりインスリン注射を必要とする場合もあり，生活の自己管理に関する指導はとても重要である。例えば，適切な食生活や血糖値の測定について指導することがあるが，そのほかに必要な指導や支援の内容を2つ答えなさい。

(☆☆☆◎◎◎)

【7】肢体不自由者に対する教育について，次の各問いに答えなさい。

(1) 次の各文は，「特別支援学校小学部・中学部学習指導要領(平成21年3月)　第2章　第1節　小学部」の一部を抜粋したものである。文中の(　　)に当てはまる語句を答えなさい。

3　肢体不自由者である児童に対する教育を行う特別支援学校

(1) (　①　)な活動を通して表現する意欲を高めるとともに，児童の言語発達の程度や身体の動きの状態に応じて，考えたことや感じたことを表現する力の育成に努めること。

(2) 児童の身体の動きの状態や生活経験の程度等を考慮して，指導内容を適切に(　②　)し，基礎的・基本的な事項に重点を置くなどして指導すること。

(中略)

(4) 児童の学習時の姿勢や(　③　)の特性等に応じて，指導方法を工夫すること。

(2) 「特別支援学校学習指導要領解説　自立活動編(幼稚部・小学部・中学部・高等部)(平成21年6月)　第6章　5　身体の動き」では，肢体不自由のある幼児児童生徒が，目的地まで一人で移動できるようになるために必要な能力が示されている。移動能力のほかにどのような能力を身に付ける必要があるか答えなさい。

(☆☆☆◎◎◎)

【8】知的障がい者に対する教育について，次の各問いに答えなさい。

(1)　次の文章は，「特別支援学校学習指導要領解説　自立活動編(幼稚部・小学部・中学部・高等部)(平成21年6月)　第6章　3　人間関係の形成」の一部を抜粋したものである。文中の(　　)に当てはまる語句を答えなさい。ただし，同じ番号には同じ語句が入るものとする。

(2)　他者の意図や感情の理解に関すること

(中略)

自閉症のある幼児児童生徒は，言葉や(　①　)，身振りなどを総合的に判断して相手の心の状態を読み取り，それに応じて行動することが困難な場合がある。また，言葉を(　②　)に受け止めてしまうため，行動や(　①　)に表れている相手の真意を読み取れないこともある。そこで，生活の様々な場面を想定し，そこでの相手の言葉や(　①　)などから，立場や考えを(　③　)するような指導を通して，相手とかかわる際の具体的な方法を身に付けることが大切である。

(2)「特別支援学校学習指導要領解説　自立活動編(幼稚部・小学部・中学部・高等部)(平成21年6月)　第6章　3　人間関係の形成」では，「他者とのかかわりをもとうとするが，その方法が十分に身に付いていない自閉症のある幼児児童生徒の場合には，まず，直接的に指導を担当する教師を決めるなどして，教師との安定した関係を形成することが大切である。」とある。そこで，自閉症のある幼児児童生徒が，教師との安定した関係を形成した後，他者とのかかわりがもてるようになるために，どのような手立てが重要であるか答えなさい。

(3)　次の文は，「特別支援学校学習指導要領解説　自立活動編(幼稚部・小学部・中学部・高等部)(平成21年6月)　第6章　自立活動の内容」を参考に，自閉症のあるAさん(小学部在籍)に関する「困難」や「配慮・指導」について整理したものである。表中の(　　)に当てはまる語句又は「配慮・指導の例」を答えなさい。

区　分	項　目	困難の例	配慮・指導の例
心理的な安定	状況の理解と（①）への対応に関すること	予告なしに行われる避難訓練や、急な予定の変更などに対応することができず、混乱したり不安になったりして、どのように行動したらよいか分からなくなることがある。	予想される事態や状況を予告したり、事前に体験できる機会を設定したりする。
人間関係の形成	自己の理解と行動の調整に関すること	「他者が自分をどう見ているか」「どうしてそのような見方をするのか」ということの理解が十分でないことから、「自分がどのような人間であるのか」といった自己の理解が困難な場合がある。そのため、友達の行動に対して適切に応じることができないことがある。	（②）
環境の把握	感覚や認知の特性への対応に関すること	聴覚の過敏さのため特定の音に、また、触覚の過敏さのため身体接触や衣服の材質に強く不快感を抱くことが見られる。それらの刺激が強すぎたり、突然であったりすると、混乱状態に陥ることもある。	（③）
（④）	作業に必要な動作と円滑な遂行に関すること	自分のやり方にこだわりがあったり、手足を協調させてスムーズに動かしたりすることが難しい場合がある。また、他者の意図を適切に理解することが困難であったり、一つの情報のみに注意を集中してしまったりすることから、教師が示す手本を自ら模倣しようとする気持ちがもてないことがある。その結果、作業に必要な巧緻性などが十分育っていないことがある。	一つの作業についていろいろな方法を経験させるなどして、作業のやり方へのこだわりを和らげ、指導者との良好な人間関係を形成し、主体的に指導者の示す手本を模倣しようとする気持ちを育てる。

(4)　各教科等を合わせた指導である生活単元学習の指導計画の作成に当たって，「特別支援学校学習指導要領解説　総則等編(幼稚部・小学部・中学部)(平成21年6月)」には考慮すべき点が6つ示されている。その中の1つを答えなさい。

(5)　次の文は，「特別支援学校学習指導要領解説　総則等編(高等部)(平成21年12月)　第2編　第2部　第1章　第8節　5　教育課程の

実施等に当たって配慮すべき事項」の一部を抜粋したものである。文中の(　　)に当てはまる語句を答えなさい。ただし，同じ番号には同じ語句が入るものとする。

進路指導において，(　①　)の理解と協力が不可欠であり，個別の教育支援計画を活用しながら，(　①　)とともに進路指導を進め，(　②　)や(　③　)，労働等の関係機関との連携を十分に図って取り組むことが重要である。特に，生徒が主体的に進路を選択できるように，労働関係機関と連携を図り，生徒や(　①　)に対して適切な時期に必要な情報を提供できるようにすることが重要である。

(6) 「特別支援学校学習指導要領解説　総則等編(高等部)(平成21年12月)　第2編　第2部　第1章　第8節　5　教育課程の実施等に当たって配慮すべき事項」には，「高等部学習指導要領第1章第2節第4款の4(3)では，就業体験の機会の確保に配慮することが示されている。」とある。就業体験を実施する場合，教育課程上，関係の各教科・科目の時間のほかにどの時間に行われるよう配慮することが必要であるか答えなさい。

(7) 「特別支援学校学習指導要領解説　総則等編(高等部)(平成21年12月)　第2編　第2部　第5章　第3節　第8　職業」では，「役割」の観点において「2段階(3)作業の工程全体を理解し，自分の分担に責任をもち，他の者と協力して作業や実習をする。」と示されている。自分の分担に責任をもてるようにするためには，どのような配慮が重要であるか答えなさい。

(8) 作業学習では，作業の準備・作業活動・作業の片付けの一連の活動に取り組む。作業の準備の活動としては，手洗いや身支度等があるが，そのほかにどのような活動を行うことが考えられるか3つ答えなさい。

(☆☆☆◎◎◎◎)

解答・解説

【1】(1) ① 重点　② 具体化　③ 安全　④ 保健
⑤ 学級　⑥ 学年　(2) 生徒とともに考え，悩み，感動を共有していく姿勢　(3) ① 人間関係　② 公共の精神
(4) ① 主体的　② ・能力・適性　・興味・関心
③ ・学校の教育方針　・児童生徒の状況

〈解説〉(1)・(3) 適語補充問題については暗記しておくことが唯一の対処法となるため，特別支援学校学習指導要領および同解説の記述をしっかりおさえておくこと。 (2) 特別支援学校中学部のみならず中学校における道徳教育で，生徒が人間としての生き方について考えを深められるようにするには，教師と生徒の間に強い信頼関係をはぐくむのみならず，生徒から信頼される行動を教師自らが見せることや，さらに教師と生徒がともに学び，考え，感情を共有することが重要となる。 (4) ① 平成8年7月の中央教育審議会答申において指摘された「生きる力」の定義が下敷きとなった記述である。 ② 解答例以外では，性格や進路などの違いもあげられる。問題文にもあるように，一般的に障害のある児童生徒と接する場合，その困難や障害自体に目が向きがちになり，そのため彼らは叱られたり責められたりすることも多い。このような経験が多く積み重なると自己肯定感が低下してしまうため，その児童生徒が「できる部分」や「得意な部分」にもしっかりと目を向け，評価することが必要不可欠である。 ③ 解答例以外に「特色ある教育活動の取組」をあげてもよい。問題文に「学校における教育活動が学校の教育目標に沿って一層効果的に展開されるためには」とあるように，初めに教育目標を伝えなくては互いの連携は不可能であるため，「学校の教育方針」は必ず解答しておきたい。

【2】(1)　①　障害者基本法　②　生活　③　人格　④　共生

(2)　障がいがある者にとって日常生活又は社会生活を営む上で障壁となるような社会における事物，制度，慣行，観念その他一切のもの

〈解説〉(1)　本問で取り上げた法律は，障害者差別解消法と略称される。国際連合の「障害者の権利に関する条約」批准に向けた国内法整備の一環として平成25年に制定された(同条約について日本では平成26年2月19日発効)。障害者基本法第1条に掲げられた基本的な理念を基にしていることをおさえておきたい。　(2)「社会的障壁」を除去するために障害者基本法第4条や障害者差別解消法第7，8条などでは，過度な負担にならない程度の必要かつ合理的な配慮を行うことを規定している。合理的配慮は，国や地方公共団体には法的に義務づけられており，民間に対しても提供するように努力することが義務づけられていることもあわせておさえておく。

【3】(1)　①　社会性　②　視機能　③　知的発達　④　共感的

(2)　①　長期　②　短期　③　段階　(3)　①　安心感

②　緊張　③　疾患の症状　(4)　①　オ　②　ウ　③　カ

④　キ　⑤　ア

〈解説〉(1)　自立活動の時間における指導は，専門的な知識や技能を有する教師を中心として，全教師の協力の下に効果的に行われるようにする。そして，必要に応じて専門の医師その他の専門家の指導・助言を求めるなどして，適切な指導ができるようにする必要がある。

(2)　本問に関連して，文部科学省では，小中学校等における合理的配慮について，「教員，支援員等の確保」「施設・設備の整備」「個別の教育支援計画や個別の指導計画に対応した柔軟な教育課程の編成や教材等の配慮」の重要性を示していることもおさえておきたい。

(3)　障害の状態等の把握については，医学的側面および心理学的・教育的側面からのアプローチがある。諸検査等の実施に当たっての留意点についてもおさえておくとよいだろう。　(4)　イは社会適応スキル検査，エはムーブメント教育・療育プログラムアセスメント(MEPA-

R)の概要である。

【4】(1) ① 全般 ② 適応 ③ 運動 ④ 行動
(2) ① 基礎的能力 ② 表出 ③ 形成 ④ 手段
⑤ 状況 (3) 児童又は生徒の障がいの状態に応じて，適切に定めるものとする。 (4) ・理解言語の程度に比較して，表出言語が極めて少ない。 ・心理状態が不安定になり，パニックになりやすい。
〈解説〉(1)・(2) 自立活動とは，障害のある幼児児童生徒において，その障害によって生じる日常生活や学習場面の困難に対する指導を行うことで，幼児児童生徒の人間としての調和のとれた育成を目指すために位置づけられた領域である。その内容は6区分26項目で示されており，最頻出事項の1つである。この各区分，各項目は，ある障害種に対応して限定的に示されているのではなく，幼児児童生徒一人ひとりの困難や発達の段階に応じて区分や項目を選定し，関連付けることが必要である。 (3) 個々の児童生徒の障害の状態や発達の段階等に即して指導を行うという自立活動の性格から，これに充てる授業時数は一律に標準としては示されないものの，適切な授業時数を確保することが求められている。 (4) 解答例以外では，「全体的な身体機能の発達の程度に比較して特に平衡感覚が未熟である」，「極めて動きが多く，注意集中が困難である」を解答してもよい。さらには，上肢や下肢のまひ，筋力の低さ，自信欠如，固執行動，極端な偏食，異食，情緒発達の未成熟，てんかんや心臓疾患なども随伴する状態等としてあげられる。

【5】(1) ① g ② e ③ c (2) ① 教育的ニーズ
② 合意形成 (3) 基礎的環境整備
〈解説〉本問で取り上げた報告は，近年の最頻出資料の1つである。「共生社会」「インクルーシブ教育システム」「合理的配慮」の定義や，就学相談・就学先決定の在り方についてよく問われるので，内容をしっかり確認しておきたい。 (1) これらの考え方は，障害者の権利に関す

る条約第24条第1項に示された，障害者を包容するあらゆる段階の教育制度および生涯学習の目的と方向性を同じくするものであり，合理的配慮の決定はこれと合致するかという観点から検討されることが重要である。　(2)　教育の場で提供される合理的配慮は，対象となる子どもの障害の特性・困難や教育的ニーズによって多様である。合理的配慮の決定に当たっては，提供する学校の設置者および学校の意見と，提供される本人および保護者の意見を十分に検討し，可能な限り両者が納得し，合意形成を図ったうえで提供されることが望まれる。万が一意見が一致しない場合は，「教育支援委員会」(仮称)の助言等により解決を図ることが望ましく，学校・家庭・地域における教育が十分に連携・補完し，一体となって営まれることが非常に重要である。
(3)　法令に基づき又は財政措置により，国・都道府県・市町村はそれぞれの教育環境の整備を行い，障害のある子どもに対する支援を提供する。これらは，「合理的配慮」の基礎となる「基礎的環境整備」と呼ばれ，過度の負担を課さない範囲で図られる必要がある。具体的には，教材の確保，専門性のある指導体制の確保，施設・設備の整備などがある。

【6】(1)　・間違い箇所…急性　　訂正(正答)…慢性
・間違い箇所…白血病　　訂正(正答)…悪性新生物　　(2)　①　オ　②　エ　③　カ　④　キ　(3)　病気の状態の理解と生活管理に関すること　(4)　・運動に関する注意点の指導　・精神面での支援

〈解説〉(1)　学校教育法施行令第22条の3に示されている特別支援学校への就学の対象となる者の障がいの程度は頻出なので，視覚障害者，聴覚障害者，知的障害者，肢体不自由者の程度も必ず確認しておく。就学対象者の基準なので，「白血病」などの具体的な病名をあげることは馴染まないことに気付きたい。　(2)　正答以外のものについて解説する。　ア　二分脊椎症は，先天的に脊椎骨が形成不全となって起きる神経管閉鎖障害。出産直後に，細菌感染による脳脊髄炎などから守るため閉鎖縫合手術を行うが，術後も失われた神経機能は回復しないため，下肢の運動まひや直腸膀胱障害が残る。また，水頭症や内臓奇形などを伴うこともある。　イ　小児では溶連菌感染後急性糸球体腎炎が最も多く，通常は1～3か月でよくなり予後はよい。治療としては安静と食事療法(塩分，蛋白質，水分の制限)を行い，急性期には安静が必要である。　ウ　肥満症は，身体脂肪が異常に増加した状態と定義される。生活習慣病につながったり，劣等感から学力の低下や学校嫌いへと進んだりすることもある。治療の基本は自宅における毎日の生活管理(食事療法と適度の運動療法)である。　ク　レット症候群は教育支援資料には記載がないが，遺伝子の突然変異によって引き起こされる神経系を主体とした特異な発達障害である。乳児期早期から筋緊張や姿勢運動の異常，情動異常，知的障害などの症状が出現する。
(3)　本問の場合，食物アレルギーをもつ幼児児童生徒が自分で食べてはいけないものを理解し，留意する必要があることから，「病気の状態の理解と生活管理に関すること」に基づいて指導をするべきであるといえる。自分で自分の疾患について理解し，改善を図り，病気の進行の予防に必要な生活様式について理解を深め，それに基づいて生活を自己管理できるように指導することが重要である。　(4)　適度な運動はインスリンの効き目を高め効果的であるが，激しい運動は血糖の変動を大きくし，コントロールを悪化させてしまう場合もある。運動の適切な量や低血糖症状を引き起こした場合の対応方法等の，運動をする際の注意事項を自分で理解しておくことが重要である。また，糖尿病に限らず幼児児童生徒は，入院等で家庭を離れることで分離不安や情緒不安を示したり，治療や入院に伴う苦痛体験や遊びの欠如によってストレスがたまったりしやすい。学齢期には学習の遅れやクラス内で孤立することへの不安感が高まることもある。そのため，医療者・保護者・教育関係者がお互いの連携を密にし，精神面での支援をしていくことが大切である。

【7】(1) ①　体験的　②　精選　③　認知　(2)　様々な状況に対する的確な判断力

〈解説〉(1)「特別支援学校小学部・中学部学習指導要領(平成21年3月)」では，肢体不自由者である児童生徒の障害の状態や特性等を十分考慮した上での配慮事項として，表現する力の育成，指導内容の精選等，自立活動の時間における指導との関連，姿勢や認知の特性に応じた指導の工夫，補助用具や補助的手段，コンピュータ等の活用の5点を示している。　(2)　自分の力で自分の身体を動かし移動することは，興味や関心を広げるうえでも非常に重要な手段であり，自立するために必要な動作の1つでもある。目的地まで1人で移動できるようになるためには，移動能力を向上させるだけでは不十分であり，目的地までの道のりや自分の体力を考慮し自分1人でできることの判断，それが厳しい場合に援助者の依頼するためコミュニケーションについて習熟するなど，状況を的確に判断し行動する力を身に付ける必要がある。

【8】(1) ①　表情　②　字義通り　③　推測　(2)　やりとりの方法を大きく変えずに繰り返し指導するなどして，そのやりとりの方法が定着するようにし，相互にかかわり合う素地を作ることが重要である。　(3) ①　変化　②　体験的な活動を通して自分の得意なことや不得意なことの理解を促したり，他者の意図や感情を考え，それへの対応方法を身に付けたりする指導を関連付けて行う。

③　不快である音や感触などを自ら避けたり，児童の状態に応じて，それらに少しずつ慣れていったりするように指導する。児童にとって不快な刺激も，他の児童にとっては快刺激である場合もあるので，個々の児童にとって，快刺激は何か，不快刺激は何かをきめ細かく観察して把握しておく。　④　身体の動き　(4)　単元は，実際の生活から発展し，児童生徒の知的障がいの状態等や興味・関心などに応じたものであり，個人差の大きい集団にも適合するものであること。

(5) ①　保護者　②　地域社会　③　福祉　(6)　総合的な学習の時間又は特別活動　(7)　作業結果を自ら確認できるようにする。

(8)　・作業手順や工程の確認　　・材料や道具の用意　　・作業目標の確認

〈解説〉(1)「(2)　他者の意図や感情の理解に関すること」は，他者の意図や感情を理解し，場に応じた適切な行動をとることができるようにすることを意味している。他者の意図や感情を理解する力は多くの人との関わりや様々な経験を通じて次第に形成されるものであるが，障害のある児童生徒の中には，単に経験を積むだけでは相手の意図や感情を捉えることが難しいものも見られ，障害特性に応じた具体的な指導が必要となる。　(2)　相互にかかわり合う素地を作った後は，言葉だけでなく具体物や視覚的な情報を加えてわかりやすい工夫をしながら，やりとりの方法を少しずつ増やしていくことが大切である。

(3)　①　表中の「困難の例」「配慮・指導の例」から，変化への対応に関する項目であることを判断したい。　②　表中の「困難の例」に「自己の理解が困難」「友達の行動に対して適切に応じることができない」とあることから，自己の理解や友達の行動への理解につながるような配慮・指導が必要であると考える。実際に自分で体験し，その活動から自分が得意なことや不得意なことを感じたり，その行動の際の意図や感情を理解したりすることで自分自身を理解することにつながったり，友達の行動の意図の理解や適切な対応が可能になっていったりすると考えられる。　③　表中の「困難の例」に「聴覚の過敏さ」「触覚の過敏さ」「不快感を抱くことが見られる」「混乱状態に陥ることもある」という点から，聴覚および触覚刺激への対処法を指導することが重要であると考えられる。不快刺激や快刺激は児童によって異なるため，対象の児童にとってそれがなんであるかを把握することが前提条件である。児童が不快刺激を自ら避けられるように，不快刺激やそれが発生しそうな場面を避ける方法を指導することが効果的である。また，突然の刺激や強い刺激に対して混乱しないように，少しずつ刺激を経験させるなどして，不快刺激に慣れるよう指導することも考えられる。　④　表中の「項目」に「動作」とあることから「身体の動き」とわかる。　(4)　生活単元学習は，児童生徒が生活上の目標を達成したり，課題を解決したりするために，一連の活動を組織的に経験することによって自立的な生活に必要な事柄を実際的・総合的に学習するものである。生活単元学習の指導計画を作成する際に考慮すべき6つの事項については必ず確認しておく。　(5)　進路指導は，生徒が自立し社会参加するために必要な知識や技能，態度を身に付けさせることをねらいとしており，自己と社会のかかわりについて考え，将来の生き方や進路を選択し，将来望ましい自己実現ができるよう指導・援助することが求められている。　(6)　就業やボランティアにかかわる体験的な学習は，地域や学校の実態に応じて，学校の教育活動全体の中に位置づけて実施するよう配慮することが大切である。
(7)「自分の分担に責任をもち,」とは，作業工程における担当，仕事内容，手順が分かるとともに機械等が不調な場合はその対応を行い，その作業を最後までやり遂げることである。このように自分の分担に責任を持つことができるようになるには，作業結果を自ら確認できるようにすることが重要である。自ら確認できることで，自分の行った作業により生み出されたものがあるとわかり，自分の行っている作業の意味を理解し，より意欲的に取り組むことができるようになることが考えられる。　(8)　作業学習とは，領域・教科を合わせた指導の1つであり，作業活動を学習活動の中心にしながら，児童生徒の働く意欲を培い，将来の職業生活や社会自立に必要な事項を総合的に学習するものである。

2015年度　実施問題

【1】認知と行動の発達について，次の各問いに答えなさい。

(1)　次の文は，ヒトの認知と行動の発達について説明したものである。下線部について，正しいものには○を，誤っているものは正しい語句に直しなさい。

①　前操作期になると表象が出現し，事物を別の事物で表す機能が成立する。目の前にない事物について思い浮かべ，ごっこ遊びができるようになる。

②　形式的操作期では，作業記憶やメタ認知とよばれる機能により外からの刺激を理解し，保存し，行動できるレベルへと発達する。

③　レスポンデント行動とは，その行動が生じた直後の環境の変化に応じて，そのあとにその行動が生じる頻度が変化する行動を指す。

(2)　ピアジェの唱えた「対象の永続性」という現象について説明しなさい。

(☆☆☆☆◎◎◎)

【2】障がい者の人権と交流及び共同学習について，次の各問いに答えなさい。

(1)　「障害者虐待の防止，障害者の養護者に対する支援等に関する法律(平成23年法律第79号)」において，障がい者虐待を5つに類型している。その中には，「放棄・放置」，「経済的虐待」，「性的虐待」と示されているが，その他2つの類型を答えなさい。

(2)　次の文は，「児童虐待の防止等のための学校，教育委員会等の的確な対応について(平成22年3月24日)」に示されている，児童虐待の早期発見，早期対応等に関する内容の一部を抜粋したものである。文中の(　　)に当てはまる語句を答えなさい。

学校等において，不自然な(　①　)，理由不明又は連絡のない欠席が続く，幼児児童生徒から虐待についての証言が得られた，帰宅を嫌がる，家庭環境の変化など，新たな児童虐待の兆候や状況の変化等を把握したときは，定期的な情報提供の期日を待つことなく，適宜適切に市町村又は(　②　)等に情報提供又は(　③　)をすること。

(3)　平成23年8月に改正された障害者基本法第16条第3項に「国及び地方公共団体は，障害者である児童及び生徒と障害者でない児童及び生徒との交流及び共同学習を積極的に進めることによって，その相互理解を促進しなければならない」とある。障がいのある児童生徒と障がいのない児童生徒との交流及び共同学習における意義を答えなさい。

(☆☆☆◎◎◎)

【3】学習指導要領等について，次の各問いに答えなさい。

(1)　次の文は，「特別支援学校幼稚部教育要領(平成21年3月)　第3章　指導計画の作成に当たっての留意事項」の一部を抜粋したものである。文中の(　　)に当てはまる語句を答えなさい。

幼稚部における教育は，幼児が自ら意欲をもって(　　)とかかわることによりつくり出される具体的な活動を通して，その目標の達成を図るものである。

(2)　「特別支援学校幼稚部教育要領(平成21年3月)　第1章　第3　教育課程の編成」に示されている，幼稚部の標準とされている毎学年の教育週数と1日の教育時間を答えなさい。

(3)　次の文は，「特別支援学校小学部・中学部学習指導要領(平成21年3月)　第2章　第1節　小学部」の一部を抜粋したものである。文中の(　　)に当てはまる語句をあとの選択肢から1つずつ選び，記号で答えなさい。ただし，同じ番号には同じ語句が入るものとする。

1　視覚障害者である児童に対する教育を行う特別支援学校

(1)　児童が聴覚，触覚及び保有する視覚などを十分に活用して，具体的な事物・事象や(　①　)と(　②　)とを結び付けて，的確な概念の形成を図り，(　②　)を正しく理解し活用できるようにすること。

2　聴覚障害者である児童に対する教育を行う特別支援学校

(2)　児童の言語発達の程度に応じて，主体的に(　③　)に親しんだり，(　④　)表現したりする態度を養うように工夫すること。

ア　身体　　イ　言葉　　ウ　状況　　エ　書いて
オ　動作　　カ　読書　　キ　手話　　ク　具体的に
ケ　点字　　コ　体験　　サ　言語　　シ　口頭

(4)「特別支援学校高等部学習指導要領(平成21年3月)　第1章　第2節　教育課程の編成」に示されている，知的障がい者である生徒に対する教育を行う特別支援学校高等部の総授業時数は，各学年とも何単位時間を標準とするか答えなさい。

(5)「特別支援学校高等部学習指導要領(平成21年3月)　第1章　第2節　教育課程の編成」に示されている，視覚障がい者，聴覚障がい者，肢体不自由者又は病弱者である生徒を教育する特別支援学校高等部の卒業までに修得させる単位数は何単位以上か答えなさい。

(☆☆☆◎◎◎◎)

【4】キャリア教育について，次の各問いに答えなさい。

(1)　次の文は，中央教育審議会答申「今後の学校におけるキャリア教育・職業教育の在り方について(平成23年1月31日)」の特別支援学校高等部におけるキャリア教育・職業教育の充実に関する内容の一部を抜粋したものである。文中の(　　)に当てはまる語句を答えなさい。

○　障害のある生徒の就業拡大に向けた取組は進みつつあるものの，平成22年3月の特別支援学校高等部(本科)の卒業生のうち，就職した者の割合は2割強と厳しい状況にある。このような状況を踏まえ，平成21年に改訂された特別支援学校高等部学習指導要領では，自立と社会参加に向けた職業教育の充実に関し，地域や

(　①　)と連携し，職業教育や進路指導の充実を図ることが規定されるとともに，特別支援学校高等部(知的障害)の専門教科として「(　②　)」が新設された。

(2)　前記(1)の答申に示されている「キャリア教育」「職業教育」とは何か，それぞれ説明しなさい。

(3)　前記(1)の下線部については，「特別支援学校学習指導要領解説 総則等編(高等部)　(平成21年12月)　第2編　第2部　第1章　第8節　5　教育課程の実施等に当たって配慮すべき事項」に示されている。高等部において，進路指導を効果的に進めていくに当たり，次の各文の中から誤っているものを2つ選び，記号で答えなさい。

ア　進路指導主事及び学部主事の指導の下，全教職員の共通理解を図る。

イ　労働関係機関を中心とした校内の組織体制を整備し，学校全体として協力していく。

ウ　ホームルーム担任の教師をはじめ，教師が相互に緊密な連絡をとりながら，それぞれの役割・立場において協力して指導に当たる。

エ　生徒が主体的に進路を選択できるように，労働関係機関と連携を図る。

オ　生徒や保護者に対して適切な時期に必要な情報を提供できるようにする。

(☆☆☆☆◎◎◎)

【5】次の文は，「特別支援学校等における医療的ケアの今後の対応について(通知)(平成23年12月20日)」に当たり，「特別支援学校等における医療的ケアの実施に関する検討会議」がとりまとめた報告書の一部である。文中の(　　)に当てはまる語句をあとの選択肢から1つずつ選び，記号で答えなさい。

○　新制度においては，経管栄養を行う際の(　①　)等は引き続き看護師等が行うものとされ，教員やそれ以外の者(以下「教員等」という。)が特定行為を行うに当たっては看護師等との定期的な連携も求められていることから，新制度において教員等が特定行為を行うに当たっても看護師等の関与が求められる。

○　特定行為を実施する場合には，対象者と特定行為を明示した主治医等からの(　②　)が必要であるが，特別支援学校における実施に当たっては，学校保健の立場から学校医，医療安全を確保する立場から主治医の了承の下に指導を行う医師に指導を求めることが必要である。

①　ア　食器設置　　イ　チューブ確認　　ウ　保護者連絡
　エ　消毒

②　ア　同意書　　イ　指示書　　ウ　契約書
　エ　指導書

(☆☆☆☆◎◎)

【6】中央教育審議会初等中等教育分科会がまとめた「共生社会の形成に向けたインクルーシブ教育システム構築のための特別支援教育の推進(報告)(平成24年7月)」に示されている合理的配慮について，次の各問いに答えなさい。

(1)　この報告で示された合理的配慮の定義について，文中の(　　)に当てはまる語句を答えなさい。

「障害のある子どもが，他の子どもと平等に「(　①　)」を享有・行使することを確保するために，学校の設置者及び学校が必要かつ適当な変更・調整を行うことであり，障害のある子どもに対し，その状況に応じて，学校教育を受ける場合に(　②　)に必要とされるもの」であり，「学校の設置者及び学校に対して，体制面，財政面において，均衡を失した又は過度の負担を課さないもの」，と定義した。

(2)　この報告で，国，都道府県，市町村がそれぞれ行う教育環境の整備は，合理的配慮の基礎となる環境整備であることから「基礎的環境整備」と呼ぶこととされた。次の文は，「基礎的環境整備」として示された項目の一部を抜粋したものである。文中の(　　)に当てはまる語句を下の選択肢から1つずつ選び，記号で答えなさい。ただし，同じ記号には同じ語句が入るものとする。

① ネットワークの形成・連続性のある多様な(　ア　)の活用
② 専門性のある(　イ　)の確保
④ (　ウ　)の確保
⑥ 専門性のある教員，支援員等の(　エ　)配置
⑦ 個に応じた指導や(　ア　)の設定等による特別な指導

a 人材　b 学びの場　c 指導体制　d 学習
e 支援　f 教材　g 支援員　h 教員
i 支援体制　j 人的

(3) この報告にある「①−2−1　情報・コミュニケーション及び教材の配慮」の観点から，読みに困難さがみられる学習障がいのある幼児児童生徒への合理的配慮について，具体的な内容を3つ答えなさい。

(4) この報告にある「②−3　災害時等の支援体制の整備」の観点では，災害時体制マニュアルを整備することが示されている。実際の災害に対応するため，肢体不自由のある幼児児童生徒の状態を考慮した支援体制の整備内容について2つ答えなさい。

(☆☆☆☆◎◎◎◎)

【7】自立活動について，次の各問いに答えなさい。

(1) 次の文は，「特別支援学校学習指導要領解説　自立活動編(幼稚部・小学部・中学部・高等部)　(平成21年6月)　第2章　2　自立活動の指導の基本」の一部を抜粋したものである。文中の(　　)に当てはまる語句を答えなさい。

自立活動の内容は，人間としての(　①　)を遂行するために必要な要素と，障害による学習上又は生活上の困難を改善・克服するために必要な要素で構成しており，それらの代表的な要素である26項目を「(　②　)」，「(　③　)」，「人間関係の形成」，「(　④　)」，「(　⑤　)」及び「コミュニケーション」の六つの区分に分類・整理したものである。

(2) 次の文は，「特別支援学校学習指導要領解説　自立活動編(幼稚部・小学部・中学部・高等部) (平成21年6月) 第6章　自立活動の内容」に示されている「具体的指導内容例と留意点」の一部を抜粋したものである。それぞれ「コミュニケーション」のどの項目に該当するか，下の選択肢から1つずつ選び，記号で答えなさい。

① 障害の状態が重度な場合には，話し言葉を用いることができず，限られた音声しか出せないことが多い。このような場合には，掛け声や擬音・擬声語等を遊びや学習，生活の中に取り入れて，自発的な発声・発語を促すようにすることも考えられる。また，ときには，物語や絵本を身振りなどを交えて読み聞かせることも大切である。

② 自閉症のある幼児児童生徒で，言葉でのコミュニケーションが困難な場合には，まず，自分の意思を適切に表し，相手に基本的な要求を伝えられるように身振りなどを身に付けたり，話し言葉を補うために機器等を活用できるようにしたりすることが大切である。

ア　コミュニケーションの基礎的能力に関すること
イ　言語の受容と表出に関すること
ウ　言語の形成と活用に関すること
エ　コミュニケーション手段の選択と活用に関すること
オ　状況に応じたコミュニケーションに関すること

(3) 「特別支援学校学習指導要領解説　自立活動編(幼稚部・小学部・中学部・高等部) (平成21年6月) 第6章　3　人間関係の形成」では，「自閉症のある幼児児童生徒は，言葉や表情，身振りなどを総合的に判断して相手の心の状態を読み取り，それに応じて行動することが困難な場合がある。また，言葉を字義通りに受け止めてしまうため，行動や表情に表れている相手の真意を読み取れないこともある。」とある。そこで，自閉症のある幼児児童生徒が，相手の心の状態を読み取り，それに応じた行動がとれるようになるために，どのような手立てをとればよいか答えなさい。

(4) 次の表に示す特別支援学校小学部に在籍する児童の実態等に基づ

いた指導について，下の各問いに答えなさい。

障がい名等	知的障がい　（診断名：自閉症）
実態	教師の言葉による説明の内容が理解できないことが多い。興味のある事柄にこだわり次の活動に取り組むことが難しい。学習に集中し持続した活動が難しい。自分本位の行動が多く、集団での学習に参加することが難しい。
学級の環境	在籍児童が5名の通常学級である。オープンスペースの教室設営。常に学級単位で学習活動を行っている。教師は音声言語主体で指導を進め、必要に応じて個別に言葉による説明を行っている。
課題・願い	スムーズに次の活動に移り、学習に集中してほしい。

ア 「特別支援学校学習指導要領解説　自立活動編(幼稚部・小学部・中学部・高等部)(平成21年6月)　第3章　2　障害のとらえ方と自立活動」において，「国際生活機能分類(ICF)」の視点で障がいをとらえることが示されている。この「国際生活機能分類(ICF)」において，人間の生活機能と障がいの状態について説明した次の「図1　構成要素間の相互作用」の(　①　)～(　③　)に当てはまる語句を答えなさい。

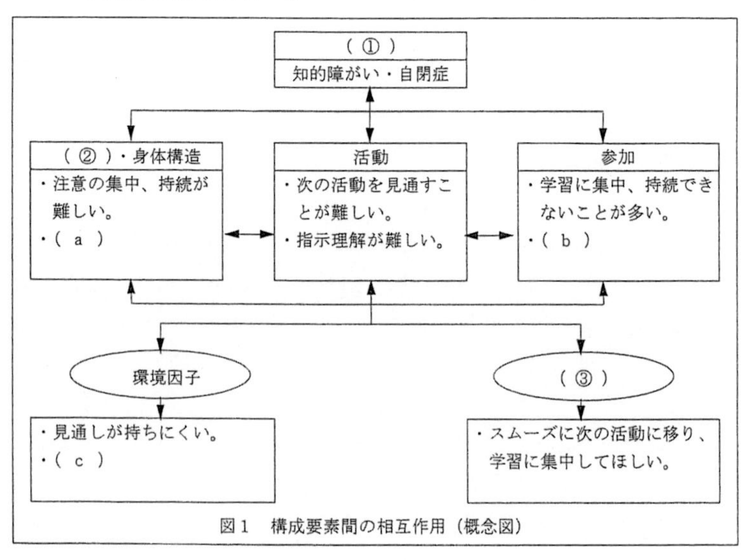

図1　構成要素間の相互作用（概念図）

イ　具体的な指導内容を設定するために，前の表に示した児童と在籍する学級の状況について，ICFの視点を踏まえて実態を把握することにした。そこで，構成要素間の相互作用(図1)の(　a　)～(　c　)に該当する内容を答えなさい(前の表を参考とすること)。

(☆☆☆☆◎◎◎)

【8】肢体不自由者である児童生徒に対する教育について，次の各問いに答えなさい。

(1)　次の文は，「特別支援学校学習指導要領解説　総則等編(幼稚部・小学部・中学部)　(平成21年6月)　第3編　第2部　第2章　第4　肢体不自由者である児童生徒に対する教育を行う特別支援学校」の一部を抜粋したものである。文中の(　　)に当てはまる語句を答えなさい。ただし，同じ番号には同じ語句が入るものとする。

肢体不自由のある児童生徒が，効果的に学習を行うためには学習時の(　①　)に十分配慮することが重要である。学習活動に応じて適切な(　①　)を保持できるようにすることは，(　②　)しにくいだけでなく，身体の(　③　)等も行いやすくなり，学習を効果的に進めることができる。

(2)　次の文は，「教育支援資料(平成25年10月)」に示された，肢体不自由のある子供に対する指導内容を選択する上で大切なポイントの一部を抜粋したものである。文中の(　　)に当てはまる語句を答えなさい。ただし，同じ記号には同じ語句が入るものとする。

①　(　ア　)の拡大

上肢・下肢又は体幹の運動・動作の障害による(　イ　)や行動上に困難や制限があるため，間接的な経験が多く，直接的な体験や社会経験が不足しがちになる。そのような不足を補うような指導内容や指導方法を取り上げ，(　ア　)の拡大を図ることを意図的，系統的に計画する必要がある。

③　認知や概念の形成

脳性まひ等の脳性疾患による肢体不自由児の場合は，発達過程上，(　ウ　)や反射によって身体からの諸情報のフィードバックが困難になりやすい。そのため，(　エ　)や未学習が生じ，様々な認知の基礎となる(　オ　)の形成などにつまずきが見られることになる。このことは，学習するための前提となる知識や技能(学習レディネス)，概念形成の面にも影響を及ぼすため，適切な内容を選択し，丁寧に指導する必要がある。

(3)　小学部の教科「国語」の書写の時間において，肢体不自由のある児童に必要と考えられる補助用具の例を2つ答えなさい。

(4)　「特別支援学校学習指導要領解説　自立活動編(幼稚部・小学部・中学部・高等部)　(平成21年6月)　第6章　4　環境の把握」では，「脳性まひの児童生徒は，文字や図形を正しくとらえることが困難な場合がある。原因としては，数多く書かれてある文字や図形の中から一つの文字や図形に注目することや，文字や図形を構成する線や角度の関係を理解することが難しいことなどが考えられる。」とある。そこで，脳性まひの児童生徒が，文字や図形を正しくとらえるためには，どのような手立てをとればよいか2つ答えなさい。

(☆☆☆◎◎◎)

【9】病弱者である児童生徒に対する教育について，次の各問いに答えなさい。

(1)　次の文は，「特別支援学校学習指導要領解説　総則等編(幼稚部・小学部・中学部)　(平成21年6月)　第3編　第2部　第2章　第5　5　負担過重とならない学習活動」の一部を抜粋したものである。文中の(　　)に当てはまる語句を答えなさい。

児童生徒の病気の種類は，心身症，精神疾患，(　　)，筋ジストロフィー，アレルギー疾患，腎(じん)臓疾患，心臓疾患，骨・関節疾患，てんかん，肥満など多様であり，また軽い症状が現れる者から重篤な症状の者まで様々である。しかも，病気の状態の変化は病気によっても異なっている。したがって，それぞれの病気の特質や<u>個々の病気の状態等を十分に考慮</u>し，学習活動が負担過重になったり，児童生徒の病気の状態や健康状態の悪化を来したりすることのないようにする必要がある。

(2) (1)の下線部については，日常の健康観察が重要となる。健康状態を把握するために，パルスオキシメーターを使用することがある。これは，脈拍と何を測定することができる装置か答えなさい。

(3) 次の文は，「教育支援資料(平成25年10月)」に示されている，筋ジストロフィーに関する内容の一部を抜粋したものである。文中の(　　)に当てはまる語句を下の選択肢から1つずつ選び，記号で答えなさい。ただし，同じ番号には同じ語句が入るものとする。

筋ジストロフィーは，(①)が壊れていく(②)性の疾患の総称で，症状は(③)性の筋萎縮と筋力低下である。(②)形式，症状，経過により幾つもの「型」に分類されている。代表的な型が男子にだけ症状が出る(④)型である。

ア　後天	イ　筋肉	ウ　ウィルス	エ　進行
オ　アテトーゼ	カ　血液	キ　福山	ク　安定
ケ　デュシェンヌ	コ　骨	サ　遺伝	シ　突発

(4) てんかんについて，次の各問いに答えなさい。

ア　次の文は，「教職員のための子どもの健康観察の方法と問題への対応(文部科学省)(平成21年3月)」の一部を抜粋したものである。文中の(　　)に当てはまる語句を答えなさい。ただし，同じ番号には同じ語句が入るものとする。

てんかんとは，てんかん発作を繰り返す疾患であるが，発作の症状は意識喪失や(①)に限らず様々なものが含まれる。発作の反復に伴い，体調，学習，(②)面，社会生活などにも障害が現れやすい。てんかん発作は大脳の(③)な神経活動によるものであり，(②)的な原因によるものではない。

イ　てんかんのある児童と一緒にいる時，その児童がてんかん発作を起こし，意識を失い転倒した。その時の児童への対応について具体的に2つ答えなさい。ただし，外傷が無いことを確認した後とする。

(☆☆☆◎◎◎)

【10】知的障がい者である児童生徒に対する教育について，次の各問いに答えなさい。

(1)　「特別支援学校学習指導要領解説　総則等編(幼稚部・小学部・中学部)　(平成21年6月)　第3編　第2部　第1章　第7節　重複障害者等に関する教育課程の取扱い」に示されている内容について述べた次の選択肢から正しいものを2つ選び，記号で答えなさい。

ア　重複障がい者とは，当該学校に就学することになった障がい以外に他の障がいを併せ有する児童生徒であり，視覚障がい，聴覚障がい，知的障がい，肢体不自由及び病弱，言語障がい等を複数併せ有する者を指している。

イ　重複障がい者のうち，障がいの状態により特に必要がある場合には，各教科や外国語活動の目標及び内容の全部又は総合的な学習の時間に替えて，自立活動の指導を主として行うこともできるが，道徳及び特別活動については，その目標及び内容の全部を替えることができない。

ウ　小学部においては，外国語活動を設けないこともできることとしたが，中学部においては，外国語科を設けなければならないこととした。

エ　中学部の教科「社会」の目標及び内容を，小学部の教科「生活」の目標及び内容によって替えた場合も，教科の名称までを替えることはできない。

オ　知的障がい者である児童生徒に対する教育を行う特別支援学校において，各教科の各学年の目標及び内容の全部又は一部を，当該学年の前各学年の目標及び内容の全部又は一部によって替えることができる。

(2)　中学部の職業・家庭に示す「産業現場等における実習」(一般に「現場実習」や「職場実習」とも呼ばれている。)を，他の教科等と合わせて実施する場合に位置付けられる指導の形態の名称を答えなさい。

(3)　「特別支援学校学習指導要領解説　総則等編(高等部)　(平成21年

12月）第2編　第2部　第5章　第3節　第8　職業」において基礎的な内容として，「職業生活に必要な健康管理や余暇の有効な過ごし方が分かる。」と示されている。産業現場等における実習の事前学習を行う際，「健康管理」という視点で授業を行う場合，どのような点について指導を行うか具体的に2つ答えなさい。

(4)　高等部の「生活単元学習」において，「家庭生活における消費」の授業を行うに当たり，「知的障害者である生徒に対する教育を行う特別支援学校高等部の各教科」に示されている，関連する内容も取り扱うことにした。その内容を以下に示しているが，どの教科に示されたものかその教科名を答えなさい。

ア　ICカードに入金(チャージ)をする，自動券売機で目的地までの交通機関の乗車券を買うことができる。

イ　生活に必要な納品書，請求書，領収書などの生活する上で必要な情報の意味が分かる。

ウ　キャッシュカードの利用と管理，普通預金と定期預金との違いのほか，貯蓄方法やローン，金利などの金銭の処理能力を身に付ける。

エ　レシート，領収書などの内容を読み取り，家計簿に記録したりする。

(☆☆☆◎◎◎◎)

解答・解説

【1】(1)　①　○　②　具体的操作期　③　オペラント　(2)　感覚運動期に現れ，ものは見えなくてもそこに存在することを認識し始める現象。

〈解説〉(1)　②　認知発達については，ピアジェの認知的発達理論において述べられている感覚運動期，前操作期，具体的操作期，形式的操作期が頻出なので確認しておきたい。なお，形式的操作期とはピアジェの認知発達の最終段階で，抽象的な概念をもち，仮想の問題や事実に反する事態や想定などについても論理的な思考ができるようになる。　③　オペラント行動の考え方は教育場面にも応用されている。
(2)　ピアジェの認知発達理論における感覚運動期の特徴として，玩具等が見えなくなったときにその事物が存在しなくなったかのように行動する。しかし，事物と動作との関係を繰り返し経験し，それが基礎となって，次第に事物の永続性を理解してゆく現象である。そして，やがて事物について，心の中で考えること(表象＝イメージ)が可能になる。

【2】(1)　身体的虐待，心理的虐待　(2)　①　外傷　②　児童相談所　③　通告　(3)　障がいのある児童生徒の経験を広め，社会性を養い，豊かな人間性を育てる上で意義がある。
〈解説〉2006年に国連で採択された「障害者の権利に関する条約」批准に向けて，日本では法整備がされた。それらの法律や通知に関する設問である。なお，日本は2014年にこの条約を批准した。　(1)　障がい者虐待の5つの類型は，「高齢者の虐待の防止，高齢者の養護者に対する支援等に関する法律(平成17年法律第124号)」に定義される高齢者虐待の類型と同じである。また，「児童虐待の防止等に関する法律(平成12年法律第82号)」に定義される児童虐待では，「経済的虐待」を除いた4つの類型が共通する(「放棄・放置」は児童虐待では「ネグレクト(養育放棄)」とされる)。障がい者虐待が同時に高齢者虐待・児童虐待である場合もあるので，それぞれの類型の定義を比較し，理解を深めておきたい。　(2)　2010年1月に東京都で発生した，児童虐待により小学校1年生の児童が死亡した事件では，学校と市町村，児童相談所等の関係機関の連携が十分に機能しなかったことが問題点の一つとして指摘された。そこで，児童虐待に対する関係機関の適切な対応の徹底や強化を図るため，同年1月から3月にかけて，文部科学省や厚生労働省からいくつかの通知が出された。　(3)　解答例は交流における意義を中心にしたものであるが，「障がいのある児童生徒と障がいのない児童

生徒がともに幅広い体験を得たり，視野を広げたりすることができる」などのように，共同学習における意義にも触れられるとなおよい。

【3】(1) 環境　(2) 教育週数…39週　教育時間…4時間
(3) ① オ　② イ　③ カ　④ エ　(4) 1,050単位時間
(5) 74単位

〈解説〉(1) この記述は，幼児自身が積極的に周囲の環境にかかわるのでなければ，自らの発達に必要な経験を積み重ねることにはならないという考えに立っている。指導に当たっては，学校全体の物的・人的環境に十分な配慮をしなくてはならない。　(2) 「特別支援学校幼稚部教育要領(平成21年3月)　第1章　第3　教育課程の編成」に示されているのはあくまで標準の教育週数・時間であり，実際の教育課程の編成にあたっては幼児の障がいの状態や発達の程度等に応じて適切に配慮することが求められる。　(3) いずれの障がい種別の特別支援学校であっても，児童生徒等の障がいの状態や特性等を考慮するとともに，障がいのない(あるいは障がいの程度が軽い)他の身体機能を十分に活用しながら効果的な学習活動を展開し，指導の効果を高められるようにする。　(4)・(5) 卒業までに履修させる各教科等について，視覚障がい者，聴覚障がい者，肢体不自由者又は病弱者である生徒に対する教育を行う特別支援学校高等部は単位数で示しているのに対し，知的障がい者である生徒に対する教育を行う特別支援学校高等部は授業時数で示されていることに注意する。

【4】(1) ① 産業界　② 福祉　(2) キャリア教育…一人一人の社会的・職業的自立に向け，必要な基盤となる能力や態度を育てることを通して，キャリア発達を促す教育。　職業教育…一定又は特定の職業に従事するために必要な知識，技能，能力や態度を育てる教育。
(3) ア，イ

〈解説〉(1) キャリア教育に関しては，特別支援学校においても推進が図られ多くの学校で取り組まれている。　(3) ア 「進路指導主事及

び学部主事」ではなく「校長や副校長，教頭」が正しい。　イ「労働関係機関」ではなく「進路指導主事」が正しい。

【5】① イ　② イ

〈解説〉たんの吸引や経管栄養等の医療行為は，医師または看護師などの免許を持たないものが行うことは従来法律上禁止されていた。しかし，医療技術の進歩や在宅医療の普及により，特別支援学校の在籍者の中にも医療的ケアを必要とする児童生徒が増加してきた。このような状況を踏まえて出された「特別支援学校等における医療的ケアの今後の対応について(通知)(平成23年12月20日)」は，介護サービスの基盤強化のための介護保険法等の一部改正に伴い，平成24年4月より一定の研修を受けた介護職員等が一定の条件の下にたんの吸引等の医療的ケアができるようになることを受け，これまで実質的違法性阻却の考え方に基づいて医療的ケアを実施してきた特別支援学校の教員についても，制度上実施することが可能となったことを示したものである。

【6】(1) ① 教育を受ける権利　② 個別　(2) ア b　イ c　ウ f　エ j　(3) ・行間を広げる。　・振り仮名をつける。　・読み上げて音声で伝える。　(4) ・車いすで避難する経路の確保　・人的配置の計画

〈解説〉(1) 「合理的配慮」については，2016年4月に施行予定の「障害を理由とする差別の解消の推進に関する法律(障害者差別解消法)」に基づき，行政機関等及び事業者には法的義務が生じ，「合理的配慮」の不提供は差別に当たるとされる。「合理的配慮」の定義は頻出事項なので是非暗記しておきたい。　(2) 「基礎的環境整備」については，本問で取り上げられたもの以外に「③　個別の教育支援計画や個別の指導計画の作成等による指導」，「⑤　施設・設備の整備」，「⑧　交流及び共同学習の推進」があげられている。　(4) 障がいのある幼児児童生徒に対する災害時の対応については，今後出題が増えることが予想される。文部科学省や国立特別支援教育総合研究所などから出され

ている資料を参考に事例研究を進めておくことが望ましい。

【7】(1) ① 基本的な行動 ② 健康の保持 ③ 心理的な安定
④ 環境の把握 ⑤ 身体の動き (※②～⑤は順不同)
(2) ① ウ ② エ (3) 生活の様々な場面を想定し，そこでの相手の言葉や表情などから立場や考えを推測するような指導を行い，相手とかかわる際の具体的な方法を身に付けさせる。
(4) ア ① 健康状態 ② 心身機能 ③ 個人因子
イ a 言語理解が難しい。 b 集団での学習に参加することが難しい。 c 言葉かけのみによる指示をしている。
〈解説〉(1) 自立活動は特別支援学校独自の領域であり，その指導は小・中学校等の幼児児童生徒と同じように人間としての調和のとれた幼児児童生徒の育成を目指すものである。 (2) ア，イ，オも「コミュニケーション」の区分に属する項目なので，具体的指導内容例と留意点を確認しておきたい。なお，平成21年3月の学習指導要領改訂より新設された区分である「人間関係の形成」の指導内容は「コミュニケーション」と類似しているので注意すべきである。 (3) 自閉症の障がいの特性から，相手の心の状態を読み取ることは難しいが，実際の場面設定によるロールプレイなどを通して，具体的にどのように行動することがいいのかを身に付けさせることは必要である。ソーシャルスキルトレーニングなどの活用も考えられる。 (4) 「国際生活機能分類(ICF)」では人間の生活機能を「心身機能・身体構造」,「活動」,「参加」の3つの要素で示し，それらの生活機能に支障がある場合を「障がい」ととらえており，生活機能と障がいの状態は，健康状態や環境因子(物的環境，人的環境，社会環境など)と相互に影響し合うものと説明されている。

【8】(1) ① 姿勢 ② 疲労 ③ 操作 (2) ア 生活経験
イ 日常生活動作 ウ 緊張 エ 誤学習 オ ボディーイメージ (3) ・握りを太くした鉛筆 ・ノートを机上に固定する装置

(4) ・一つの文字や図形だけを取り出して輪郭を強調して見やすくする。 ・文字の部首や図形の特徴を話し言葉で説明する。

〈解説〉(2) 肢体不自由者である児童生徒は身体の動きに困難があることから，様々な体験をする機会が不足しがちであることは，「特別支援学校学習指導要領解説 総則等編(幼稚部・小学部・中学部)(平成21年6月)第3編 第2部 第2章 第4 肢体不自由者である児童生徒に対する教育を行う特別支援学校 1 表現する力の育成」で指摘されているとおりである。領域・教科を合わせた指導や地域の学校との共同学習などにより，様々な学習体験をすることが望まれる。 (3) 「合理的配慮」の考え方から，教育指導の現場においては一人一人の実態に基づいた多様な対応が求められる。書写において困難を生じるのはどのような肢体の不自由と状況が想定されるか，活用しうる補助用具にはどのようなものが考えられるか，「合理的配慮」のために臨機応変に指導の工夫ができるかが問われる。 (4) 解答例に示されたような手立てをとる際には，ICT機器の活用が期待されている。

【9】(1) 小児がん (2) 酸素飽和度(酸素結合度) (3) ① イ ② サ ③ エ ④ ケ (4) ア ① けいれん ② 心理 ③ 異常 イ ・衣服を緩めて呼吸がしやすい体位を取らせる。 ・顔を横に向け，痰がのどに詰まらないようにする。

〈解説〉(1) 小児がんに多いのは，白血病，リンパ腫，神経芽腫，脳腫瘍などの疾患である。 (2) パルスオキシメーターは，脈拍と酸素飽和度を測ることにより，心肺機能の状態を把握するものである。

(4) ア 中央教育審議会答申「子どもの心身の健康を守り，安全・安心を確保するために学校全体としての取組を進めるための方策について(平成20年1月17日)」においては，学級担任などにより毎朝行われる健康観察は特に重要であるため，モデル的な健康観察表の作成，実践例の掲載を含めた指導資料の作成などが必要であると指摘された。この答申を踏まえ，学級担任等が行う健康観察が円滑に実施できるよう，健康観察の方法と問題への対応のための指導参考資料として作成されたのが「教職員のための子どもの健康観察の方法と問題への対応(文部科学省)(平成21年3月)」である。　イ　けいれんが収まるまでは，安全に留意し，発作の時間や呼吸，脈拍の状態を把握する。てんかん発作については，一人一人の発作の状態や対応について保護者や主治医などとよく連絡を取っておく必要がある。

【10】(1)　イ，エ　　(2)　作業学習　　(3)・翌日の体調を考慮した睡眠時間の確保　・食事の時間の取り方　　(4)　ア　社会
イ　国語　　ウ　数学　　エ　家庭

〈解説〉(1)　ア　この場合の重複障がい者の定義に言語障がいは含まれないが，言語障がい，自閉症，情緒障がいなどについても，併せ有する場合を考えてもよいとされている。　ウ　中学部においても，障がいの状態によっては外国語科を設けないこともできる。　オ「知的障がい者である児童生徒」ではなく「視覚障がい者，聴覚障がい者，肢体不自由者又は病弱者である児童生徒」に対する教育を行う特別支援学校の場合の内容である。　(3)　職場で働くことを中心とした生活をする上で求められる自らの健康を守る方法としては，決められた休憩時間の適切な活用などもあげられる。　(4)「特別支援学校高等部学習指導要領(平成21年3月)　第2章　第2節　知的障害者である生徒に対する教育を行う特別支援学校　第1款　各学科に共通する各教科の目標及び内容」の記述に準じて，各選択肢に関連する指導内容をあげる。　ア　[社会]の内容1段階(3)「生活に関係の深い公共施設や公共物などの働きを理解し，それらを適切に利用する」能力の育成に関係する。　イ　[国語]の内容2段階(3)「目的や意図などに応じて文章の概要や要点などを適切に読み取る」能力の育成に関係する。　ウ　[数学]の内容2段階(4)「生活に必要な金銭や時計・暦などを工夫して使う」能力の育成に関係する。　エ　[家庭]の内容1段階(2)「家庭生活における計画的な消費や余暇の有効な過ごし方がわかる」能力の育成に関係する。

2014年度　実施問題

【1】次の(1)～(3)の各問いに答えなさい。

(1)　「特別支援学校小学部・中学部学習指導要領(平成21年3月)第1章　総則　第2節　教育課程の編成　第4　指導計画の作成等に当たって配慮すべき事項」に示されている内容について，次の(　①　)～(　③　)に適する語句を答えなさい。

(13)　学校医等との連携を密にし，児童又は生徒の障害の状態に応じた(　①　)に十分留意すること。 (14)　家庭及び地域や医療，福祉，保健，労働等の業務を行う関係機関との連携を図り，(　②　)な視点で児童又は生徒への教育的支援を行うために，(　③　)を作成すること。

(2)　「特別支援学校高等部学習指導要領(平成21年3月)第1章　総則　第2節　教育課程の編成　第4款　教育課程の編成・実施に当たって配慮すべき事項　3　指導計画の作成等に当たって配慮すべき事項」に示されている内容について，次の(　①　)，(　②　)に適する語句を答えなさい。ただし，同じ番号には同じ語句が入るものとする。

(4)　視覚障害者，聴覚障害者，肢体不自由者又は病弱者である生徒に対する教育を行う特別支援学校においては，学校や生徒の実態等に応じ，必要がある場合には，例えば次のような工夫を行い，(　①　)段階での学習内容の確実な定着を図るようにすること。 ア　各教科・科目の指導に当たり，(　①　)段階での学習内容の確実な定着を図るための学習機会を設けること。 ウ　(　①　)段階での学習内容の確実な定着を図ることを目標とした（　②　)等を履修させた後に，必履修教科・科目を履修させるようにすること。

(3) 次の文は，自立活動の指導について述べたものである。文中の(①)~(③)に適する語句を答えなさい。

○ 自立活動の指導は，個々の児童生徒の障がいの状態や(①)等に即して指導を行うことが基本である。 ○ 特別支援学校小学部・中学部学習指導要領 第7章 自立活動 第2 内容 3 (②)には「(4) (③)の基礎に関すること」が示されている。

(☆☆☆◎◎◎)

【2】次の(1)，(2)の各問いに答えなさい。

(1) 次の文は前頭葉の機能について説明したものである。文中の(①)~(⑦)に適する語句を下のア～ソから1つ選び，記号で答えなさい。ただし，同じ番号には同じ語句が入るものとする。

前頭葉は，運動野，(①)，および前頭前野に大別される。運動野はさらに，一次運動野，運動前野，補足運動野，(②)に分けられる。一次運動野は中心溝の前方にある中心前回に位置し，(③)を支配している。その前方にある運動前野は，(④)をもとに運動を制御する。正中内側面に存在する補足運動野は，上下肢の(⑤)や経時的な運動制御に関係する。(②)は眼球の(③)の高位中枢である。

(①)は，優位半球では運動性言語中枢として(⑥)を司る。

前頭前野は，高次の(⑦)の中枢と考えられる。

〔語群〕

ア 一次視覚野	イ 情動	ウ 感覚情報
エ 精神機能	オ ウェルニッケ野	カ 海馬
キ 周期運動	ク 協調運動	ケ 随意運動
コ 視機能	サ 前頭眼野	シ 眼球運動
ス 発語機能	セ 反復運動	ソ ブローカ野

(2)　「特別支援学校学習指導要領解説自立活動編(平成21年6月)第6章 自立活動の内容　4　環境の把握　(5)　認知や行動の手掛かりとなる概念の形成に関すること」に示されている内容について，次の(　①　)～(　③　)に適する語句を答えなさい。

認知とは，前述したように「感覚を通して得られる情報を基にして行われる情報処理の過程であり，記憶する，(　①　)する，判断する，(　②　)する，推理する，イメージを形成するなどの(　③　)な活動」を指す。

(☆☆☆☆◎◎◎)

【3】次の表は，主として知的障がい者である児童生徒に教育を行う特別支援学校に入学した中学部1年生2名の小学校からの引継内容についてまとめたものである。この学級を担任する際のアセスメントの方法や指導の在り方について，下の(1)～(5)の各問いに答えなさい。

氏名	性別	小学校からの引継内容	入学前の在籍
Aさん	女	・　集団行動は比較的できる。 ・　身辺自立全般を苦手としている。	小学校の知的障がい特別支援学級
Bさん	男	・　集団行動は比較的できる。 ・　様々な作業を得意としている。	小学校の知的障がい特別支援学級

(1)　小学校から提供された情報を基に，AさんとBさんの個別の指導計画を作成することにした。実態を把握するためにアセスメントを実施するが，検査法以外によるアセスメントの方法を具体的に2つ書きなさい。

(2)　AさんとBさんについては，小学校の時に心理検査を実施していた。心理検査を実施する前に学級担任として行うべきことを書きなさい。

(3)　AさんとBさんに用いられた検査には，「親にいわれなくても脱いだ衣類の始末ができる。」という質問項目が含まれていた。この検査名を書きなさい。また，検査の特徴を表している説明を次のa～e

から1つ選び，記号で答えなさい。

a　精神年齢と知能指数が算出できる。問題は1歳級から13歳級と14歳以上に適用される成人級に大別される。

b　下位検査には言語性の検査が6種類，動作性の検査が7種類ある。

c　「意志交換」や「自己統制」等の6つの領域から検査項目が構成されている。

d　認知尺度では，継次尺度と同時尺度により能力を測定することができる。

e　0歳～成人までを対象としている。「言語・社会」「認知・適応」等の領域で発達年齢，発達指数を得ることができる。

(4)　AさんとBさんの知能指数はほぼ同じであったが，(3)で実施した検査結果を比較すると，Bさんの数値が明らかに低かった。このことから，Bさんの状態として解釈できることを書きなさい。

(5)　Aさんの日本版WISC-Ⅲ知能検査の結果をみたところ，群指数のプロフィールパターンが次のように示されていた。このプロフィールパターンの優位性の視点から解釈できる生徒の状態像を書きなさい。また，その優位性を生かした指導の方法を書きなさい。

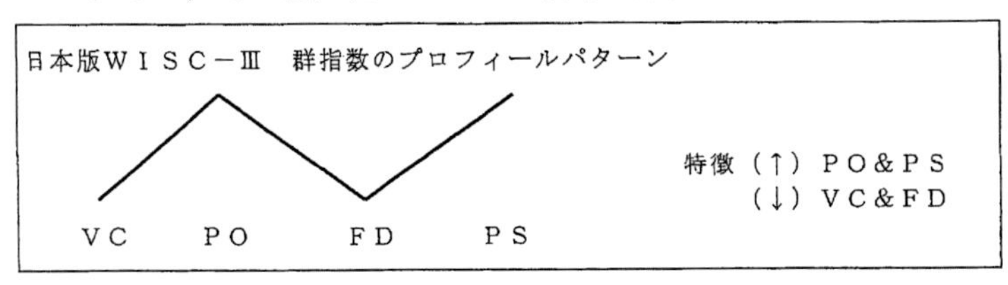

(☆☆☆◎◎◎)

【4】次の(1)，(2)の各問いに答えなさい。

(1)　特別支援教育の在り方に関する調査研究協力者会議「今後の特別支援教育の在り方について(最終報告)」を基に，文部科学省が作成した自閉症の定義について，次の①～③に適する言葉をそれぞれ書きなさい。

<table>
<tr><td>
自閉症とは、３歳位までに現れ、
<table><tr><td>①</td></tr></table>
<table><tr><td>②</td></tr></table>
<table><tr><td>③</td></tr></table>
を特徴とする行動の障害であり、中枢神経系に何らかの要因による機能不全があると推定される。
</td></tr>
</table>

(2)　次のような実態の自閉症のある児童に対して，学級担任として「手洗いの仕方」を指導する場合，具体的な指導の手立ての例を3つ書きなさい。

〔対象児童の実態〕

・　特別支援学校小学部3年生で，中度の知的障がいがある。
・　言語表出は少ないが，日常生活上の簡単な言語は理解できる。
・　一日のスケジュールや授業内容について事前に見通しをもっていないと，混乱する場面がある。
・　ひらがなをまだ十分に読むことができない段階であり，学習中である。
・　絵や写真には関心が高く，カードの分類や実物との対応も正確にできる。
・　手洗いについては，一つ一つの行動について声かけに応じることはできるが，手洗い場への移動の段階からの一連の行動を自ら行うまでには至っていない。
・　手指の巧緻性には，特に問題は見られない。
・　手洗いの道具や水への固執はない。

(☆☆☆☆◎◎◎)

【5】中央教育審議会初等中等教育分科会「特別支援教育の在り方に関する特別委員会報告」に示されている就学相談・就学先決定の在り方について，次の(1)～(3)の各問いに答えなさい。

(1) 次の文は就学先決定において，従来の仕組み及び改善点を説明したものである。文中の(①)，(②)に適する語句を答えなさい。

従来 (①)に該当する障害のある子どもは特別支援学校に(②)就学する。

改善点 総合的な観点から就学先を決定する。

(2) 改善点の下線部，総合的な観点について，その基となる具体的な観点を2つ書きなさい。

(3) 同報告に早期からの教育相談・支援が大切であることが示されているが，その意義を2つ書きなさい。

(☆☆☆☆◎◎◎)

【6】特別支援学校における教育の対象となる子どもの障がいの程度について，次の(1)，(2)の各問いに答えなさい。

(1) 学校教育法施行令第22条の3で示されている病弱者の障がいの程度について，次の(①)，(②)に適する語句を答えなさい。

一 (①)，腎臓疾患及び神経疾患，(②)その他の疾患の状態が継続して医療又は生活規制を必要とする程度のもの

二 身体虚弱の状態が継続して生活規制を必要とする程度のもの

(2) (1)の下線部，その他の疾患について述べた次の文の(①)，(②)に適する語句を答えなさい。ただし，次の文は「就学指導資料(平成14年6月)文部科学省」から一部抜粋したものである。

例示以外の疾患で，糖尿病等の(①)，再生不良性貧血，重症のアトピー性皮膚炎等のアレルギー疾患，(②)など，継続して医療を必要とする程度の疾患を指すものである。

(☆☆☆◎◎◎)

【7】病弱者である幼児児童生徒に対する教育を行う特別支援学校には，白血病等の治療後に退院して，学校生活を送る幼児児童生徒がいる。学級担任は同じ学級の幼児児童生徒に対して，容姿の変化等の配慮や説明を行ったり，本人に対して不安を軽減させるような心理的支援を行ったりする必要がある。このほかに，学級担任が配慮しなければならないことを3つ書きなさい。

(☆☆☆☆◎◎◎)

【8】次の(1)，(2)の各問いに答えなさい。

(1)　次の文は，「特別支援学校等における医療的ケアの今後の対応について(文部科学省)」で示された資料の一部である。下の①，②の各問いに答えなさい。

○　介護サービスの基盤強化のための介護保険法等の一部を改正する法律による社会福祉士及び介護福祉士法の一部改正に伴い，平成24年4月より(ア)一定の研修を受けた介護職員等は一定の条件の下にたんの吸引等の医療的ケアができるようになることを受け，これまで実質的違法性阻却の考え方に基づいて医療的ケアを実施してきた特別支援学校の教員についても，制度上実施することが可能となる。

○　特別支援学校で医療的ケアを行う場合には，医療的ケアを必要とする児童生徒等の状態に応じ看護師等の適切な配置を行うとともに，看護師等を中心に教員等が連携協力して(イ)特定行為に当たること。

①　下線部(ア)について，誤っているものを次のa～eから2つ選び，記号で答えなさい。

a　特別支援学校で教員がたんの吸引等を行うのは，始業から終業までの教育課程内における実施を基本とする。

b　看護師等及び教員等による対応にあたっては，保護者から，特定行為の実施についての学校への依頼と当該学校で実施することの同意について，口頭による確認，又は書面による提出が必要である。

c　たんの吸引等の研修は，市町村または「登録研修機関」で実施される。

d　介助員等の介護職員は，医療的ケアを必要とする特定の児童生徒等との関係性が十分に認められる場合には，教員に許容されている範囲の医療的ケアを行うことができる。

e　遠足や社会見学などの校外学習における医療的ケアの実施に当たっては，看護師等の対応を基本とする。

②　下線部(イ)にはどのようなものがあるか，具体例を3つ書きなさい。

(2)　障がいのある児童生徒の給食及びその他の摂食を伴う指導に当たっての安全確保の徹底が必要となっている。安全に摂食指導を行う上で，誤嚥を防止するために配慮する点として考えられることを4つ書きなさい。

(☆☆☆☆◎◎◎)

【9】主として知的障がい者である児童生徒に教育を行う特別支援学校小学部と近隣の小学校の2年生が，学校間交流を実施することになった。次の表は，年間計画の一部である。あとの(1)～(3)の各問いに答えなさい。

月	計　　画	場　　所
4	打合せ会 ○　関係者の共通理解 ・　児童や学級の実態 ・　活動の意義やねらい ○　<u>指導計画の作成</u>	特別支援学校
5	事前学習	各学校
6	第1回交流及び共同学習 ・　時間　3・4校時 ・　内容　「みんなであじさいをつくろう」 事後学習	小学校 各学校

12	事前学習 第2回交流及び共同学習 事後学習	各学校 特別支援学校 各学校
	（略）	

(1)　4月の指導計画の作成に当たって，両校で検討すべき事項を2つ書きなさい。

(2)　6月の第1回交流及び共同学習の内容として，「みんなであじさいをつくろう」を計画した。小学部の児童の学習活動の内容として考えられるものを書きなさい。

(3)　交流及び共同学習を行う上で，必要な観点を2つ書きなさい。

(☆☆☆☆◎◎◎)

【10】知的障がい者である児童生徒に対する教育について，次の(1)～(3)の各問いに答えなさい。

(1)　「特別支援学校学習指導要領解説総則等編(幼稚部・小学部・中学部)　(平成21年6月)　第3編　第2部　第3章　知的障害者である児童生徒に対する教育を行う特別支援学校の各教科」において，各教科の内容は学年別に示さず，小学部から高等部へと段階的に示されている。各教科における各段階の目標や内容を設定する際，知的発達以外に配慮することとして示されているものを2つ答えなさい。

(2)　「知的障害者の就労の実現のための指導課題に関する研究(2002)」(障害者職業総合センター)の報告書では「一般就労を実現するための課題」について企業に回答を求め，「必要とされる項目」が整理されている。次の実態の学級において，あとの同報告書の一部を参考にしながら，「朝の会における係の仕事内容」として考えられることをそれぞれ書きなさい。

〔学級の実態〕

・　小学部6年生の4名で構成されている。

・　2語文程度または自分の意思を十分に表示できる児童がほとん

どである。

・　あいさつ，返事などの基本的生活習慣が身に付いていない児童がいる。
・　きまりや約束を守って行動する能力が，十分でない児童がいる。
・　一日の生活の流れを理解し，次の活動への見通しをもって行動することが苦手な児童がいる。

課　題	必要とされる項目	朝の会における係の仕事内容
時間の理解と管理	○ 仕事に行く日がわかる ○ 時計で大体の時刻が読める ○ 日付や曜日がわかる	
移　動	○ 職場まで交通機関により一人で行く ○ 最寄りの駅やバス停まで一人で行く ○ 会社の中で一人で目的の場所まで行く	
数の理解	○ 簡単な数字を読んだり書いたりする ○ 簡単な数を数える	
言葉の学習	○ ひらがなや簡単な漢字を読む ○ 看板や標識がわかる ○ ひらがなや簡単な漢字を書く	

※　「知的障害者の就労の実現のための指導課題に関する研究（2002）」（障害者職業総合センター）の報告書より抜粋。

(3)　「職業観・勤労観を育む学習プログラムの枠組み(例)」(国立教育政策研究所生徒指導センター)を参考にした特別支援教育の取組の一つに「知的障害のある児童生徒の『キャリアプランニング・マトリックス(試案)』」(国立特別支援教育総合研究所)がある。次の文は『キャリアプランニング・マトリックス(試案)』の中学部及び高等部のキャリア発達段階の解説を一部抜粋したものである。文中の(　①　)～(　③　)に適する語句を答えなさい。

【中学部段階】

小学部段階で積み上げてきた基礎的な能力を，職場(働くこと)や(　①　)において，変化に対応する力として(　②　)できるようにしていく時期である。

【高等部段階】

中学部段階で培ってきた能力を土台に，実際に企業等で働くことを前提にした(　③　)的な職業体験を通して，職業関連知識・技術を得るとともに，職業選択及び移行準備の時期である。

(☆☆☆☆◎◎◎)

解答・解説

【1】(1)　①　保健及び安全　　②　長期的　　③　個別の教育支援計画　　(2)　①　義務教育　　②　学校設定科目　　(3)　①　発達の段階　　②　人間関係の形成　　③　集団への参加

〈解説〉(1)　学校医等との連絡と個別の教育支援計画の作成について述べられた部分である。　①　各学校に在籍する児童生徒の障害が重度・重複化，多様化してきていることから，児童生徒の中には，発熱しやすい，発作しやすい，疲労しやすい等の傾向のある者も見られるため，児童生徒の保健及び安全について留意することが極めて重要である。　②，③　平成15年から実施された障害者基本計画においては，教育，医療，福祉，労働等が連携協力を図り，障害のある子どもの生涯にわたる継続的な支援体制を整え，それぞれの年代における子どもの望ましい成長を促すため，個別の支援計画を作成することが示された。この個別の支援計画のうち，幼児児童生徒に対して，教育機関が中心となって作成するものを「個別の教育支援計画」という。

(2)　今回の学習指導要領の改訂で，学校や生徒の実態等に応じて義務教育段階の学習内容の確実な定着を図るための指導を行うことを指導計画の作成に当たって配慮すべき事項として新たに示し，高等部段階の学習に円滑に移行できるようにすることを重視している。

(3)　障害のある幼児児童生徒はその障害のために日常生活や学習場面において様々なつまずきや困難が生じることから，小・中学校等の児童生徒と同じように心身の発達の段階等を考慮して教育するだけでは十分とはいえない。そこで，個々の障害による学習上又は生活上の困難を改善・克服するための指導が必要となる。このため，特別支援学校においては，小・中学校等と同様の各教科等の他に，特に「自立活動」の領域を設定し，その指導を行うことによって，児童生徒の人間として調和のとれた育成を目指している。自立活動の指導内容は6区分26項目で示されており，その中から必要な項目を選定し，それらを相互に関連づけて設定する。6区分は「健康の保持」「心理的な安定」「人間関係の形成」「環境の把握」「身体の動き」「コミュニケーション」である。

【2】(1) ① ソ ② サ ③ ケ ④ ウ ⑤ ク
⑥ ス ⑦ エ (2) ① 思考 ② 決定 ③ 心理的

〈解説〉(1) 大脳半球はヒトでは大きな部分を占め，脳の最外表部に位置している。外套と大脳核及び側脳室に分かれ，外套は神経細胞が集中する灰白質(＝大脳皮質)と，神経線維が集まる白質からなる。大脳半球は表面の脳回と脳溝に基づいて，前頭葉，頭頂葉，後頭葉の部位に分けられる。大脳皮質には感覚機能や運動機能をつかさどる感覚性皮質及び運動性皮質が存在する。前者は末梢の感覚受容体から体性感覚，聴覚，視覚，嗅覚の信号を直接受け，後者は筋肉に信号を伝達し，随意運動を調整する。さらにこれらの機能を統合し，学習，思考，表現，行動を作り出す連合野がある。このような部位別の機能を局在という。 (2) 自立活動の内容は6区分26項目で示され，「4 環境の把握」の中には，「保有する感覚の活用に関すること」「感覚や認知の特性への対応に関すること」「感覚の補助及び代行手段の活用に関すること」「感覚を統合的に活用した周囲の状況の把握に関すること」「認知や行動の手がかりとなる概念の形成に関すること」の5つの項目がある。

【3】(1) ・面接等により情報の聞き取りをする。 ・学校生活での様子を観察する。 (2) ・アセスメントの目的や内容，結果の取扱いを保護者に説明し，同意を得る。本人にも説明する。

(3)　検査名：新版S-M社会生活能力検査　　記号：c

(4)　・家庭や学校等の様々な場で社会生活の経験が不足している
・指導による大きな発達の可能性がある。

(5)【生徒の状態像】：視覚的な処理，絵や図の理解や操作は全般的に得意である。　【指導の方法】：視覚的な手がかりを用いる。

〈解説〉(1)　アセスメントは諸検査によるアセスメントの他に，面接法によるアセスメント，観察法によるアセスメントが考えられる。

(2)　標準化された測定手段を用いて，面接や観察では把握しにくい状況や全体的，構造的な理解を，多角的に客観的にアセスメントするためにさまざまな心理検査を用いる。心理検査は，単一の検査では不十分な情報しか得られないことがあるので，複数の検査を組み合わせて実施し，多面的に情報を得ることが望ましい。この時，組み合わされた検査全体をアセスメントバッテリーと呼ぶ。　(3)　新版S-M社会生活能力検査は，ドールが開発したヴァインランド社会的成熟尺度を基に昭和28年に三木安正・杉田裕らによって作成され，昭和55年に改訂された社会生活能力を測定するための検査である。身辺自立・移動・作業・意志交換・集団参加・自己統制の6つの領域で構成される。

(4)　学校教育法施行令第22条の3によれば，知的障害者は「知的発達の遅滞があり，他人との意思疎通が困難で日常生活を営むのに頻繁に援助を必要とする程度」の者及びその程度に至らないが「社会生活への適応が著しく困難な」者と規定されている通り，知的障害者の中には社会生活への適応に困難を示す子どもたちの数は決して少なくない。そうした子どもたちに，経験を広め，社会性を養い，好ましい人間関係を育てることは重要な課題である。　(5)　WISC-Ⅲはウェクスラーによって作成された児童用の検査である。動作性検査と言語性検査に分けられ，動作性IQ(PIQ)と言語性IQ(VIQ)，そして2つの尺度を総合した全検査IQ(FIQ)を算出する。また，言語理解(VC)・知覚統合(PO)・注意記憶(FD)・処理速度(PS)の4つの群指数を算出し，子どもの発達の特徴を多面的に把握することができる。VCは「言語的な情報や，自分自身がもつ言語的な知識を状況に合わせて応用できる能力」，PO

は「視覚的な情報を取り込み，各部分を相互に関連付け全体として意味あるものへまとめ上げる能力」，FDは「注意を維持させて聴覚的な情報を正確に取り込み，記憶する能力」，PSは「視覚的な情報を，事務的に数多く，正確に処理していく能力」を測定することができる。

【4】(1) ① 他人との社会的関係の形成の困難さ ② 言葉の発達の遅れ ③ 興味や関心が狭く，特定のものにこだわること
(2) ・手洗いの過程を段階的にスモールステップ化(細分化)して行動を分解して示す。 ・絵や写真，シンボル，サイン，マーク，ジェスチュアを用いるなど，視覚化したコミュニケーション教材を使用する。 ・本人が分かる形で賞賛するなど，自己肯定感をもてるようにする。
〈解説〉(1) 自閉症の文部科学省による定義はDSM-Ⅳを参考に作成されている。また，高機能自閉症は自閉症の特徴を示し知的障害の伴わないものをいい，アスペルガー症候群は知的発達の遅れを伴わず，かつ自閉症の特徴のうち言葉の発達の遅れを伴わないものをいう。
(2) 指導内容を設定するにあたっては，児童生徒が興味関心をもって取り組めるようにすることが重要である。そのためには，指導段階の細分化，興味を引くような教材・教具，賞賛や激励を適宜行うなどをして，主体性や意欲を高めていくことが考えられる。また，児童生徒が成就感を味わうとともに自己を肯定的に捉えることができるような指導内容を取り上げることも重要である。

【5】(1) ① 就学基準 ② 原則 (2) ・障がいの状態 ・本人の教育的ニーズ (3) ・子どもの障がいの受容に関わる保護者への支援 ・保護者が障がいのある子どもとの関わり方を学ぶことにより良好な親子関係を形成するための支援
〈解説〉「特別支援教育の在り方に関する特別委員会報告」は，平成24年7月に示されたものである。 (1)，(2) この報告において，「就学基準に該当する障害のある子どもは特別支援学校に原則就学するという従来の就学先決定の仕組みを改め，障害の状態，本人の教育的ニーズ，

本人・保護者の意見，教育学，医学，心理学等専門的見地からの意見，学校や地域の状況等を踏まえた総合的な観点から就学先を決定する仕組みとすることが適当である」と述べられている。　(3)　本報告では，早期からの教育相談・支援の充実についても述べられており，その意義として「子どもの障害の受容に関わる保護者への支援」，「保護者が障害のある子どもとの関わり方を学ぶことにより良好な親子関係を形成するための支援」，「乳幼児への発達を促すような関わり方についての支援」，「障害による困難の改善に関する保護者の理解への支援」，「特別支援教育に関する情報提供」等が挙げられている。

【6】(1)　①　慢性の呼吸器疾患　　②　悪性新生物　　(①②は順不同)
(2)　①　内分泌疾患　　②　精神疾患
〈解説〉(1)　学校教育法施行令第22条の3は，特別支援学校の就学基準を示したものである(平成14年改正)。この就学基準については，出題頻度が高いため各障害の程度にあげられている数字や用語を確認しておく必要がある。　(2)　就学指導資料は平成14年に出されたもので，各種障害の特性と就学指導について示されている。(1)の法令とあわせて確認しておく必要がある。

【7】・服薬の支援をする。　・体力が低下しているため無理をさせない。
・全校の感染情報をいち早く知らせる。
〈解説〉全国特別支援学校病弱教育校長会が病弱教育支援冊子を作成しており，病類別にも示している。その中で白血病の幼児児童生徒への教育上の配慮事項として，白血病の子どもの多くは退院後も服薬を続けているため自己管理が難しい場合などに養護教員と連携を図ること，体力が低下している場合があるため自己判断を促しながらも無理をさせないようにすること，感染症を避ける必要があるため全校の感染情報をいち早く伝えること，学習の引継ぎに関すること，体育・運動の参加に関して主治医との連携が必要であること，などが挙がっている。また，幼児児童生徒自身の健康の維持・改善に関することは自立活動との指導と関連をさせていく必要がある。

【8】(1) ① b，c ② ・口腔内の喀痰吸引 ・胃ろうによる経管栄養 ・経鼻経管栄養 (2) ・個々の児童生徒が安全に食べることができるよう，大きさ，固さ，とろみ，食材の選定等に留意し，食べやすい(誤嚥しにくい)献立と調理をすること。 ・個々の児童生徒の食べる機能に応じて，一口の量や食事援助の仕方を工夫すること。 ・個々の児童生徒の障がいの状態に応じて，食べやすい(誤嚥しにくい)姿勢が保持されるようにすること。 ・食事前，食事中及び食事後の児童生徒の様子を観察し，適切かつ安全な指導を行うよう留意すること。

〈解説〉(1) ① b 特定行為の実施への依頼と同意について「口頭による確認，又は書面による提出」が誤り。依頼や同意はすべて書面にて提出を行う。その際，看護師等及び教員等の対応能力には限りがあることや，児童生徒等の健康状態がすぐれない場合の無理な登校は適当でないこと等について，学校が保護者に対して十分に説明の上，保護者がこの点について認識し，相互に連携協力することが必要である。 c たんの吸引等の研修について，「市町村または『登録研修機関』」が誤り。研修は「都道府県知事に登録した登録研修機関」で行う。教員等を認定特定行為業務従事者として養成するに当たっては，都道府県等の教育委員会が登録研修機関となることが考えられる。 ② 特定行為とは，「口腔内の喀痰吸引」「鼻腔内の喀痰吸引」「気管カニューレ内部の喀痰吸引」「胃ろう又は腸ろうによる経管栄養」「経鼻経管栄養」の5つである。 (2) 平成24年7月に「障害のある幼児児童生徒の給食その他の摂食を伴う指導に当たっての安全の確保について(通知)」が文部科学省から出された。その項目2において，誤嚥を防止するための摂食指導の配慮事項が示されている。

【9】(1)　・教育課程上の位置付け　　・評価計画

(2)　・色紙，粘土，クレヨン，はさみ，のりなどの身近な材料や用具を使って，友達と協力して，あじさいやかたつむり等をつくる。

(3)　・各教科・領域等の学習においてどのような力が身に付いたか。

・活動を通して，相互理解がどのように進んだか。

〈解説〉(1)　文部科学省が示した交流及び共同学習ガイドにおいて，指導計画の作成についての記述がある。検討すべきものとして，教育課程上の位置付け，評価計画，交流及び共同学習の形態や内容，回数，時間，場所，両者の役割分担，協力体制等が挙げられている。

(2)　交流及び共同学習は，各教科等のねらいを目的にするという側面があるため，小学校学習指導要領で示されている目的や内容などを踏まえて指導を行う必要がある。また，相互理解の促進の側面もあるため，「共同」「協力」などをねらいとした内容も取り入れる必要がある。

(3)　平成16年6月の障害者基本法の改正によって交流及び共同学習を積極的に進め，相互理解を促進することが規定された。これを踏まえて今回の学習指導要領の改訂においては，それを計画的，組織的に行うことが位置づけられた。障害のある子どもと障害のない子どもが一緒に参加する活動は，相互の触れ合いを通じて豊かな人間性をはぐくむことを目的とする交流の側面と，教科等のねらいの達成を目的とする共同学習の側面があると考えられる。この2つの側面を分かちがたいものとしてとらえ推進してく必要がある。

【10】(1)　・生活経験　　・社会性

(2)

課　題	朝の会における係の仕事内容
時間の理解と管理	(例) 月日、曜日、天気カードを所定のところに貼る。
移　動	(例) 保健カードを保健室まで届ける。
数の理解	(例) 今日の日付を書く。
言葉の学習	(例) 始まりと終わりのあいさつの号令をかける。

(3)　①　生活の場　　②　般化　　③　継続

〈解説〉(1)　各教科における段階は，小学部3段階，中学部1段階，高等部2段階で示してある。特別支援学校小学部・中学部学習指導要領解説総則等編「第3章　第1節　1　知的障害者である児童生徒に対する教育を行う特別支援学校の各教科の考え方」において，目標や内容を設定する際には，知的発達，身体発育，運動発達，生活経験，社会性，職業能力等の状態を考慮するものと示されている。　(2)　場面の設定が朝の会であるので，朝の会で行うことや流れ(挨拶，出欠確認，健康観察，連絡…など)を想定し，問題で示されている課題と結びつけて解答をしていくことが必要である。　(3)　知的障害のある児童生徒のキャリアプランニング・マトリックス(試案)は，小学部から高等部までのキャリア発達の段階，その解説や発達課題，職業的(進路)発達に関わる諸能力についてまとめられたものである。職業的(進路)発達に関わる諸能力の能力領域は，「人間関係形成能力」「情報活用能力」「将来設計能力」「意志決定能力」が挙げられ，さらにそれぞれの能力について各学部段階における育てたい力が細かく示されている。

2013年度　実施問題

【共通問題】

【１】次の(1)，(2)の各問いに答えなさい。

(1)「特別支援学校小学部・中学部学習指導要領(平成21年3月告示)第1章　総則　第2節　教育課程の編成　第4　指導計画の作成等に当たって配慮すべき事項」について示されている次の文の(　①　)～(　⑤　)に適する語句を入れなさい。

(2)　複数の種類の障害を併せ有する児童又は生徒(以下「重複障害者」という。)については，専門的な知識や技能を有する教師間の協力の下に指導を行ったり，必要に応じて(　①　)及びその他の専門家の指導・助言を求めたりするなどして，学習効果を一層高めるようにすること。

(9)　障害のため通学して教育を受けることが困難な児童又は生徒に対して，教員を(　②　)して教育を行う場合については，障害の状態や学習環境等に応じて，指導方法や指導体制を工夫し，学習活動が(　③　)に行われるようにすること。

(10)　各教科等の指導に当たっては，児童又は生徒がコンピュータや(　④　)などの情報手段に慣れ親しみ，その基本的な操作や(　⑤　)を身に付け，適切かつ主体的，積極的に活用できるようにするための学習活動を充実するとともに，これらの情報手段に加え視聴覚教材や教育機器などの教材・教具の適切な活用を図ること。(以下略)

(2)「特別支援学校学習指導要領解説(平成21年6月)自立活動編」において，ICF(国際生活機能分類)と自立活動との関連について示されている次の文の(　①　)～(　③　)に適する語句を入れなさい。

自立活動が指導の対象とする「障害による学習上又は生活上の困難」は，WHOにおいてICFが採択されたことにより，それとの関連でとらえることが必要である。つまり，精神機能や視覚・聴覚などの「心身機能・(　①　)」，歩行やADLなどの「活動」，趣味や地域活動などの「(　②　)」といった(　③　)との関連で「障害」を把握することが大切であるということである。

(☆☆☆◎◎◎)

【2】次の表は子どもの発達検査について説明したものである。下の(1)～(5)の各問いに答えなさい。

表

田中ビネー知能検査Ｖ	歴史上初めて開発された知能検査で、アルフレッド・ビネーによって作成された。この検査では生活年齢と精神年齢から知能指数を算出することによって知能の発達の程度を表すことができる。
日本版ＷＩＳＣ－Ⅲ	適用年齢は（ ① ）でＬＤ、発達障がい等のある子どもの心理アセスメントには欠かせない検査である。この検査では、（ ア ）ＩＱと（ イ ）ＩＱの２種類の知能の特徴を把握することができる。
日本版Ｋ－ＡＢＣ心理・教育アセスメントバッテリー	適用年齢は（ ② ）までの子どもの知的活動の認知処理過程と知識・技能の習得度の両方面から詳しく分析できる。この検査では、継次処理と同時処理という２つの認知処理過程の特徴を把握することができる。

(1)　表の(　①　)，(　②　)に適する年齢を次のア～オから選び，記号で答えなさい。

ア　2歳6か月～12歳11か月　　イ　2歳～成人

ウ　5歳0か月～16歳11か月　　エ　3歳10か月～7歳1か月

オ　3歳0か月～12歳3か月

(2)　表の(　ア　)，(　イ　)に適する語句を入れなさい。

(3)　A児に田中ビネー知能検査Ｖを行った結果，生活年齢が3歳1か月，精神年齢が1歳11か月であった。A児の知能指数を算出しなさい。

(4)　日本版K―ABC心理・教育アセスメントバッテリーにおける継次処理及び同時処理の方法についてそれぞれ説明しなさい。

(5)　子ども(被検査者)の解答を採点，評価する際に無意識のうちに子ども(被検査者)の容姿や服装，パーソナリティなどの特性が判定に影響している場合がある。このように子ども(被検査者)の解答そのものとは無関係な要因が，採点や評価に及ぼす影響を何というか答えなさい。

(☆☆☆◎◎◎)

【3】次の(1)，(2)の各問いに答えなさい。

(1) 次の各文ア～カは，自閉症の子どもの特性について表したものである。(　①　)～(　⑥　)に適する語句を入れなさい。

ア「コミュニケーションの質的異常」には，言葉がまったく理解できないことから個々の単語や文章はわかっても話された全体の意味がとれないことまで様々な場合がある。話す言葉が相手から言われた内容をそのまま言い返すだけの(　①　)になることもある。相手の言葉を聞いたときから何日も経ってその言葉を別の場面で(　①　)することもあり，遅延(　①　)と呼ばれる。

イ　言葉のない自閉症の子どもの多くは，(　②　)現象で要求をする。これは，大人の手を掴んで目的物に持って行く行動であり，この段階の子どもにとって，主要なコミュニケーション手段である。

ウ　想像力の問題は(　③　)に直結する。これは，ある動作を反復し，同一性を維持しようとする傾向のことである。遊びの方法やレパートリーが限られて，相手の気持ちを想像することができないので相互的交流が不可能になり，ひとり遊びに没頭する。

エ　社会性の関わりが受動型の場合，部屋を横切る途中で動けなくなったり，動作の途中で身体が止まってしまったりする。何分間，ときには何時間も同じ姿勢を保つことがある。このような現象を(　④　)という。

オ　突然に過去の記憶を想起して，その出来事があたかもつい先ほどのことのように振る舞うことがある。この(　⑤　)現象は，数日前から時としては十数年前のこともある。

カ　姿勢をコントロールすることに意識が集中し，その他の働きかけには注意が向けられないなど，種々の感覚を同時に処理することが苦手である。このことを(　⑥　)といい，2つ以上の情報を処理することが困難である。

(2)　次の文は，知的障がいのある自閉症のB児について述べたものである。B児ができるだけ一人で教室の清掃ができるようになるための事前の手立てを2つ書きなさい。

知的障がいを伴う自閉症のB児は，知的障がい特別支援学校の児童である。小学部2年生の通常学級に在籍している。学級では毎日，清掃をすることになっている。B児は，清掃の時間になると廊下に出たり，教室内をウロウロしたりしていることがある。その都度，担任は，声をかけて取り組ませている。一斉に床を掃いたり，拭いたり，机を運んだりするなど集団での活動が多くあり，苦手な時間でもある。

(☆☆☆◎◎◎)

【4】次の(1)，(2)の各問いに答えなさい。

(1)　次の文は大脳のはたらきについて説明したものである。①～③の説明文に適する当てはまる脳の領域(葉)を図のア～エから選び，名称を答えなさい。

図

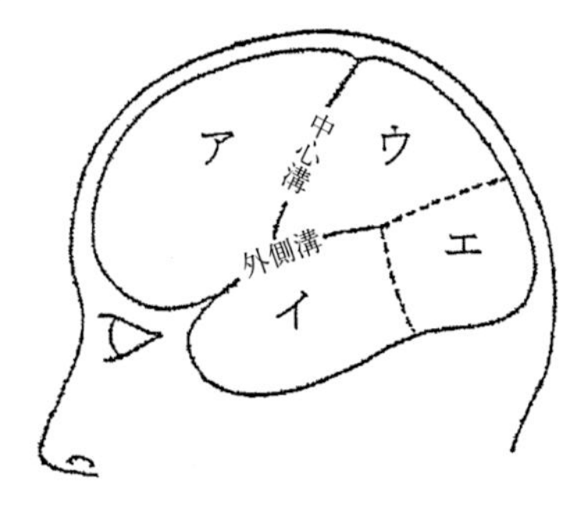

①　ことばや図形の理解，知覚・思考の認識や統合，身体位置の空間的認識などのはたらきをしている。

② 聴覚認知の中枢があり，ことばや図形の認識記憶を司っている。
③ 色や形などの視覚と物体の動きの認知に関するはたらきをしている。

(2) 次の各文a，bは脳における記憶と神経回路の発達について説明したものである。(①)～(④)に適する語句を入れなさい。

a (①)は記憶に深く関わる部位で，扁桃体は大脳皮質から送られてくる感覚情報と(①)からの記憶情報を統合して(②)として出力していると考えられる。

b 乳幼児の神経回路は，あらゆる感覚情報と記憶に関して(③)が非常に高く，出生後のさまざまな経験から，まさに脳がめざましい発達を遂げる。乳幼児期に急増した(④)は，10歳くらいまでに減少し，以後は一定の数に落ちつく。この間に，よく使用されて強化された(④)だけが残され，それ以外は余剰の(④)として刈り込みが行われる。ヒトは多くの経験を重ねることで(④)が整理されて，脳内の多くの部位が協働して認知ネットワークを形成していく。

(☆☆☆◎◎◎)

【5】次の(1)～(3)の各問いに答えなさい。

(1) 「特別支援学校高等部学習指導要領(平成21年3月告示)第1章　第2節　第4款　4　職業教育に関して配慮すべき事項」に示されている次の文の(①)～(③)に適する語句を入れなさい。

(3) 学校においては，キャリア教育を推進するために，地域や学校の実態，生徒の特性，進路等を考慮し，地域及び産業界や(①)等の業務を行う関係機関との連携を図り，産業現場等における(②)の実習を取り入れるなど(③)の機会を積極的に設けるとともに，地域や産業界等の人々の協力を積極的に得るよう配慮するものとする。

(2) 中央教育審議会答申「今後の学校におけるキャリア教育・職業教育の在り方について」(平成23年1月31日)では，特別支援学校におけるキャリア教育の推進のポイントが示されている。次の各文の(　①　), (　②　)に適する語句を入れなさい。

○　障害のある児童生徒については，自己の抱える学習や社会生活上の困難について総合的に適切な認識・理解を深め，困難さを乗り越えるための能力や対処方法を身に付けるとともに，職業適性を幅広く切り開くことができるよう，個々の特性・ニーズにきめ細かく対応し，(　①　)活動の機会の拡大や体系的なソーシャルスキルトレーニングの導入等，適切な指導や支援を行うことが必要である。

○　その際，学校は，医療・福祉・保健・労働等の関係機関との連携により作成した(　②　)を活用して，生徒や保護者の希望も尊重しながら，生徒が主体的に自らの進路を選択・決定できるよう，適切な時期に必要な情報を提供するなど，進路指導の充実に努めることが重要である。

(3)　「特別支援学校高等部学習指導要領(平成21年3月告示)第2章　第1節　第2款　第1　5　学校設定教科　(2)」に示されている学校設定教科に関する科目「産業社会と人間」の指導事項について次の文の(　①　)～(　③　)に適する語句を入れなさい。

ア　社会生活や職業生活に必要な基本的な能力や態度及び望ましい(　①　), 職業観の育成

イ　我が国の(　②　)とそれがもたらした社会の変化についての考察

ウ　自己の将来の生き方や進路についての考察及び各教科・科目の(　③　)の作成

(☆☆☆◎◎◎)

【知的　他】

【1】病弱者である児童生徒に対する教育について，次の(1)～(3)の各問いに答えなさい。

(1)　次の文は，病弱教育の意義について説明したものである。(　①　)～

(　③　)に適する語句を入れなさい。

病弱・身体虚弱の状態や生活環境などに応じた適切な教育を行うことは，病弱児の学習の(　①　)や遅れを補完するだけでなく，生活を充実させ，(　②　)な安定を促すとともに，心身の成長・発達に好ましい影響を与える。また，教育は，病気自体を治すものではないが，情緒の安定や意欲の向上が(　③　)効果を高めたり，健康状態の回復・改善等を促したりすることに有効に働くものと考えられるようになってきた。

(2)　「特別支援学校小学部・中学部学習指導要領(平成21年3月告示)第2章　第1節　第1款　4　病弱者である児童に対する教育を行う特別支援学校」に示されている次の文の(　①　)，(　②　)に適する語句を入れなさい。

(2)　健康状態の改善等に関する内容の指導に当たっては，特に(　①　)における指導との密接な関連を保ち，学習効果を一層高めるようにすること。

(5)　児童の病気の状態等を考慮し，学習活動が(　②　)とならないようにすること。

(3)　次の①，②の児童生徒を指導する場合の指導内容や留意点について答えなさい。

①　若年性の糖尿病の児童生徒に，生活管理に関する指導をする場合の指導内容を3つ書きなさい。

②　うつ病などの精神性疾患の児童生徒に，病気の仕組みと治療方法を理解させる上で，事前に必要だと思われる基本的な配慮事項を書きなさい。

(☆☆☆◎◎◎)

【2】肢体不自由者である児童生徒に対する教育について，次の(1)～(3)の各問いに答えなさい。

(1)　次の文は「特別支援学校学習指導要領解説　総則等編(幼稚部・小学部・中学部)(平成21年6月)　第3編　第2部　第4　2」の一部を抜粋

したものである。(　①　)～(　④　)に適する語句を入れなさい。

肢体不自由者である児童生徒に対する教育を行う特別支援学校においては，児童生徒の(　①　)やコミュニケーションの状態等から学習に時間がかかること，自立活動の時間があること，肢体不自由児施設等において治療や機能訓練等が行われていることなどの関係から，授業時間が制約される等の理由によって指導内容を(　②　)することが必要となる。

指導内容の(　②　)に当たっては，児童生徒一人一人の(　①　)の状態や(　③　)の程度等の実態を的確に把握し，それぞれの児童生徒にとって，(　④　)な指導内容は何かということを十分見極めることが大切である。

また，指導内容の(　②　)とともに，各教科の目標と指導内容との関連を十分に研究し，その重点の置き方や指導の順序，まとめ方を工夫し，指導の効果を高めるようにすることも必要である。(以下略)

(2)　脳性まひの病型分類の1つで，不随意運動がよくみられ，左右対称の姿勢が取りにくいものを次のa～eから1つ選び，記号で答えなさい。

a　けい縮(直)型　　b　アテトーゼ型　　c　失調型　　d　混合型
e　デュシャンヌ型

(3)　肢体不自由のある児童生徒が，位置，方向，遠近の概念を形成するためにはよい姿勢を保持することが重要だといわれている。その理由を答えなさい。

(☆☆☆◎◎◎)

【3】次の文は，「特別支援学校等における医療的ケアの今後の対応について(通知)」(平成23年12月)に示されたものである。正しいものには○，誤っているものには×をつけなさい。

(1)　平成24年4月より，これまで実質的違法性阻却の考え方に基づいて医療的ケアを実施してきた特別支援学校の教員についても，制度上実施することが可能となる。

(2)　一定の研修を受けた者が一定の条件の下に実施できる行為(特定行為)は口腔内の喀痰吸引，気管カニューレ内部の喀痰吸引，経鼻経管栄養の3つのみである。

(3)　特別支援学校で医療的ケアを行う場合には，医療的ケアを必要とする児童生徒等の状態に応じ看護師及び准看護師の適切な配置を行う。

(4)　特別支援学校において認定特定行為業務従事者となる者は，医療安全を確実に確保するために，対象となる児童生徒等の障害の状態や行動の特性を把握し，信頼関係が築かれている必要があることから，特定の児童生徒等との関係性が十分ある教員が望ましい。

(5)　教育委員会の統括的な管理体制の下に，特別支援学校において養護教諭を中心に組織的な体制を整備すること。

(☆☆☆◎◎◎)

【4】次の(1)～(3)の各問いに答えなさい。

(1)　次の文は，「特別支援学校学習指導要領解説　総則等編(幼稚部・小学部・中学部)(平成21年6月)」に示されている生活単元学習の抜粋である。(　①　)～(　⑦　)に適する語句をあとの語群から選び，記号で答えなさい。ただし，同じ記号を繰り返し使用してもよい。

生活単元学習は，児童生徒が(　①　)上の目標を達成したり，(　②　)を解決したりするために，一連の活動を組織的に経験することによって，自立的な(　③　)に必要な事柄を(　④　)的・総合的に学習するものである。

生活単元学習では，広範囲に各教科等の内容が扱われる。

生活単元学習の指導では，児童生徒の学習活動は，(　⑤　)的な目標や(　⑥　)に沿って組織されることが大切である。また，小学部において，児童の知的障害の状態等に応じ，(　⑦　)を取り入れた生活単元学習を展開している学校もある。

(以下略)

【語群】

ア	遊び	イ	自立	ウ	実際	エ	日常	オ	行事
カ	問題	キ	実践	ク	課題	ケ	交流	コ	計画
サ	将来	シ	生活						

(2) 次の表は，日常生活の指導と生活単元学習のねらい，指導計画作成に当たっての考慮点や指導の計画等をまとめたものである。特に日常生活の指導について表しているものをア，生活単元学習について表しているものをイとした場合，正しい組み合わせを下の(a)～(e)の中から一つ選び，記号で答えなさい。

①	毎日反復して行い、望ましい生活習慣の形成を図るものであり、繰り返しながら、発展的に取り扱うようにする。
②	児童生徒の活動は、生活的な目標や課題に沿って組織されることが大切である。
③	実際の生活から発展し、児童生徒の知的障がいの状態等や興味・関心などに応じたものであり、個人差の大きい集団にも適合するものである。
④	指導の計画に当たっては、２，３日で終わる場合もあれば、１学期間、あるいは、１年間続く場合がある。
⑤	できつつあることや意欲的な面を考慮し、適切な援助を行うとともに、目標を達成していくために、段階的な指導ができるものである。

(a) ①ア－②イ－③ア－④イ－⑤イ

(b) ①ア－②ア－③イ－④イ－⑤ア

(c) ①ア－②イ－③イ－④イ－⑤ア

(d) ①イ－②ア－③ア－④イ－⑤ア

(e) ①イ－②イ－③イ－④ア－⑤ア

(3) 児童生徒の言語活動がより適切に行われるようにするためには，学校生活全体における言語環境を十分に整えておくことが大切になる。授業において教師として児童生徒の言語環境を整備するための具体的な留意事項を2つ答えなさい。

(☆☆☆☆◎◎◎)

【5】次の(1)，(2)の各問いに答えなさい。

(1)　次の文は，「特別支援学校学習指導要領解説　総則等編(幼稚部・小学部・中学部)(平成21年6月)第3編　第2部　第3章　第1節　2　(2)　④　作業学習」の一部を抜粋したものである。(　①　)～(　④　)に適する語句を入れなさい。

(ア)　生徒にとって(　①　)の高い作業活動等を含み，それらの活動に取り組む喜びや完成の成就感が味わえること。

(イ)　(　②　)に立脚した特色をもつとともに，原料・材料が入手しやすく，永続性のある作業種を選定すること。

(エ)　知的障害の状態等が多様な生徒が，(　③　)で取り組める作業活動を含んでいること。

(カ)　作業製品等の(　④　)が高く，生産から消費への流れが理解されやすいものであること。

(2)「特別支援学校学習指導要領解説　総則等編(幼稚部・小学部・中学部)(平成21年6月)第3編　第2部　第3章　第4節　第8　職業・家庭　4　(1)　内容構成の考え方」は職業・家庭科の内容を9つの観点から示している。その中から2つを答えなさい。

(☆☆☆◎◎◎)

【聴覚】

【1】「特別支援学校学習指導要領解説　総則等編(幼稚部・小学部・中学部)平成21年6月　第3編　第2部　第2章　第3　聴覚障害者である児童生徒に対する教育を行う特別支援学校」に示されている次の文の(　①　)～(　⑧　)に適する語句を入れなさい。

言語の指導に際して最も重要なことは，それぞれの児童生徒が，日常生活の中で，指導しようとする言葉にかかわる具体的な(　①　)をどの程度有しているかということである。特に，言葉の(　②　)を理解したり，それによって的確な(　③　)を形成したり，その指導の過程において言語による(　④　)を高めたりするためには，具体的(　⑤　)をいかに言葉で(　⑥　)し理解できるようにするかが極めて大切なことである。

　したがって，各教科の指導に当たっては，常に，その基本となる言葉で(　⑦　)指導に留意し，一人一人の(　⑧　)や発達の段階等に応じた指導を工夫する必要がある。

(☆☆◎◎◎)

【2】次の図は耳の構造である。下の(1)，(2)の各問いに答えなさい。

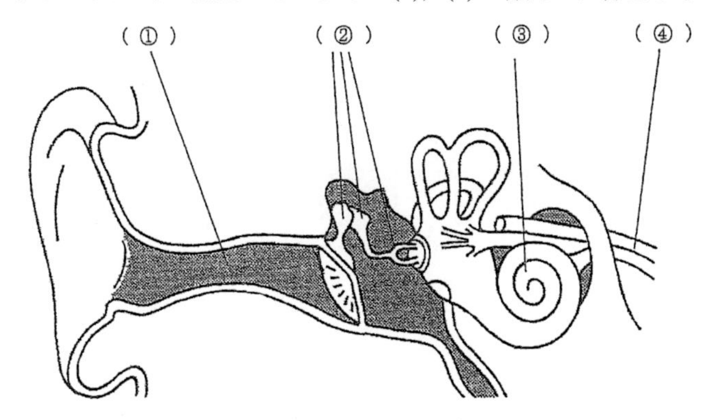

(1)　(　①　)～(　④　)の名称を答えなさい。また，関連する文を次のア～クからそれぞれ選び，記号で答えなさい。

ア　てこの原理により振動を増幅させる。

イ　可動性を調べる検査にティンパノメトリがある。

ウ　有毛細胞があり，振動を電気信号に変換させる。

エ　中耳と呼ばれ，リンパ液で満たされている。

オ　有毛細胞で変換された電気信号を脳に伝える。

カ　音の方向の認知に関係する。

キ　かたつむりの殻のような形で，一定の空気圧で保たれている。

ク　音を共鳴させる。

(2)　聴神経，脳幹，聴皮質のいずれかの障がいによる難聴で，純音聴力の低下に比べて語音検査のほうが高度に低下する難聴の種類を答えなさい。

(☆☆☆◎◎◎)

【3】聴覚障がい特別支援学校中学部1年生に自立活動の指導を行った。次の表は，生徒の補装具と平均聴力である。下の(1)～(7)の各問いに答えなさい。

生徒	Aさん	Bさん	Cさん
補装具	耳掛型補聴器	挿耳型補聴器 (耳穴型補聴器)	人工内耳
平均聴力 (裸耳)	右（ ① ）dB 左（ ② ）dB	右　86 dB 左　83 dB	右　人工内耳 左　105 dB

(1)　Aさんの聴力測定を行うと次の表のような結果になった。オージオグラムを書きなさい。ただし，右耳は○，左耳は×で記入すること。

Hz	125	250	500	1000	2000	4000	8000
右(dB)	35	40	40	65	80	90	90
左(dB)	45	55	60	70	80	100↓	90↓

(2)　オージオメータが出せる最大音を聴取できない場合のオージオグラムの記号「↙」や「↘」の名称を答えなさい。

(3)　Aさんの左右の平均聴力レベルを4分法で算出し，単位まで答えなさい。ただし，整数で解答するものとする。

(4)　次回の授業では手帳を利用できる福祉サービスの学習につなげていく計画であるが，Bさんの身体障がい者手帳は何級か答えなさい。

(5)　学校で使用される集団補聴システムを3つ答えなさい。

(6)　次の各文は，生徒が耳掛型補聴器の管理を行う際に気をつけることを示したものである。（ ① ），（ ② ）に適する語句を入れなさい。

ア　（ ① ）の電圧は十分か。

イ　（ ② ）に耳垢等の汚れや破損はないか。

ウ　フックやチューブの汚れや破損はないか。

エ　使用しないときは，乾燥ケースに入れて保管しているか。

(7)　Cさんは，人工内耳の装用評価のために，定期的に医療機関を利用している。人工内耳に関する次のア～ウの各問いに答えなさい。

ア　日本耳鼻咽喉科学会が2006年に改訂した小児人工内耳の適応基準での手術適応年齢は何歳以上か答えなさい。

イ　人工内耳の手術後，最初にスピーチプロセッサのプログラムを作動させることを何というか答えなさい。

ウ　電極の刺激の強さの程度などのプログラムを作成することを何というか答えなさい。

(☆☆☆☆◎◎◎)

【4】聴覚障がい特別支援学校小学部体育科の「水泳」の指導の在り方について，次の(1)～(3)の各問いに答えなさい，ただし，2時間目の授業で屋外プールを使用，天候は晴天とする。

(1)　補聴器・人工内耳の管理について，事前及び事後に指導すべき内容をそれぞれ答えなさい。

(2)　授業の始めに，児童を整列させて活動の流れについて話をする際，教師の立ち位置について適切な方を選び，ア，イの記号で答えなさい。また，その理由も答えなさい。

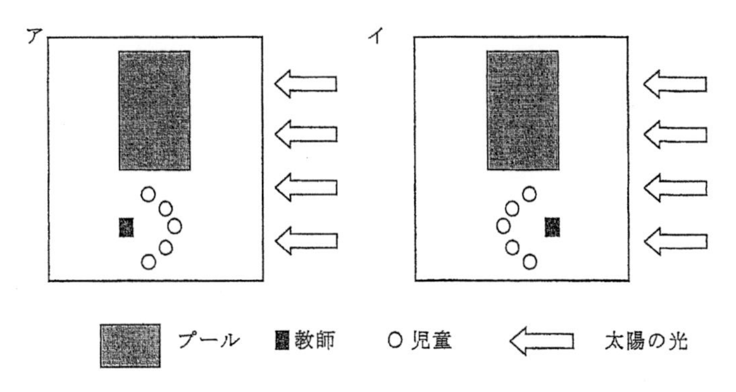

(3)　泳ぐ際の一斉スタートの合図の工夫として考えられることを書きなさい。

(☆☆☆☆◎◎◎)

【5】次の(1)，(2)の各問いに答えなさい。

(1)　ア～ウの下線部の手話表現として適切なものを①～③から選び，それぞれ番号で答えなさい。

ア　よく考える。　イ　よく聞く。　ウ　よくがんばる。

①　②　③

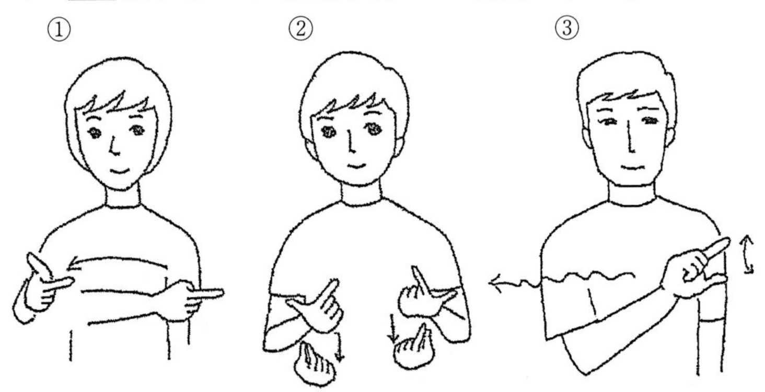

(2)　次の指文字が表していることばが何か答えなさい。ただし，指文字は左から読み，相手から見た様子を示している。

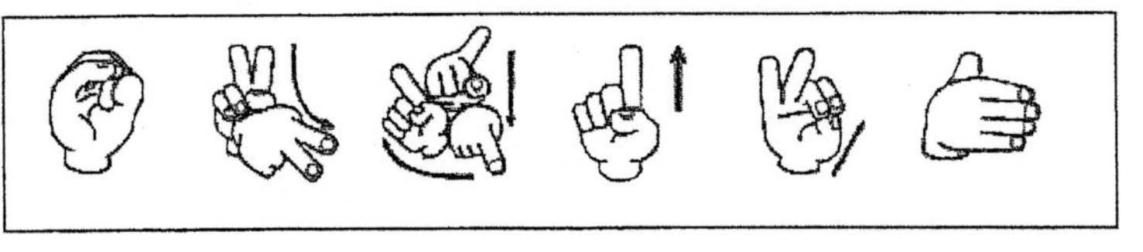

(☆☆☆◎◎◎)

解答・解説

【共通問題】

【1】(1) ① 専門の医師 ② 派遣 ③ 効果的 ④ 情報通信ネットワーク ⑤ 情報モラル (2) ① 身体構造 ② 参加 ③ 生活機能

〈解説〉(1) 学習指導要領からの出題である。①の専門の医師を含む文章は，特別支援学校に在籍する児童生徒の重度・重複化に伴い，児童生徒個々の教育的ニーズに対応した指導や必要な支援が一層求められていることから，重複障害者に対する配慮事項として学習指導要領の改訂時に新たに示されたものである。「指導計画の作成」に関しては頻出であるので，よく学習しておこう。なお，学習指導要領解説(幼稚部・小学部・中学部)は，指導計画作成の留意点や内容について細かに説明されているので，あわせて確認しておく必要がある。 (2) 特別支援学校学習指導要領解説 自立活動編第3章の「2 障害のとらえ方と自立活動」から抜粋された文章である。「ICF」とは2001年にWHOの総会で採択された国際生活機能分類のことである。本解説の該当箇所には，世界及び日本における障害のとらえ方や，日本の教育との関連などがわかりやすく解説されている。ICF，また従来のICIDHの意味や，ICIDHとICFとの違いについては頻出であるので，よく確認しておこう。

【2】(1) ① ウ ② ア (2) ア 言語性 イ 動作性(ア，イは順不同) (3) 62 (4) ・継次処理…情報を1つずつ時間的な順序で，連続的に処理していくこと。 ・同時処理…一度に与えられた多くの情報を空間的，全体的に統合し処理していくこと。
(5) ハロー効果(後光効果，光背効果，ハローエフェクト)

〈解説〉指導法・アセスメント法については頻出であるので，さまざまな方法について理解しておく必要がある。 (1) 田中ビネー知能検査Vの対象年齢は2歳～成人である。ウェクスラー式知能検査ではWISC－

IIIの改訂版としてすでに日本版WISC－IVも発売されているが，その適応年齢はIIIと同様である。　(2)　「積木模様」や「符号」などによる「動作性IQ」，「単語」「理解」などによる「言語性IQ」が算出されることがWISC－IIIの特徴である。なお，WISC－IVでは「言語性IQ」「動作性IQ」は削除され，検査の構成が大きく変わっている点に注意したい。WISC－IIIは6種類の言語性下位検査と7種類の動作性下位検査からなり，WISC－IV は15の下位検査(基本検査10，補助検査5)からなる。　(3)　田中ビネー知能検査Vの知能指数は，$\frac{精神年齢}{生活年齢}\times 100$で求められる。精神年齢，生活年齢とも月数で計算する点に注意したい。　・計算式…$\frac{23}{37}\times 100 = 62.162\cdots$

(4)　日本版K－ABC心理・教育アセスメントバッテリーの構成は「教育尺度(習得度尺度)」と「心理尺度(認知処理過程尺度)」に分けられ，教育尺度には5つの下位検査項目がある。心理尺度はさらに「継次処理尺度」と「同時処理尺度」に分けられ，継次処理尺度は3つの下位検査項目から，同時処理尺度は6つの下位検査項目からなる。

(5)　ハロー効果とは，「ある人間を評価する際に，その人の職業や外見などが，全く関係のない面のイメージにまで影響を与えてしまう現象」である。検査者や指導者が子どもをアセスメントする際にも十分起こりうる現象であり，十分留意する必要がある。

【3】(1)　①　エコラリア(おうむ返し，反響言語も可)　②　クレーン(クレーンハンド)　③　こだわり(衒奇的運動，常同行動，常同性，常同，常同運動も可)　④　カタトニア　⑤　タイムスリップ　⑥　シングルフォーカス　(2)　・掃除の手順について見通しをもたせて理解させる。　・簡単にできる掃除活動から始める。　・あらかじめいすの脚にテープなどで印をつけておく。　・掃除がんばり表等を準備しておく。　・掃除の手順書をカードで示し，教室のわかりやすい場所に掲示する。　・掃除をするエリアをわかりやすくするために床にビニールテープを貼って，掃除する範囲を表示する。　・掃除

の流れ，道具の準備物など絵や写真などの視覚的な手がかりを活用する。　・掃除をすること，使用する道具を明確にするなど，予想される事態や状況を予告する。　・日常生活の指導などの特設した時間において，掃除の仕方をあらかじめ事前に体験できる機会を設定する。
・拭き方，掃き方など，スモールステップに従った計画を立てておく。
・活動の展開を絵や写真等による視覚的な手がかりを活用して，その予測と理解を促す。　・掃除の終了や拭く回数などを知らせるため，絵や記号を示したボタンを押すと音声が出る機器などを活用する。
・清掃活動が難しい場合は，意思を表すコミュニケーションカードを活用する。　・掃除の場所，汚れの気づきなど，視覚的チェックリストを活用する。(以上のうち2つ)

〈解説〉(1)　自閉症では，言葉の発達の遅れ，コミュニケーションの障害，対人関係・社会性の障害，パターン化した行動，こだわりなどの特徴が顕著である。　①「エコラリア」は「反響言語」と訳される。障害の種類や有無にかかわらず，言語を獲得する段階でよくみられる現象である。　③　こだわり行動は，不安が強い場面や落ち着かない状態のときに強くなる傾向があり，これは，周囲との同一性を保持することで自分自身の安定を図る手段でもある。　④「カタトニア」は「緊張病」ともいわれ，かつては統合失調症とのかかわりでとらえられることが多かった。自閉症では，主に思春期以降の自閉症スペクトラムで認められる。　⑤「タイムスリップ」は，周囲の人からは突然パニックを起こしたように見えるが，自閉症児にははるか昔のことが今起きたかのように鮮明に再生されている状態である。　(2)「自閉症」「知的障がい」をもった児童であること，集団での行動が苦手であることを考慮し，事前に手がかりとなることや，事前にイメージをもたせるなどの工夫について具体的に述べればよい。

【4】(1)　(記号，名称の順)①　ウ，頭頂葉　　②　イ，側頭葉
③　エ，後頭葉　　(2)　a ①　海馬　　②　情動　　b ③　可塑性
④　シナプス

〈解説〉(1)　大脳は解剖学的に主に4つに分けられる。各名称は機能とともにおさえておきたい。アは「前頭葉」であり，注意や長期記憶，プランニングなどを司る部位である。　(2)　a「海馬」と隣接する「扁桃体」は，好悪の判断，快不快の感情，恐怖などに関連する部位であり，海馬領域と結合することによって情動を出力する。　b　神経分野における「可塑性」とは，常にそれが機能的・構造的に変化を起こしているさまを表す。また，「シナプス」とは，神経細胞(ニューロン)と神経細胞の伝達部をいう。

【5】(1)　①　労働　　②　長期間　　③　就業体験　　(2)　①　職場体験　　②　個別の教育支援計画　　(3)　①　勤労観　　②　産業の発展　　③　履修計画

〈解説〉(1)　特別支援学校高等部学習指導要領の内容についての設問である。設問の文章の，配慮すべき事項のほか，一般教科・科目，専門学科における教科・科目，各教科の履修に関しても，十分に理解しておこう。また，知的障害者，重複障害者など，障害種ごとの内容についてもあわせておさえておくべきであろう。　(2)　障害のある児童生徒のキャリア教育・職業教育のポイントとして，「自己が抱える学習・社会的困難の認識の促進」「職場体験などの機会の拡大」などが重要視されている。また，「個別の指導計画」は職業教育においても必ず作成され，最大限指導に生かすことが求められる。　(3)　設問は「特別支援学校高等部学習指導要領 第2章」となっているが，「第2章」は「第1章」，「第1節」は「第2節」の誤りである。障害をもつ児童生徒はしばしば学習の目的が見いだせなかったり，社会や産業への進出の意識が未熟なまま高等部を卒業したりするケースが多い。職業観や勤労観の育成という指導を通し，目的意識や，社会参加への意識を高めるのがねらいである。

【知的 他】

【1】(1) ① 空白 ② 心理的 ③ 治療 (2) ① 自立活動 ② 負担過重 (3) ① ・自分の病気の状態を理解する。 ・自ら毎日の血糖値を測定する。 ・適切な食生活を取り入れる。 ・適度の運動を取り入れる。(以上から3つ) ② 医師の了解を得たうえで，病気の仕組みと治療方法を理解させる。

〈解説〉(1) 病弱・身体虚弱の児童生徒は入院や通院に時間を費やしており，母子分離による情緒面の不安定さや学習の遅れが懸念される。治療や病気によるストレスや不安から，さらなる不調を引き起こす場合もあるため，教師は本人，保護者，教育関係者，医師などと連携を密にし，多面的に支援していく必要がある。 (2) 学習指導要領の該当箇所には，ほかに「…基礎的・基本的な事項に重点を置くとともに，各教科等相互の関連を図ったり，指導内容の連続性に配慮した工夫…」「体験的な活動を伴う内容の指導に当たっては，児童の病気の状態や学習環境に応じて指導方法を工夫…」を行うことや，「児童の病気の状態等を考慮し，学習活動が負担過重とならないようにすること」があげられている。 (3) 糖尿病の児童生徒に対して行うべき支援は，自身の病気への理解，実態の把握，そして生活改善であり，この3点について記述すればよい。

【2】(1) ① 身体の動き ② 精選 ③ 生活経験 ④ 基礎的・基本的 (2) b (3) 位置，方向，遠近の概念は自分の身体が基点となって形成されるものであるから。

〈解説〉(1) 肢体不自由児に対する教育については，旧学習指導要領では「指導内容を適切に精選するとともに，その重点の置き方や指導の順序を工夫すること 」とされていたが，「指導内容を適切に精選し，基礎的・基本的な事項に重点を置くなどして指導すること 」とより具体的な内容に改められた。 (2) a～dは脳性まひの病型分類である。a「けい縮(直)型」では手や足，特にふくらはぎの筋肉にけい縮がみられる。伸張反射が異常に亢進した状態である。 b「アテトーゼ型」

では顔面と上肢，下肢の一部に不随意運動がみられる。姿勢を変えたり動いたりするときに，動きの方向やタイミングなどによりコントロールされていない予測不可能な動作を示す。　c「失調型」は小脳あるいはその伝達経路が障害された比較的まれな症例であり，四肢のまひのほか，運動時に不安定であったり，身体の協調がうまくできなかったりする。　d「混合型」は複数の脳性まひの型が合わさったもので，その多くはけい縮(直)型とアテトーゼ型の混合型である。
e「デュシャンヌ型」は筋ジストロフィーの病型分類の1つで，乳児期には明らかな症状はみられないが4～5歳頃に運動能力の低下によって気づかれることが多い。発症から10年程度で車いすが必要になる。
(3)　肢体不自由児の場合，長時間同じ姿勢が続くと，身体に痛みが出たり，皮膚の一部を傷めたり，場合によっては体に変形が生じることがある。したがって，姿勢を変えたり身体を休めたり，活動に応じて適切な姿勢を保持できるようにすることで疲労が出にくくなり，また身体の操作等も行いやすくなる。

【3】(1)　○　　(2)　×　　(3)　○　　(4)　○　　(5)　×
〈解説〉「特別支援学校等における医療的ケアの今後の対応について(通知)」は一定の研修を受けた者が一定の条件の下にたんの吸引等を実施できることについて，小中学校等で留意すべき点等について取りまとめたものである。　(2)　一定の研修を受けた特別支援学校の教員が実施できるのは，「口腔内の喀痰吸引，鼻腔内の喀痰吸引，気管カニューレ内部の喀痰吸引，胃ろうまたは腸ろうによる経管栄養，経鼻経管栄養」の5つである。　(5)「養護教諭を中心に」が誤りである。医療的ケアの基本的な考え方として教育委員会の統括的な管理体制の下に，特別支援学校において「学校長」を中心に組織的な体制を整備すること，医師等，保護者等との連携協力の下に体制整備を図ることとなっている。

【4】(1) ① シ　② ク　③ シ　④ ウ　⑤ シ
⑥ ク　⑦ ア　(2) (c)　(3) ・正しい言語で話す。
・黒板などに正確で丁寧な文字を書く。　・児童生徒に配布する印刷物において用語や文字を適正に使用する。　適切な言葉を使ってわかりやすく話す。　・適切な話し言葉や文字が用いられている教材を使用する。　・教師と児童生徒，児童生徒相互の話し言葉が適切に行われるような状況をつくる。　・児童生徒が集団の中で安心して話ができるような教師と児童生徒，児童生徒相互の好ましい人間関係を築くこと。　(以上のうち2つ)

〈解説〉(1)　知的障害者である児童生徒には児童生徒の状態等に即した指導を進めるため，各教科，道徳，特別活動及び自立活動の一部または全部を合わせて指導を行うことができる。「生活単元学習」のほかに「日常生活の指導」「遊びの指導」「作業学習」がある。　(2)「生活単元学習」と「日常生活の指導」は似ているが，「生活単元学習」は，児童生徒が生活上の目標を達成したり，課題を解決したりするために，一連の活動を組織的に経験することによって，自立的な生活に必要な事柄を実際的・総合的に学習するものである。一方，「日常生活の指導」は，児童生徒の日常生活が充実し，高まるように日常生活の諸活動を適切に指導するものである。　(3)　解答例は，学習指導要領解説の「教育課程実施上の配慮事項」の中の学校生活全体における言語環境を十分に整えておくことに関する内容を示したものである。

【5】(1) ①　教育的価値　②　地域性　③　共同　④　利用価値
(2)　・働くことの意義　・職業に関する基礎的な知識　・道具・機械等の取扱いや安全・衛生　・役割　・産業現場等における実習　・家庭の役割　・家庭に関する基礎的な事項　・情報　・余暇　(以上から2つ)

〈解説〉本内容は，学習指導要領解説総則等編の「知的障害者である児童生徒に対する教育を行う特別支援学校における指導の特徴について」の「各教科等を合わせて指導を行う場合」から抜粋したものである。

(1)「作業学習」は各教科等を合わせた指導の1つで，作業活動を学習活動の中心に据え，児童生徒の働く意欲を培い，将来の職業生活や社会自立に必要な事柄を総合的に学習するものである。 (2)「職業・家庭」では，内容として9つの観点があげられている。

【聴覚】

【1】① 体験　② 意味　③ 言語概念　④ 思考力
⑤ 経験　⑥ 表現　⑦ 考える　⑧ 障害の状態

〈解説〉聴覚障害者である児童に対する教育を行う特別支援学校の内容「体験的な活動を通して的確な言語概念の形成を図り，児童の発達に応じた思考力の育成に努めること」についての説明文である。聴覚障害者である児童に対しての内容は全部で6つ示されている。他の障害種についても確認しておこう。

【2】(1)　① 外耳道，ク　② 耳小骨，ア　③ 蝸牛(うずまき管)，ウ　④ 聴神経，オ　(2) 後迷路性難聴

〈解説〉(1)　耳の構造は大きく「外耳」「中耳」「内耳」の3つに分けられる。外耳は「耳介」と「外耳道」からなり，中耳は「鼓膜」と「耳小骨」である槌(ツチ)骨・砧(キヌタ)骨・鐙(アブミ)骨からなる。内耳は「蝸牛」と「前庭」からなる。外耳道は音を共鳴させて鼓膜に伝える役割をもつ。耳小骨は鼓膜に音が伝わり鼓膜が振動すると，てこの原理で鼓膜の振動を増幅させて内耳に音を伝える。蝸牛では耳小骨の振動によってリンパ液が揺れ，感覚細胞である有毛細胞がその揺れをとらえて音を電気信号に変える。その後，蝸牛において換えられた電気信号が聴神経を経て脳へと伝わり，「音が聞こえた」ことを認識する。(2)「後迷路性難聴」では，純音聴力検査に対し，語音聴力検査の結果が極端に悪くなる。脳の中の聴覚伝導路である聴神経，脳幹，聴皮質のいずれかに障害があるため，通常の補聴器などによる効果は期待できない。

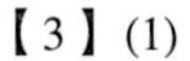

【3】(1)

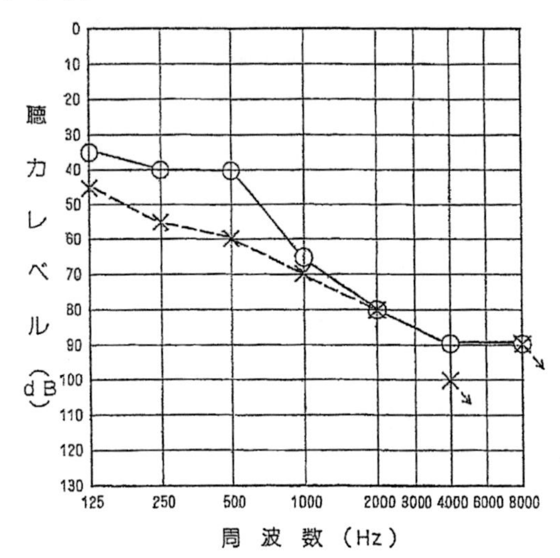

(2)　スケールアウト　　(3)　・右…63dB　　・左…70dB

(4)　4級　(5)　・磁気ループシステム(磁気ループ，磁気ループ方式)　・FMシステム(FM，FM電波システム，FM方式)　　・赤外線システム (赤外線方式，赤外線)　　(6)　①　電池　　②　イヤーモールド

(7)　ア　1歳半　　イ　音入れ　　ウ　マッピング

〈解説〉(1)　オージオグラムの横軸は検査音の周波数を対数目盛りで示し，縦軸はdB目盛りで示している。記載する際，右耳は○印，左耳は×印とし，右耳は実線，左耳は破線で結ぶ。　(2)　オージオメータで測れる最大音を超えた場合にオージオグラムに右耳の場合は左斜め下に「↙」，左耳の場合は右斜め下に「↘」の記号を記入する。

(3)　・4分法の計算式…(500Hzの数値+1000Hzの数値+1000Hzの数値+2000Hzの数値)÷4　　よって右は(40+65+65+80)÷4＝62.5，左は(60+70+70+80)÷4＝70となる。整数で解答するため，小数点以下は切り上げる。　(4)　身体障害者福祉法施行規則による聴覚障害者の程度等級は「6級，4級，3級，2級」に分けられる。6級は「両耳の聴力レベルが70dB以上のもの又は一側耳の聴力レベルが90dB以上で他側耳の聴力レベルが50dB以上のもの」，4級は「両耳の聴力レベルが80dB以上のもの又は両耳による普通話声の最良の語音明瞭度が50％以下のもの」，3級は「両耳の聴力レベルが90dB以上のもの」，2級は「両耳の聴力レベルがそれぞれ100dB以上のもの」をいう。Bさんの場合は両耳の聴力レベルが80dB以上であるため4級になる。　(5)　現在，学校で使われている集団補聴システムには磁気ループシステム，FMシステム，赤外線システムの3つがある。「磁気ループシステム」はマイクに入った音声を電気信号として床にはわせたループアンテナやワイヤーに送ることで磁気を発生させ，それぞれの補聴器で受信する方法の集団補聴器である。「FMシステム」は送信機と受信機によりFM電波を通して音声を届ける方法の集団補聴器である。「赤外線システム」はマイク等からの音声をFM変調し，赤外線に変換して放射し，その放射された音声情報を専用の受信機で受信する方法の集団補聴器である。
(6)　生徒は耳掛型補聴器の管理を自身で行わなければならない。電池の電圧が十分かどうかを確認するのは，補聴器に使われている空気電池には急に電圧が低下する特性があるためである。また，イヤーモールドに耳垢がついていたり，破損したりしていると，器具と耳との間にすきまができてしまいハウリング(ピーピーと音が鳴る)が起きる場合がある。　(7)　日本耳鼻咽喉科学会の人工内耳適応条件，医学的条件を確認しておこう。なお，「マッピング」は，手術後2～4週間後に行う。

【4】(1)　(事前)・補聴器や人工内耳は外す。　・タッパーなどに入れて決められた場所に保管する。　(事後)・耳や耳の中，髪をよく乾かした後，補聴器や人工内耳を装用すること。　(2)　ア　・理由…表情や口形がかげって見えにくくなるのを防ぐため。　(3)　太鼓，旗，手を打つなど，視覚的にもわかりやすいものを使う。
〈解説〉(1)　聴覚障害の児童生徒が「水泳」の授業を受ける場合，配慮しなければならないのは「補聴器や人工内耳」の取り扱いについてである。まず，水濡れを防ぐ必要がある。また小学部では，児童が補聴

器をなくしたり取り違えたりするおそれがある。これらのことから具体的な指導内容を考えればよい。　(2)　屋外での授業の場合，太陽の向きによって教員の表情や口形がかげって見えにくくなることがある。これを防ぐために教員は太陽に背を向けないように配慮する必要がある。

【5】(1)　ア…③　　イ…②　　ウ…①　　(2)　オリンピック

〈解説〉(1)　手話表現では「よく」という語は同じでも後に続く語句によって異なる表現が使われる。「よく考える」は「いろいろ＋考える」と表現し，「よく聞く」は「きちんと＋聞く」と表現する。また「よくがんばる」は「とても＋がんばる」と表現する。　(2)　指文字では，「び」などの「濁音」は指文字の形をしたまま横に動かし，「ぴ」などの「半濁音」は指文字の形をしたまま上に(胸の前から鼻あたりまで)上げる。「ふう」などの「長音」は人さし指を上向きに伸ばしてから指先を下ろす。「促音(小さい「つ」)」は「つ」の指文字の形をしたまま手前に引く。「きゃ・きゅ・きょ」などの「拗音」はそれぞれの形をしたまま手前に引く。

2012年度　実施問題

【知的 他】

【1】「特別支援学校小学部・中学部学習指導要領(平成21年3月告示)」に示されている内容について，次の(1)～(3)の各問いに答えなさい。

(1)　「第1章　総則　第2節　教育課程の編成　第4　指導計画の作成等に当たって配慮すべき事項」について示した次の文の(　①　)～(　⑥　)に適する語句を入れなさい。

(4)　各教科等の指導に当たっては，(　①　)な学習や基礎的・基本的な知識及び技能を活用した(　②　)な学習を重視するとともに，児童又は生徒の興味・関心を生かし，自主的，自発的な学習が促されるよう工夫すること。

(5)　教師と児童生徒の信頼関係及び児童生徒相互の好ましい人間関係を育てるとともに児童生徒理解を深め，(　③　)を図ること。また，中学部においては，生徒が自らの(　④　)を考え主体的に進路を選択することができるよう，校内の組織体制を整備し，教師間の相互の連携を図りながら，学校の教育活動全体を通じ，計画的，組織的な進路指導を行うこと。…　略　…

(12)　児童又は生徒のよい点や可能性，進歩の状況などを積極的に評価するとともに，(　⑤　)や成果を評価し，指導の改善を行い(　⑥　)の向上に生かすようにすること。

(2)　「第7章　自立活動　第3　指導計画の作成と内容の取扱い」について示した次の文の(　①　)～(　④　)に適する語句を入れなさい。

(3)　具体的に指導内容を設定する際には，以下の点を考慮すること。

ア　児童又は生徒が興味をもって主体的に取り組み，成就感を味わうとともに自己を(　①　)にとらえることができるような指導内容を取り上げること。

イ　児童又は生徒が，障害による学習上又は生活上の困難を改善・克服しようとする意欲を高めることができるような指導内容を重点的に取り上げること。

ウ　個々の児童又は生徒の(　②　)の進んでいる側面を更に伸ばすことによって，遅れている側面を補うことができるような指導内容も取り上げること。

エ　個々の児童又は生徒が，活動しやすいように自ら(　③　)を整えたり，必要に応じて周囲の人に(　④　)することができるような指導内容も計画的に取り上げること。

(3)　「第1章　総則　第2節　教育課程の編成　第3　授業時数等の取扱い」によれば小学部又は中学部の各教科等の授業は，年間何週以上にわたって行うように計画しなければならないか答えなさい。ただし，小学部第1学年は除く。

(☆☆☆☆◎◎◎◎◎)

【2】子どもの発達の把握について説明した次の文を読み，あとの(1)～(3)の各問いに答えなさい。

子どもの発達を的確に把握するためには，発達を横断的視点と縦断的視点という二つの観点から捉えることが大切である。

縦断的視点からの発達の把握とは，その子どもがどのような環境や働きかけの中でどのように発達してきたのかなど，過去にさかのぼってその発達的変化を把握することである。

横断的視点からの発達の把握とは，現時点における子どもの発達の状態を把握することを意味しており，様々な発達検査が用いられる。これらの発達検査は検査の目的や内容，実施方法などによっていくつかに分類される。

目的	スクリーニングを目的とした検査 …… ア 精査を目的とした検査 …… イ
内容	発達を特定の領域から総合的に測定する …… ウ 発達を幾つかの領域に分けて各領域のバランスを測定する …… エ
方法	検査者が子どもに直接実施するもの …… オ 間接的に実施するもの及び直接実施するものとの折衷的なもの … カ

発達検査の実施に当たっては，それぞれの検査の特徴と限界をよく理解し，一人一人の子どもに適した検査を選択したり，複数の方法を組み合わせたりすることが大切である。

(1) 特別支援学校における縦断的視点からの発達の把握には具体的にどのような内容が挙げられるか4つ答えなさい。

(2) 次の諸検査の目的，内容，実施方法として適切なものを前のア～カから選び，記号で答えなさい。(同じ記号を使用してもよい)

諸検査	目的	内容	方法
①　田中ビネー知能検査Ⅴ			
②　WISC－Ⅲ			
③　S－M社会生活能力検査			
④　遠城寺式乳幼児分析的発達検査			

(3) 複数の発達検査を組み合わせて実施することを何というか答えなさい。また，組み合わせることの意義と配慮すべき点を説明しなさい。

(☆☆☆☆◎◎◎◎◎)

【3】次の(1)，(2)の各問いに答えなさい。

(1) 自閉症の診断基準について述べた次の文中の(　①　)～(　⑩　)に適する語句を，下のa～oから選び，記号で答えなさい。ただし，同じ番号には同じ語句が入る。

国際的に知られている自閉症の診断基準には，(　①　)によるICD－10と(　②　)によるDSM－Ⅳ－TRがある。

ICD－10の小児自閉症(F84.0)の診断基準では，
「(　③　)歳以前に現れる(　④　)の(　⑤　)ないし障害があり，相互(　⑥　)関係・(　⑦　)・限局した(　⑧　)な行動という3つの領域すべてにおいて，(　⑨　)が認められる(　⑩　)の(　④　)障害」と記されている。

a　反復的　　b　アメリカ(米国)精神医学会　　c　自発的
d　5　　e　広汎性　　f　対人的

g　異常　　h　日本発達障害学会　　i　機能異常
j　完全な欠如　　k　3　　l　WHO
m　コミュニケーション　　n　社会的　　o　発達

(2) 次の表は，自閉症のある児童生徒を対象にした自立活動の指導において，「人間関係の形成」についての状態と指導をまとめたものの一部である。下の①，②の各問いに答えなさい。

A　他者とのかかわりの基礎に関すること	
状態	・他者とのかかわりをもとうとするが，その方法が十分に身に付いていない場合がある。
指導	・直接的に指導を担当する教師を決める。 ・教師との安定した(　ア　)を形成する。 ・やりとりの方法を大きく変えずに(　イ　)指導する。 ・その後，やりとりの方法を少しずつ増やしていくが，その際，(　ウ　)だけでなく，(　エ　)や視覚的な情報を加えて分かりやすくする。
B　(　オ　)	
状態	・言葉や表情，身振りなどを総合的に判断して相手の心の状態を読み取り，それに応じて行動することが困難な場合がある。 ・言葉を字義通りに受け止めてしまうため，行動や表情に表れている相手の真意を読み取れない場合がある。
指導	・相手の言葉や表情などから，立場や考えを推測するような指導を通して，相手とかかわる際の具体的な方法を身に付けさせること。 …　略　…

① 他者とのかかわりをもとうとするが，その方法が十分に身に付いていない自閉症のある児童生徒の指導を行う場合，上記表のA欄の(　ア　)～(　エ　)に適する語句を入れなさい。

② (　オ　)に当てはまる「特別支援学校小学部・中学部学習指導要領(平成21年3月告示)」の第7章　自立活動の項目名を答えなさい。

(☆☆☆☆◎◎◎◎◎)

【4】次の(1)，(2)の各問いに答えなさい。

(1) 次の文は，音声言語の発語過程から聞き手の認知過程までの脳の働きを説明したものである。文中の(　①　)～(　④　)に適する語句を下のア～ケから選び，記号で答えなさい。

話そうとする会話(意識)の内容が(　①　)において言語の形をとる。

次に(　②　)から，発声構音器官〔口，唇，舌〕の筋肉に命令が出され，ことばが表出される。

一方，聴き手の側では話し手が発したことばが，聴覚器官を介して側頭葉の(　③　)に伝達され，言語性の音声か非言語性の音響かの弁別が行われる。そして，それらの音声は(　④　)へ伝えられ，意味が理解される。

ア　一次聴覚野　　イ　視覚野　　ウ　運動野
エ　感覚野　　オ　側頭連合野　　カ　体性感覚連合野
キ　前頭連合野　　ク　ウエルニッケ野(ウエルニケ野)
ケ　ブローカ野

注:「野(area)」を，「領域」と表記することもある。

(2)　次の①，②の文の下線部a～dについて，正しければ○を記入し，誤りの場合は正しく書き直しなさい。

①　シナプスで信号の受け渡しをする神経伝達物質の量は，環境によって容易に変わる。<u>a ドーパミン</u>は満足したときに増え，<u>b ノルアドレナリン</u>は不安なときや恐怖を感じたときに増える。

②　ダウン症は，<u>c 15</u>番の染色体が1個ずつ分かれなかったことが原因で起きる。その染色体が<u>d 1個多い</u>ことから，顔や体の形，知的な発達に影響を与える。

(☆☆☆☆◎◎◎)

【5】次の(1)～(4)の各問いに答えなさい。

(1)　各学校で指名又は配置されている特別支援教育コーディネーターの役割として，「個別の教育支援計画を作成するための関係機関との連携」の他に，どのようなものがあるか3つ答えなさい。

(2)　特別支援学校が，地域における特別支援教育のセンターとしての役割を果たしていくためには，校内体制をどのように整備すればよいかその取組を2つ答えなさい。

(3) 特別支援学校が連携する機関で，教育機関の他にどのような機関があるか2つ答えなさい。

(4) 特別支援教育コーディネーターが教育相談を行う技法の一つとして，学校コンサルテーションがある。学校コンサルテーションでの①「コンサルティ」と②「コンサルタント」の役割を説明しなさい。

(☆☆☆☆◎◎◎◎)

【6】次の文は，慢性疾患についての説明である。以下の(①)，(②)に適する語句を答えなさい。ただし，同じ番号には，同じ語句が入る。

慢性疾患には，(①)や内部障害が含まれる。

(①)とは，児童福祉法に基づき，医療費(自己負担分)が公費負担される疾患をいう。11疾患群(514疾患)が対象となる。

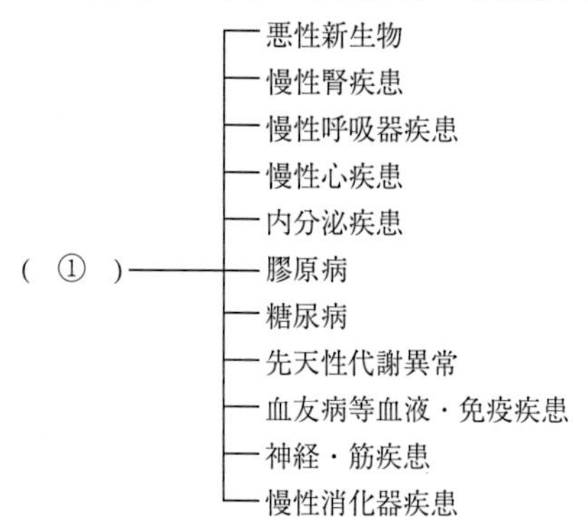

内部障害とは，身体障害者福祉法に定める7種類をいう。

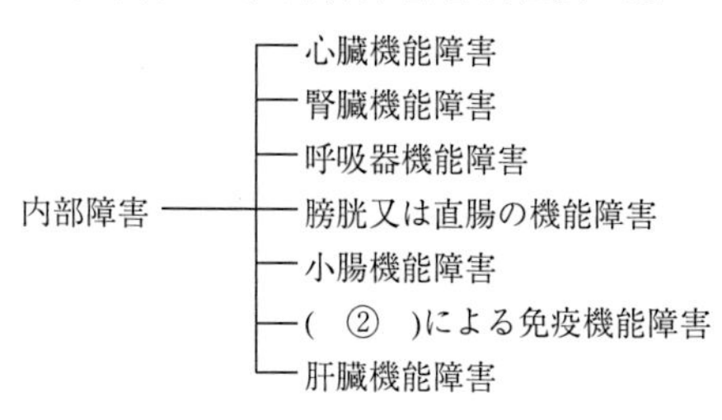

(☆☆☆☆◎◎◎◎)

【7】次の文は,「特別支援学校学習指導要領解説　自立活動編(平成21年6月)」で示されている「第6章　自立活動の内容」の一部を抜粋したものである。

各文の(　①　)~(　③　)に適する語句を入れなさい。ただし，同じ番号には同じ語句が入る。

病名	具体的指導内容例と留意点
心臓疾患	運動の制限の範囲を超えて動いてしまい病気の状態を悪化させることがあるため，病気の状態や体調に応じて生活の自己管理をできるようにすることが重要である。 そのためには，心臓疾患の特徴，治療方法，生活規制など病気の状態と生活管理について，(　①　)を活用しながら発達の段階に応じた理解ができるようにするとともに，自覚症状や体温，脈拍等から自分の健康状態を把握し，その状態に応じて日常生活や学習活動の状態をコントロールしたり，自ら進んで医師に相談したりできるようにすることが大切である。このような指導を行うときには，生活規制や入院生活から生じる(　②　)など心理的な側面に配慮することが欠かせない。
心身症	心理的に緊張しやすく，不安になりやすい傾向がある。また，身体面では，嘔吐，下痢，拒食等様々な症状があり，日々それらが繰り返されるため強い(　②　)を感じることがある。それらの結果として，集団に参加することが困難な場合がある。 こうした幼児児童生徒が，自ら情緒的な安定を図り，日常生活や学習に意欲的に取り組むことができるようにするためには，教師が病気の原因を把握した上で，本人の気持ちを理解しようとする態度でかかわることが大切である。その上で，良好な人間関係作りを目指して，集団構成を工夫した(　③　)で，様々な活動を行ったり，十分にコミュニケーションができるようにしたりすることが重要である。

(☆☆☆☆◎◎◎◎)

【8】腎臓疾患の治療には，薬物療法，食事療法，生活指導が治療の3本柱となる。そのうち，薬物療法にはステロイド療法や免疫抑制療法などがある。

ネフローゼ症候群のため，ステロイド療法の治療を行っている児童生徒への教育上の配慮事項を副作用も挙げながら答えなさい。

(☆☆☆☆☆◎◎◎◎)

【9】次の文章は「特別支援学校学習指導要領解説　総則等編(平成21年6月)」に示されている各教科，小学部の抜粋である。下の(ア)～(エ)の各問いに答えなさい。

3　肢体不自由者である児童に対する教育を行う特別支援学校

(1)　(　①　)な活動を通して表現する意欲を高めるとともに，児童の言語発達の程度や身体の動きの状態に応じて，考えたことや感じたことを表現する力の育成に努めること。

(2)　児童の身体の動きの状態や生活経験の程度等を考慮して，指導内容を適切に(　②　)し，基礎的・基本的な事項に重点を置くなどして指導すること。

(3)　身体の動きや③コミュニケーション等に関する内容の指導に当たっては，特に自立活動における指導との密接な関連を保ち，学習効果を一層高めるようにすること。

(4)　児童の学習時の姿勢や④認知の特性等に応じて，指導方法を工夫すること。

(5)　児童の身体の動きや意思の表出の状態等に応じて，適切な補助用具や補助的手段を工夫するとともに，⑤コンピュータ等の情報機器などを有効に活用し，指導の効果を高めるようにすること。

(ア)　上の文の(　①　)～(　②　)に適する語句を入れなさい。

(イ)　文中の下線部③コミュニケーション等に関する内容の指導について，給食時にできる指導にはどんなものがあるか，2つ書きなさい。

(ウ)　文中の下線部④認知の特性等に応じて，指導方法を工夫することについて，具体例を挙げて説明しなさい。

(エ)　次の写真は，文中の下線部⑤コンピュータ等の情報機器などを有効に活用するための「スイッチ・マウント・システム」である。

児童生徒の支援という視点から，この機器の機能について具体的に説明しなさい。

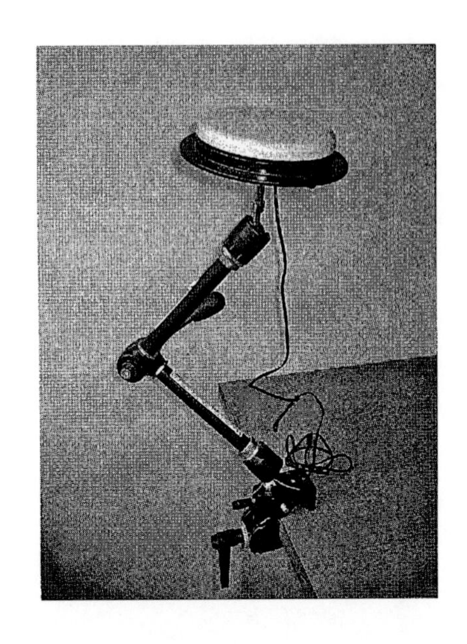

(☆☆☆☆◎◎◎◎)

【10】「特別支援学校学習指導要領解説　総則等編(幼稚部・小学部・中学部)(平成21年6月)第3編　第2部　第3章　知的障害者である児童生徒に対する教育を行う特別支援学校の各教科」に示されている内容について，次の(1)，(2)の各問いに答えなさい。

(1)　「第1節　1　知的障害者である児童生徒に対する教育を行う特別支援学校の各教科の考え方」について示した次の文の(　①　)～(　③　)に適する語句を入れなさい。

知的障害とは，一般に，(　①　)などにかかわる知的能力や，他人との意思の交換，日常生活や社会生活，安全，(　②　)，余暇利用などについての(　③　)が同年齢の児童生徒に求められるほどまでには至っておらず，特別な支援や配慮が必要な状態とされている。

(2)　「第3節　第1　生活　1　生活科の意義」で示されている生活科の内容を構成している12の観点のうち2つ書きなさい。

(☆☆☆☆◎◎◎◎)

【11】「特別支援学校小学部・中学部学習指導要領(平成21年3月告示)」に示されている第1章　第2節　第4の1　(6)について，次の(1)，(2)の各問いに答えなさい。

(1)　次の文の(　①　)～(　④　)に適する語句を答えなさい。

(6)　学校がその目的を達成するため，地域や学校の実態等に応じ，家庭や地域の人々の(　①　)を得るなど家庭や地域社会との連携を深めること。また，学校相互の連携や交流を図ることにも努めること。特に，児童又は生徒の経験を広めて積極的な態度を養い，(　②　)や豊かな人間性をはぐくむために，学校の教育活動全体を通じて，小学校の児童又は中学校の生徒などと交流及び共同学習を(　③　)，(　④　)に行うとともに，地域の人々などと活動を共にする機会を積極的に設けること。

(2)　障がいのある子どもと障がいのない子どもが一緒に参加する活動は，「交流の側面」と「共同学習の側面」の両方の側面が一体としてある。これらの2つの側面について，それぞれの目的を書きなさい。

(☆☆☆◎◎◎)

【12】次の表は，ある特別支援学校の自立活動に関する個別の指導計画の一部である。表の内容を参考にしてあとの(1)～(4)の各問いに答えなさい。

<table>
<tr><td colspan="4">氏名(　○○○○　)小学部　3年　○組</td></tr>
<tr><td>実態</td><td colspan="3">・重度知的障がいがある。
・発達の遅れが著しく，覚醒と睡眠のリズムが不規則である。
・自分で姿勢を変換することが困難である。</td></tr>
<tr><td colspan="2">自立活動の区分</td><td colspan="2">健康の保持　(　ア　)</td></tr>
<tr><td colspan="4">指導内容</td></tr>
<tr><td>時間の指導</td><td>(　①　)</td><td>各教科等を合わせた指導</td><td>指導の形態　(　②　)

・朝の活動で，あいさつの歌やお天気調べの活動を行い，視覚や聴覚，触覚等様々な感覚を活用させながら運動や動作を行う。

・日差しや外気の刺激を利用して，皮膚や粘膜を鍛えることにより健康の維持増進を図る。</td></tr>
</table>

<table>
<tr><td colspan="4">氏名(　○○○○　)高等部　2年　○組</td></tr>
<tr><td>実態</td><td colspan="3">・中度知的障がいで自閉症があり，簡単な会話ができるが，言葉での意思表示をしないで行動することがある。
・自分のやり方にこだわりがあり，目的に応じて身体を動かしたり，道具を使ったりすることが苦手である。</td></tr>
<tr><td colspan="2">自立活動の区分</td><td colspan="2">(　イ　)　(　ウ　)</td></tr>
<tr><td colspan="4">指導内容</td></tr>
<tr><td>時間の指導</td><td>・場面に応じた服装や言葉づかいなどの写真やビデオを活用して，会話の方法や身振り，姿勢についてのスキルを学習する。
・簡単な体操に合わせて，身体全体を意図的に動かしたり，道具等を活用して段階的に手指を動かしたりして，巧緻性や敏捷性の向上を図る。</td><td>各教科等を合わせた指導</td><td>指導の形態　(作業学習)

(　③　)</td></tr>
</table>

(1)　それぞれの自立活動の区分の(　ア　)～(　ウ　)に最も適切な区分を書きなさい。

(2)　表中の(　①　)について，時間の指導に適する指導内容を書きなさい。

(3)　表中の(　②　)について，適する指導の形態を答えなさい。

(4)　表中の(　③　)について，各教科等を合わせた指導に適する指導内容を答えなさい。

(☆☆☆☆☆◎◎◎◎◎)

解答・解説

【知的 他】

【1】(1)　①　体験的　　②　問題解決的　　③　生徒指導の充実　④　生き方　　⑤　指導の過程　　⑥　学習意欲　　(2)　①　肯定的　②　発達　　③　環境　　④　支援を求めたり　　(3)　35

〈解説〉この問題は，指導計画の作成等について問うている。学習指導要領に関する問題は頻出であるので，しっかり理解しておこう。また，選択肢ではなく語句を記入させる問題であるので難易度は高い。特別支援教育として，子どもの自主的・自発的な学習のための工夫や，肯定的にかかわったり，発達の進んでいる側面に着目したりすること，環境の調整など，キーワードを抑えつつ理解したい。

【2】(1) 生育歴，発育歴，病歴，治療・訓練歴，学習面の特性，行動面の特性，運動面の特性，基本的生活習慣，排泄，食事，睡眠 等
(2) ① 田中ビネー検査V，イ，ウ，オ ② WISC-Ⅲ，イ，エ，オ ③ S-M社会生活能力検査，ア，エ，カ ④ 遠城寺式乳幼児分析的発達検査，ア，エ，カ (3) バッテリーまたは検査バッテリー，テストバッテリー 意義：信頼できる情報が得られ，多面的，総合的に実態を把握することができる。 配慮すべき点：子どもや保護者の負担を考慮し，むやみに多種類の検査を行うことは避ける。

〈解説〉この問題は，子どもの発達の把握の仕方について問うている。(1)は縦断的視点として，これまでの育ちと療育状況，障害に起因する事項も含めた特性の把握，現在の基本的生活習慣等について聞くことが重要である。 (2)(3)については基本的な発達心理検査であるので，目的，内容，方法についてしっかりと確認しておこう。過去にはK-ABC，PEP-R，MEPAなどに関する設問もあった。また，1つの検査結果のみではなく，検査を組み合わせて評価する必要があるが，一方で特別な場所で一定時間拘束される子どもや保護者の負担を考慮する必要もある。

【3】(1) ① l ② b ③ k ④ o ⑤ g ⑥ n ⑦ m ⑧ a ⑨ i ⑩ e (2) ① ア 関係 イ 繰り返し ウ 言葉 エ 具体物 ② オ 他者の意図や感情の理解に関すること

〈解説〉この問題は，自閉症の診断や指導方法について問うている。(1)については診断基準としてのICD-10とDSM-Ⅳの定義が問われている。(2)については自立活動の新たな区分として追加された「人間関係

の形成」について問うており，区分を構成する下位項目のみならず具体的な指導方法にも言及している。過去問では病弱や肢体不自由，作業学習における指導やその際の留意点について問われているため，特別支援学校における障害特性を考慮した指導について理解しておく必要がある。

【4】(1)　①　ケ　②　ウ　③　ア　④　ク　(2)　①　a　セロトニン　b　○　②　c　21　d　○

〈解説〉この問題は，言語の表出や認知，遺伝子の構造について問うている。　(1)　言語表出における脳の関連部位，言語認識における聴覚認知部位などについて理解しておくとよい。　(2)　aのドーパミンは「快楽」「楽しい」時に放出される。　cのダウン症は，21番染色体が3本あることから，21トリソミーともいわれる。

【5】(1)　・特別支援教育等の理解啓発を行う。　・特別な支援が必要な子どもの実態把握を円滑に進める。　・校内(園)委員会の連絡調整や運営を行う。　・個別の指導計画を作成するにあたり，こどもに関わる情報の収集や整理，様式の検討手順などを計画する。　・学級担任等と一緒に保護者との連携を図る。　(2)　・教師同士の連携協力　・コーディネーターの指名　・校務分掌の工夫　・校長のリーダーシップ　・校内組織の工夫　等　(3)　医療機関，福祉機関，労働機関，保健機関　等　(4)　①　コンサルティの役割：対象児(者)に直接支援・指導を行う。主に教師(担任)が行う。　②　コンサルタントの役割：コンサルティと連携・相談を通して対象児(者)に間接支援を行う。主に特別支援教育コーディネーターが担当する。

〈解説〉この問題は，現在の特別支援学校や特別支援教育の動向について問うている。　(1)　2004年に文部科学省から示された『小・中学校におけるLD(学習障害)，ADHD(注意欠陥／多動性障害)，高機能自閉症の児童生徒への教育支援体制の整備のためのガイドライン』を確認しておくとよい。　(2)　校内体制として，教師同士の関係づくり，組織としての位置づけ，校長の役割の観点から記述するとよい。 (3) 特別支援教育における連携としては，医療，福祉，労働，保健，教育などがあることを覚えておく。 (4) 主に直接支援・指導を行うのがコンサルティであり，外部支援者としてのコンサルタントは間接支援を行うという観点が重要である。

【6】① 小児慢性特定疾患 ② ヒト免疫不全ウイルス

〈解説〉この問題は，病弱教育について問うている。児童福祉法によって規定される小児慢性特定疾患や身体障害者福祉法における内部疾患としての免疫機能障害について問われているなど，病弱が法律にどのように規定されているのかを確認しておく必要がある。

【7】① 学校生活管理指導表 ② ストレス ③ 小集団

〈解説〉この問題は，病弱児の自立活動の具体的指導内容について問うている。病弱教育の指導内容としては，体調管理が必要なこと，ストレスなどの心理的側面への配慮が必要なこと，個別の対応と集団編成への考慮が重要なこと，などが要点である。

【8】(解答例) ステロイド薬の副作用による満月様顔貌(ムーンフェイス)，肥満，にきび，多毛，皮膚線状などは服薬している子どもの大きな悩みである。服薬量が減れば元に戻るので，病状の回復には服薬の継続が大切であることを理解させ，他の子どもにも十分説明し協力してもらうことが大切である。

〈解説〉この問題は，腎臓疾患のある子どもへの教育上の配慮事項を問うている。疾患による治療の基本的な柱の確認，本人への配慮と周囲の子どもへの指導について理解し，記述する必要がある。

【9】(ア)　①　体験的　　②　精選　　(イ)　・食事を介した，大人とのやり取りを通して，コミュニケーションの指導ができる。　・食事に必要な器官は言葉を話す機能と一致しているため，発語指導につながる。　(ウ)　・脳性疾患等の児童生徒は，課題を見て理解したり聞いて理解したりすることが困難な場合がある。こうした場合には，課題を提示するときに，注目すべきところを強調したり，視覚と聴覚の両方を活用したりできるようにする。　・地図や統計のように多数の要素が含まれている課題や理科の実験のようにいろいろな要素を考慮する必要がある課題については，1つの要素に着目することや順序立てて考えることなどを繰り返し指導する。　(エ)　この機器のクリップ部を机や車椅子に取り付けることで，自由な位置でスイッチを固定することができ，身体の様々な場所を使ってのスイッチ操作が可能になる。

〈解説〉この問題は，肢体不自由児に対する指導を問うている。
(ア)については体験や表現の機会を精選しつつ設定すること，(イ)については摂食指導のコミュニケーション上の意義について問うている。
(ウ)については，障害の特性を踏まえて機能的な障害を環境的配慮によって，どのようにして補い指導するのかが問われている。
(エ)については子どもの身体的可動域を考慮しつつ，子どもの能力を引き出す環境をいかに設定するのかが問われている。肢体不自由児への支援は個々の障害の特性理解と環境整備の2つの側面が欠かせない。

【10】(1)　①　認知や言語　　②　仕事　　③　適応能力　　(2)　基本的生活習慣，健康・安全

〈解説〉この問題は，知的障害の児童生徒に対する指導について問うている。　(1)は知的障害の定義である。　(2)は生活科の内容について問われている。他の観点としては「遊び」「交際」「役割」「手伝い・仕事」「きまり」「日課・予定」「金銭」「自然」「社会の仕組み」「公共施設」が挙げられる。

【11】(1) ① 協力　② 社会性　③ 計画的　④ 組織的

(2) 交流の目的：相互の触れ合いを通じて豊かな人間性をはぐくむこと
共同学習の目的：教科等のねらいを達成すること

〈解説〉この問題は，学習指導要領の交流・共同学習の内容について問うている。交流・共同学習を行う際の配慮事項とともに，それぞれの意義や目的を，しっかりと区別して理解しておく必要がある。

【12】(1) ア 環境の把握　イ コミュニケーション(身体の動き)
ウ 身体の動き(コミュニケーション)　(2) ・バルーンやエアマットなどを活用し，教師が補助して姿勢を変えたり身体を動かしたりする遊びを行う。　・覚醒を促し，姿勢を保持したりする力を高めたり，人や場所の変化に対応できる力を育てる。　(3) 日常生活の指導
(4) ・写真やカードを活用し，作業中の場に応じたあいさつ，報告，連絡，相談等ができるようにする。　・作業がしやすい環境を作り，材料を運ぶ，機械を動かす，細かな手作業を行う等の工程を手順書で分かりやすく示し，色々な工程を段階的に体験できるようにする。

〈解説〉この問題は，重度知的障害がある子どもに対する具体的な指導について問うている。自立活動の6つの区分の内，どの区分を指導しているのかの理解，区分に応じた具体的な指導を子どもの実態から推定して構成する力が求められる。子どもの障害や認知特性を踏まえた指導内容を記述したい。

2011年度　実施問題

【共通問題】

【1】「特別支援学校小学部・中学部学習指導要領(平成21年3月告示)」に示されている「教育課程の編成の内容」について，次の(1)～(4)の各問いに答えなさい。

(1)　「内容等の取扱いに関する共通的事項」について示した次の文の(①)～(④)に適語を入れなさい。また，[A]に当てはまる語句をすべて答えなさい。ただし，同じ番号及び記号には，同じ語句が入る。

7　知的障害者である児童又は生徒に対する教育を行う特別支援学校において，各教科の指導に当たっては，各教科(小学部においては各教科の(①)。以下この項において同じ。)に示す内容を基に，児童又は生徒の(②)の状態や(③)等に応じて，具体的に(④)を設定するものとする。また，各教科，[A]の全部又は一部を合わせて指導を行う場合には，各教科，[A]に示す内容を基に，児童又は生徒の(②)の状態や(③)等に応じて，具体的に(④)を設定するものとする。

(2)　「重複障害者等に関する教育課程の取扱い」について示した次の各文の(①)～(⑧)に適語を入れなさい。ただし，同じ番号及び記号には，同じ語句が入る。

1　児童又は生徒の(①)により特に必要がある場合には，次に示すところによるものとする。

(1)　各教科及び(②)の目標及び内容に関する事項の(③)を取り扱わないことができること。

(2)　各教科の各学年の目標及び内容の全部又は一部を，当該学年の(④)の目標及び内容の全部又は一部によって，替えることができること。

(3) 中学部の各教科の目標及び内容に関する事項の全部又は一部を，当該各教科に相当する(⑤)の各教科の目標及び内容に関する事項の全部又は一部によって，替えることができること。

(4) 視覚障害者，聴覚障害者，肢体不自由者又は病弱者である生徒に対する教育を行う特別支援学校の中学部の外国語科については，(②)の目標及び内容の一部を取り入れることができること。

(5) (⑥)に示す各領域のねらい及び内容の一部を取り入れることができること。

5 重複障害者，(⑦)の児童若しくは生徒又は障害のため通学して教育を受けることが困難な児童若しくは生徒に対して教員を派遣して教育を行う場合について，特に必要があるときは，実情に応じた(⑧)を適切に定めるものとする。

(3) 特別支援学校の「小学部又は中学部の各学年における年間の総授業時数」については，何に準ずると規定されているか書きなさい。

(4) 特別支援学校において，食事に関する指導を教育課程に位置付けて指導を行う際には，この指導を総授業時数に含めても差し支えないとされているが，その際の留意点を2つ書きなさい。

(☆☆☆◎◎◎)

【2】次の表は，特別支援学校小学部5年，Aさんの自立活動について作成した個別の指導計画である。自立活動の時間の指導を週5日，各2時間，計10時間行っている。

あとの(1)～(5)の各問いに答えさい。

障がいの状態	知的障がい、肢体不自由	心理検査の結果	ア田中ビネー知能検査ＩＱ４０
実　態	○歩行は不安定だが可能。安定して座位をとることができず、物を握る、放す、つまむ等の手指の操作性が十分に発揮できない。また、物の形や大きさ、色の弁別をすることがまだ難しい。 ○一語文での話し言葉はあるが、自分の意思を適切に伝えることに困難を示す。 ○生活のリズムが不規則である。		
関連する自立活動の区分	身体の動き、健康の保持	（ イ ）、身体の動き、コミュニケーション	コミュニケーション、（ ウ ）、身体の動き
長期目標（１年間）	（ エ ）	意思の疎通を図りながら、物を握る、放す、つまむ等の基礎的な手指の操作活動を高めるとともに、視覚的な弁別能力を育てる。	行動や表情を読みとりながら、それらの意味を探り、意思の相互伝達に必要な基礎的な能力及び他者とのかかわりを育てる。
主な指導内容	・身体のマッサージ、タッピング、粗大運動 ・上体の引き起こし運動 ・姿勢の変換、移動運動 ・座位姿勢の保持（バランス遊び、あぐら座位等）	（ オ ）	・動作の模倣遊び ・音声の模倣遊び ・手遊び歌 ・指サイン、身振りサインと言葉とのマッチング

(1)　下線部ア 田中ビネー知能検査の目的の説明として適切なものを，次のa～dの各文から1つ選び，記号で答えなさい。

a　乳幼児の発達を運動，社会性，言語の各分野ごとに評価し，発達上の特徴を明らかにする。

b　児童生徒の知能を個別に精密に診断し，個人内差を明らかにする。

c　幼児児童の知能と習得度を個別に測定し，継次処理－同時処理のモデルから知能の特性を明らかにする。

d　幼児～成人の知能を個別に検査し，知能水準や発達状態を明らかにする。

(2)　(　イ　)，(　ウ　)には，自立活動の6つの区分のいずれかが入る。それぞれの長期目標を基にして当てはまる自立活動の区分を答えなさい。

(3)　(　エ　)に入る適切な長期目標を，関連する自立活動の区分を基にして書きなさい。

(4)　(　オ　)に入る適切な指導内容を2つ書きなさい。また，それぞれどのように指導するか，具体的な指導方法を書きなさい。

(5) 「特別支援学校学習指導要領解説　自立活動編」に示されている「自立活動の具体的な指導内容の設定」では，どのような指導内容を取り上げるよう考慮することとされているか，3つ書きなさい。

(☆☆☆◎◎◎)

【3】自閉症の子どもの特性や指導等について，次の(1)～(3)の各問いに答えなさい。

(1) 自閉症は3歳以前に発症し，脳機能の障がいが強く推測される障がいである。DSM-IVに示されている自閉症の行動特徴を3つ書きなさい。

(2) 次の文は，知的障がい特別支援学校中学部1年に在籍するBさんの実態を述べたものである。実態に基づき，Bさんに対して担任が給食時間に行う指導の手だてを4つ書きなさい。

Bさんは，知的障がいを伴う自閉症である。言葉を話すことができ，簡単な文字の読み書きもできるが，意思や感情を言葉でうまく伝えることは難しい。また，人の話を聞いて理解することも苦手である。

Bさんは，給食が始まるとしばしばパニックになるため，担任が給食の行動観察や，保護者との情報交換を行った。その結果，Bさんは，特定の食材の食感や臭いが苦手なこと，食材が混ざっているメニューには恐怖心があること，また，そのことを相手に伝えることができない状況にあり，パニックになることがわかった。

(3) 次の文は，「特別支援学校学習指導要領解説　自立活動編」第6章「自立活動の内容」に示されている自閉症のある幼児児童生徒の指導についての説明である。(　①　)～(　⑨　)に適語を入れなさい。

自閉症のある幼児児童生徒は，「他者が自分をどう見ているか」，「どうしてそのような見方をするのか」ということへの理解が十分でないことから，「自分がどのような人間であるのか」といった(　①　)の理解が困難な場合がある。そのため，友達の行動に対して適切に応じることができないことがある。

このような場合には，(　②　)な活動を通して自分の(　③　)なことや(　④　)なことの理解を促したり，他者の(　⑤　)や(　⑥　)を考え，それへの対応方法を身に付けたりする指導を関連付けて行うことが必要である。

また，自閉症のある幼児児童生徒は，特定の光や音などにより混乱し，行動の(　⑦　)が難しくなることがある。そのような光や音に対して少しずつ慣れたり，それらの刺激を避けたりすることができるように，(　⑧　)や(　⑨　)の特性への対応に関する内容も関連付けて具体的な指導内容を設定することが求められる。

(☆☆☆◎◎◎)

【4】脳の機能と障がいの関係について，次の(1)，(2)の各問いに答えなさい。

(1)　次の図表のア～キは中枢神経系の部位を示したものである。(　①　)～(　⑤　)に適語を入れなさい。また，(　⑥　)～(　⑩　)に入るものを，下のa～eから選び，記号で答えなさい。

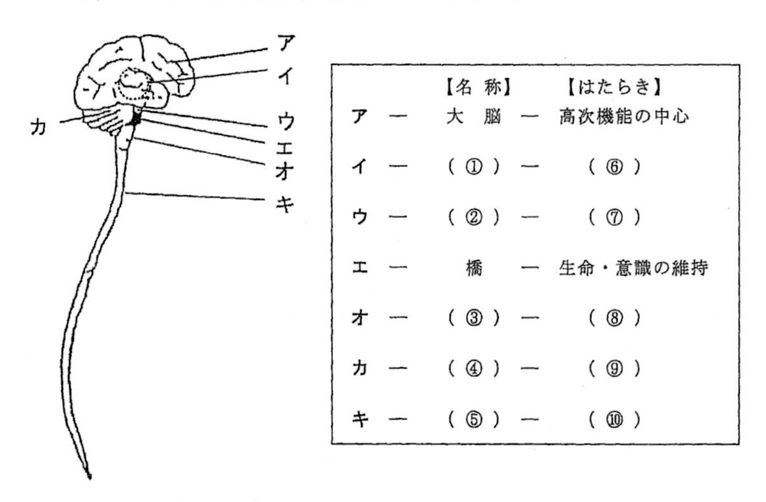

		【名称】		【はたらき】
ア	―	大脳	―	高次機能の中心
イ	―	(①)	―	(⑥)
ウ	―	(②)	―	(⑦)
エ	―	橋	―	生命・意識の維持
オ	―	(③)	―	(⑧)
カ	―	(④)	―	(⑨)
キ	―	(⑤)	―	(⑩)

a　神経繊維が通り，運動の指令を伝える。

b　左半身・右半身の反射を調節する。

c　歩行などの運動を調節する。

d　随意運動の調節や手続き記憶を行う。

e　内臓や血管の働きを調節する。

(2)　次のア～エの各文の(　①　)～(　⑧　)に入る適語を下のa～oから選び，記号で答えなさい。

ア　人の脳の機能が，その部位によって異なることを，機能の(　①　)性という。

イ　出産直後の子どもでは，前頭葉の(　②　)野周辺の血流が上昇し，神経繊維の活発な(　③　)化が行われている。しかしこの時期には，前頭前野などの脳の血流は非常に乏しい。

ウ　何らかの障がいが，脳または他の身体部位に起きたときに，その障がいによる機能低下を補填するように脳の構造や機能が変化しうることを，脳の(　④　)性という。このはたらきから，視覚障がい者が点字を読む際には，触覚を司る(　⑤　)野が活性化されるだけでなく(　⑥　)葉の視覚野も活性化する。

エ　(　⑦　)とは，種々の病因によってもたらされた慢性の脳疾患で，神経細胞が過剰に放電することによる(　⑧　)異常によって起きる。

a　活性	b　後頭	c　進展・結合	d　連続
e　代謝	f　構造	g　髄鞘	h　パニック障がい
i　てんかん	j　側頭	k　感覚	l　可塑
m　脳波	n　運動	o　局在	

(☆☆☆◎◎◎)

【5】次の文は「小学校学習指導要領解説　総則編(平成20年8月告示)」に示されている「障害のある児童の指導」についての記述である。あとの(1)～(4)の各問いに答えなさい。

小学校には，特別支援学級や(　①　)を受ける障害のある児童とともに，通常の学級にもLD(学習障害)，ADHD(注意欠陥多動性障害)，自閉症などの障害のある児童が在籍していることがあり，これらの児

童については，障害の状態等に即した適切な指導を行わなければならない。(中略)

次に，個々の児童の障害の状態等に応じた指導内容・指導方法の工夫を検討し，適切な指導を計画的，(　②　)に行わなければならない。(中略)

このため，特別支援学校や医療・福祉などの関係機関と(　③　)を図り，障害のある児童の教育についての専門的な(　④　)や(　⑤　)を活用しながら，適切な指導を行うことが大切である。指導に当たっては，例えば，障害のある児童一人一人について，指導の目標や内容，配慮事項などを示した計画(個別の指導計画)を作成し，教職員の(　⑥　)の下にきめ細かな指導を行うことが考えられる。

また，障害のある児童については，学校生活だけでなく家庭生活や地域での生活も含め，長期的な視点に立って幼児期から学校卒業後までの(　⑦　)した支援を行うことが重要である。このため，例えば，家庭や医療機関，福祉施設などの関係機関と(　③　)し，様々な側面からの取組を示した計画(ア 個別の教育支援計画)を作成することなどが考えられる。(中略)

さらに，担任教師だけが指導に当たるのではなく，(　⑧　)を設置し，特別支援教育コーディネーターを指名するなど学校全体の支援体制を整備するとともに，特別支援学校等に対し(　④　)又は(　⑤　)を要請するなどして，計画的，(　②　)に取り組むことが重要である。

(1)　文中の(　①　)～(　⑧　)に適語を入れなさい。ただし，同じ番号には，同じ語句が入る。

(2)　文中の下線部ア 個別の教育支援計画を作成するに当たって，小学校の特別支援教育コーディネーターが担う役割について書きなさい。

(3)　小学校1年生の担任教師から，「授業中や座っていなければいけないときに，自分の席を離れてしまうことがよくある児童の指導」について相談を受けた。担任がこの児童への指導を行うために，学校生活における実態をどのように把握していけばよいか，担任への助言の内容を書きなさい。

(4) 特別支援学校が，地域における特別支援教育のセンター的機能を果たしていくためには，特別支援学校において，どのような取組を行っていくことが必要か，2つ書きなさい。

(☆☆☆◎◎◎)

【視覚】

【1】次の文は，「学校教育法施行令第22条の3(平成19年改正)」の抜粋である。視覚障がい特別支援学校の就学対象となる児童生徒は，どのように規定されているか(①)～(④)に適語を入れなさい。

両眼の視力がおおむね(①)未満のもの又は視力以外の(②)障害が高度のもののうち，拡大鏡等の使用によつても(③)の文字，図形等の視覚による認識が不可能又は著しく困難な程度のもの

(備考)

一 視力の測定は，万国式試視力表によるものとし，屈折異常があるものについては，(④)視力によつて測定する。

(☆☆☆◎◎◎)

【2】視覚障がい特別支援学校における児童生徒への指導内容について，次のア～カの各文の中から間違っているものを3つ選び，それぞれの全文を正しい内容に書き直しなさい。

ア 点字を常用して学習する児童生徒に対しては，漢字・漢語の意味や構成等についての指導を行う必要はない。

イ 早期に視覚を活用することができなくなった児童生徒の場合，点字の指導においては，書きの指導より読みの指導を先に行うほうが効果的である。

ウ 弱視の児童生徒への教科書やプリント等は，文字や図などが見やすいように必ず拡大しなければならない。

エ 触覚による観察では，まず対象物を両手で包むように触ったり，指先を滑らかに動かしたりして全体像を大まかに把握してから，部

分の細部を調べていく。

オ　右足を踏み出す時に左へ，左足を踏み出す時に右へと白杖を振り，足と同時に白杖が地面に軽く触れるようにするのがタッチテクニックである。

カ　短距離走は，スタート前にゴール付近で音源を鳴らして走る方向を知らせ，その後，いったん音源を切ってスタートさせ，ゴールが近くなったら，再度音源を鳴らして，減速とゴールのタイミングを知らせる。

(☆☆☆◎◎◎)

【3】次の表は視覚障がい特別支援学校中学部1年Cさんの実態把握の資料の一部です。
下の(1)～(7)の各問いに答えなさい。

眼疾名	両眼：①網膜色素変性症　左：②白内障		利き目	右
視　力	③遠距離視力	右 0.08(0.09)　左 0.06(0.07)　両眼 0.08 (0.09)		
	近距離視力	右 0.08(0.09)　左 0.07(0.09)　両眼 0.1 (0.1)		
	④最大視認力	(省略)		
⑤他の視機能	視野：左右とも10°	補助具	遮光眼鏡、⑥単眼鏡、ルーペ	

(1) 表中の①　網膜色素変性症の眼疾の説明について，次のア～エから，適切なものを1つ選び，記号で答えなさい。

ア　網膜剥離の危険性があるため，必要に応じて防御眼鏡を装着するとよい。

イ　遺伝性の疾患であるが，視力の低下が進行することはあまりない。

ウ　杆体の機能の低下に基づき，夜盲や視野狭窄が認められることが多い。

エ　網膜血管の拡張や血液成分の血管外への漏出で，急な失明に至ることがある。

(2) 表中の①　網膜色素変性症，②　白内障は次の図のどの部位の疾患か，ア～ケからそれぞれ選び，記号で答えなさい。また，その部位の名称を答えなさい。

右眼水平断面図

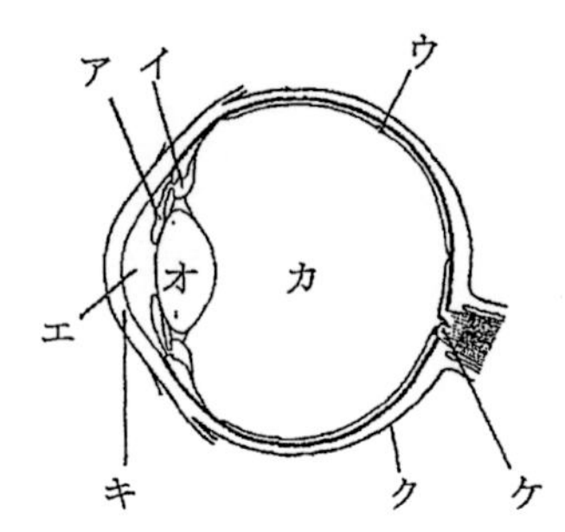

(3) 表中の③ 遠距離視力を検査するための代表的な検査指標を1つ答えなさい。

(4) 表中の④ 最大視認力とはどのような視力のことか，説明しなさい。

(5) 表中の⑤ 他の視機能について，教育上，把握しておくべき視機能には，視野以外にどのようなものがあるか，2つ答えなさい。

(6) 上記のCさんが表中の⑥ 単眼鏡を使用する場合の説明として適切なものを，ア～ウの中から1つ選び，記号で答えなさい。

ア Cさんの場合，6～8倍程度の倍率の単眼鏡を処方することが予想される。

イ Cさんの場合，単眼鏡は主に読書や近見作業をする際に使用する。

ウ Cさんの場合，単眼鏡は片手で左目にあてて使用できるように指導する。

(7) Cさんの実態を踏まえ，体育の授業における配慮事項を，理由も明確にしながら具体的に2つ書きなさい。

(☆☆☆◎◎◎)

【4】視覚に障がいのある児童生徒の歩行指導について，視覚に障がいのある児童生徒がどのような条件のもとで歩行ができるようになることをめざすか。歩行指導上の4つの観点(条件)を答えなさい。

(☆☆☆◎◎◎)

【5】点字について，次の(1)，(2)の各問いに答えなさい。

(1)　次の点字を墨字に直しなさい。

●○	○●	●○	●○	○○	○●	●●	○○	○○	●○	●●	○○	●○	○○	○○
○●	●○	●●	●○	○○	○○	○○	●●	○●	●●	○●	○●	○●	●●	○○
●○	●○	○●	○○	○○	○○	○●	○○	○○	○●	●○	○○	●○	○●	○○

(2)　次の文を点字に直しなさい。ただし「　　」は書かず，文の始めはマスあけをせずに1マス目から書き始めなさい。また，点字は凸面(読み)の形で書きなさい。

「彼は，学校でCDを1枚拾った。」

(☆☆☆◎◎◎)

【知的 他】

【1】病弱者である児童生徒に対する教育について，次の(1)～(4)の各問いに答えなさい。

(1)　次の文は，「学校教育法施行令第22条の3(平成14年4月24日付交付)」に規定されている病弱者を対象とする特別支援学校の就学基準について示したものである。(　①　)～(　③　)に適語を入れなさい。ただし，同じ番号には，同じ語句が入る。

一　慢性の呼吸器疾患，腎臓疾患及び神経疾患，悪性新生物その他の疾患の状態が(　①　)して医療又は(　②　)を必要とする程度のもの

二　(　③　)の状態が(　①　)して(　②　)を必要とする程度のもの

(2)　心疾患について説明した次の文の(　①　)に当てはまる病名を書きなさい。また(　②　)，(　③　)に入る適語をあとのa～fから選び，記号で答えなさい。

病名：(　①　)

大きい心室中隔欠損，(　②　)があり，静脈血が右心室を経て一部は肺動脈へ，残りは心室中隔欠損を介して大動脈へ流れることで，肺血流量が減少する先天性疾患の代表である。肺血流量の減少により，血液中の酸素飽和度が低下するため，口唇や爪が紫藍色に変色したような状態である(　③　)の徴候が認められる。

a　チアノーゼ　　b　免疫不全　　c　肺動脈狭窄
d　大動脈弁狭窄　　e　心雑音　　f　貧血

(3)　次の文は，「特別支援学校学習指導要領解説　小学部・中学部」において，病弱者である児童生徒に対する教育を行う特別支援学校の指導上配慮すべき事項について示したものである。(　①　)～(　④　)に適語を入れなさい。

児童の(　①　)の制約や病気の状態等に応じて，指導内容を適切に精選し，(　②　)な事項に重点を置くとともに，各教科等相互の関連を図ったり，指導内容の(　③　)に配慮した工夫を行ったりして，効果的な(　④　)が展開できるようにすること。

(4)　病弱者である児童生徒に対する教育を行う特別支援学校において，指導上配慮すべき事項を上記(3)以外に2つ書きなさい。

(☆☆☆◎◎◎)

【2】脳性まひについて説明した次の文を読んで，下の(1)～(5)の各問いに答えなさい。

脳性まひは，運動機能障がいだけではなく，てんかん・知的障がい・①コミュニケーション障がいなどを随伴します。脳傷害が広範囲かつ重症であれば，②四肢まひとともに③嚥下障がい・呼吸障がいも合併しやすく，加齢により障がいされた中枢神経機能の早期の低下が起こり，側彎・拘縮変形などや④呼吸障がい，胃食道逆流症など二次性障がいを合併しやすくなります。

(1)　下線部①コミュニケーション障がいについて，言葉の理解はできるが，話し言葉が不明瞭である児童生徒のコミュニケーションの手段と活用について，学習内容の例を簡潔に書きなさい。

(2)　下線部②四肢まひについて，脳性まひは，生理学的に痙直型・不随意運動(アテトーゼ)型・失調型・混合型などに分類される。この中で，小脳・脳幹の損傷によって，主として平衡機能が障がいされているのはどの型か，答えなさい。

(3)　脳性まひでは，視知覚認知障がいが起こると言われている。視知覚認知障がいでは，どのような実態が見られるか，簡潔に書きなさい。

(4)　下線部③嚥下障がいについて，「誤嚥」とはどのような状態か，簡潔に書きなさい。また「誤嚥」がある場合，どのような症状を起こすか，書きなさい。

(5)　下線部④呼吸障がいについて，呼吸障がいのある児童生徒の痰の切れが悪い場合，どのような対応を行えばよいか，書きなさい。

(☆☆☆◎◎◎)

【3】肢体不自由特別支援学校の教育課程に関する次の(1)，(2)の各問いに答えなさい。

(1)　肢体不自由者である児童生徒に対する教育を行う特別支援学校では，児童生徒の実態に応じるため，概ね，下に示す4つの教育課程を編成している。文中の(　①　)，(　②　)に適語を入れなさい。

1　小学校・中学校・高等学校の各教科を中心とした教育課程

2　小学校・中学校・高等学校の(　①　)の各教科を中心とした教育課程

3　知的障がい者である児童生徒に対する教育を行う特別支援学校の各教科を中心とした教育課程

4　(　②　)を主として指導する教育課程

(2)　肢体不自由者である児童生徒に教育を行う特別支援学校においては，各教科の指導に当たって，指導内容を適切に精選することが必要であるが，その理由について書きなさい。

(☆☆☆◎◎◎)

【4】知的障がい者である児童生徒に教育を行う特別支援学校の各教科の内容は，学年別には示さず，段階別に示してあるが，小学部，中学部はそれぞれいくつの段階に分かれているか数を答えなさい。また，段階別に示している理由を書きなさい。

(☆☆☆◎◎◎)

【5】知的障がい者の就労について述べた次の各文の(①)~(⑧)に適語を入れなさい。

(1) 中央教育審議会答申(平成11年12月)によると，キャリア教育とは，「望ましい職業観や(①)及び職業に関する知識や技術を身に付けさせるとともに，自己の(②)を理解し，主体的に(③)する能力・態度を育てる教育」と意義づけている。またその実施に当たっては「(④)・(⑤)と連携し，体験的な学習を重視するとともに，各学校ごとに目標を設定し教育課程に位置付けて計画的に行う必要がある。また，その実施状況や成果については，絶えず(⑥)を行うことが重要である」としている。

(2) 一般に，職業教育では，特定の職業に就くために必要な知識・技能及び態度を身に付けることを目指すが，知的障がい者に対する教育においては，従来から将来の社会参加を目指し，(⑦)や(⑧)として必要とされる一般的な知識・技能及び態度の基礎を身に付けるようにすることが重視されている。

(☆☆☆◎◎◎)

【6】知的障がい特別支援学校において作業学習を行う際，どのような点に留意して作業種や作業内容を設定するか，4つ書きなさい。

(☆☆☆◎◎◎)

【聴覚】

【1】聞こえのしくみについて，次の(1)，(2)の各問いに答えなさい。

(1) 聴覚器官の音の伝達について示した次の文の(①)~(④)に適語を入れなさい。ただし，同じ番号には，同じ語句が入る。

空気の分子の振動が鼓膜に到達すると，鼓膜に接していた分子が鼓膜を押し，鼓膜が振動する。鼓膜には(①)が接しており，この(①)も振動する。(①)は(②)に前庭窓という膜を介して接しており，(②)内の基底膜が振動する。

基底膜上には(③)があり，ここで物理的な振動は神経の興奮へ変換される。興奮した聴神経は脳の(　④　)へと信号を伝える。

(2)　伝音難聴と感音難聴について，次の[　　]から2つずつ語句を選び，その語句を用いてそれぞれ説明しなさい。また，伝音難聴と感音難聴が重なった難聴を何というか，答えなさい。

[　基底膜　　中耳　　後迷路　　内耳　　聴神経・脳　　外耳　]

(☆☆☆◎◎◎)

【２】聴覚障がい特別支援学校中学部1年生(5名在籍)の指導について，次の(1)～(5)の各問いに答えなさい。

(1)　聴覚障がい特別支援学校における教室の座席の配置は，次の図のような馬蹄形が望ましいとされている。その理由を書きなさい。

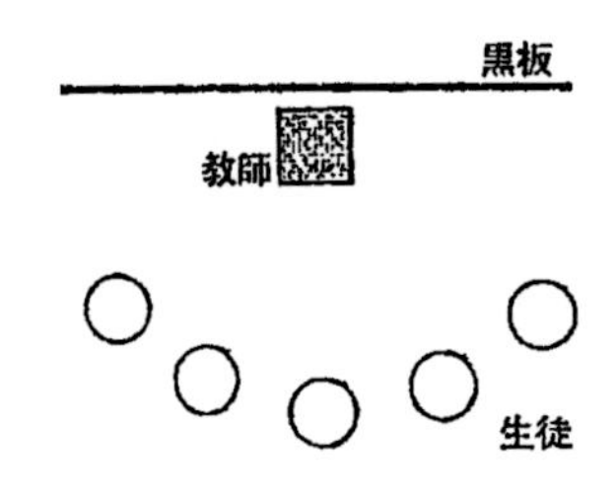

(2)　教室で各教科等の指導を行うために，座席の配置以外に留意する内容について，2つ説明しなさい。

(3)　生徒は，小学校で教育を受けた生徒が2名，特別支援学校小学部で教育を受けた生徒が3名である。教師や生徒の意思の相互伝達が，正確かつ効率的に行われるために必要なコミュニケーション手段を3つ答えなさい。

(4)　在籍生徒が主体的に読書に親しみ，書いて表現する態度が養われるようにするための配慮について説明しなさい。

(5)　在籍生徒の中には，聴覚障がいがある自分を肯定的にとらえられない生徒がいる。この生徒の自己肯定感を高めるための自立活動における指導内容を2つ答えなさい。

(☆☆☆◎◎◎)

【3】聴覚障がい特別支援学校小学部Cさんの「聞こえ」と「ことば」の指導について，次の(1)～(3)の各問いに答えなさい。

(1) 次のグラフは，Cさんの聴力測定結果(補聴器装用なし)を記録したものである。音の単位にはdBHLとdBSPLがあるが，聴力レベルの単位がどちらになるか，答えなさい。また，dBHLとdBSPLの違いを説明しなさい。

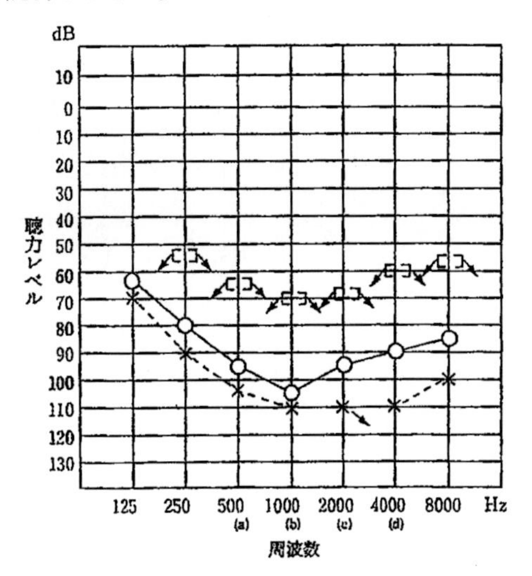

(2) Cさんの「聞こえ」の状態を説明した次のア～エについて，正しいものには○，間違っているものには×を記入しなさい。

ア　同じ高さの音に対して左耳の反応がよい

イ　笛(2000Hz)で合図をしたとき，95dB以上の大きさになると反応がある。

ウ　平均聴力レベルを4分法で計算すると右耳が100dB，左耳が109dBである。

エ　図の中で[　]と→で示されているものは，音場でのスピーカーによる測定結果である。

(3) Cさんは補聴器を装用して生活をしている。周囲とのやりとりにおいて，サ行の発音が苦手である。サ行の発音が苦手になる理由を

Cさんの「聞こえ」の状態を考慮して書きなさい。

(☆☆☆◎◎◎)

【4】聴覚障がいについて，次の(1)～(6)の各問いに答えなさい。

(1) 次の図は人工内耳の体内装置と体外装置である。ア，イの名称を答えなさい。

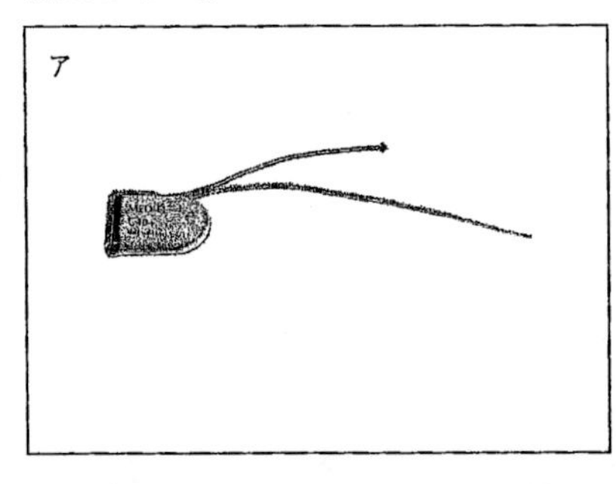

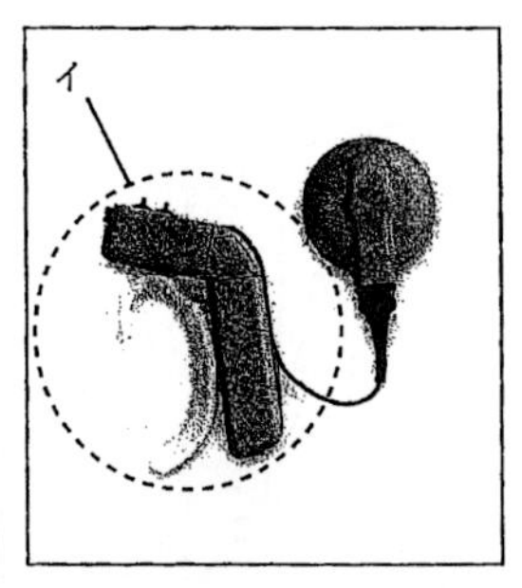

(2) 補聴器と人工内耳の働きの違いを説明しなさい。

(3) 補聴器用電池の中で，ボタン型の小型の形状をしており，電気容量が水銀電池の約2倍あり，保存寿命が長く軽いという特徴がある電池の種類を答えなさい。

(4) 聴覚障がい特別支援学校で用いられる集団補聴システムの方式を2つ答えなさい。

(5) できるだけ早期に難聴を発見・診断する厚生労働省のモデル事業が多くの地域で実施されている。この事業名を答えなさい。

(6) 聴覚障がい乳幼児教育相談において，保護者へ行う支援の内容として「聞こえ」と「ことば」についての支援の他にどのような支援の内容が必要であるか，2つ答えなさい。

(☆☆☆◎◎◎)

【5】指文字及び手話に関する次の(1)～(3)の各問いに答えなさい。

(1) 次の指文字が表していることばが何か，答えなさい。ただし，指文字は相手から見た様子を示している。

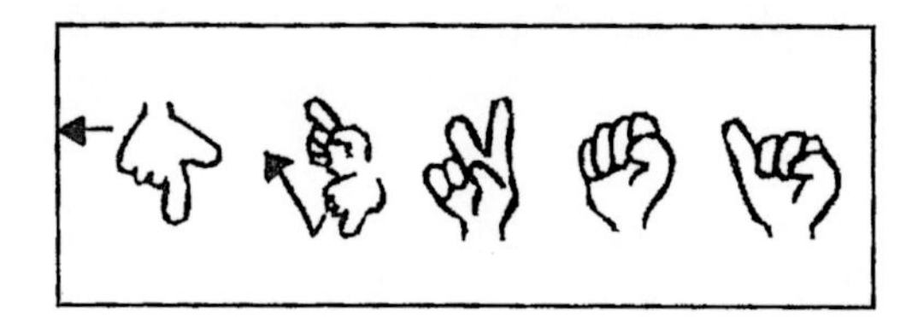

(2)　次の①～③の文章の傍線部の手話表現として適切なものを，下のア～オからそれぞれ選び，記号で答えなさい。

①「ざわざわしていて，先生の声がよく聞こえないよ」

②「僕は君の話は聞かないよ」

③「その機械がないと，このCDは聞けないよ」

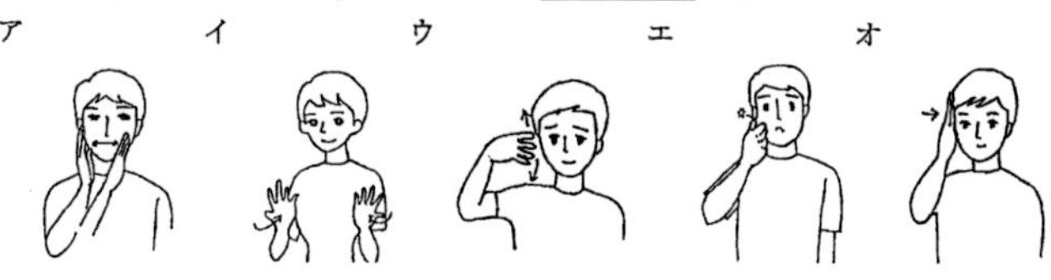

(3)　次の手話表現を読みとり，文章で答えなさい。

(☆☆☆◎◎◎)

解答・解説

【共通問題】

【1】(1)　①　各段階　②　知的障害　③　経験　④　指導内容　A　道徳，特別活動及び自立活動　(2)　①　障害の状態　②　外国語活動　③　一部　④　前各学年　⑤　小学部　⑥　幼稚部教育要領　⑦　療養中　⑧　授業時数　(3)　小学校

又は中学校の各学年における総授業時数　(4)　一人一人の児童生徒について詳細な実態把握を行う/適切な指導計画を作成して指導を展開する。

〈解説〉(1)　問題文の「合わせて指導を行う」という形態の根拠となっているのは学校教育法施行規則第130条であるので確認しておきたい。教育現場では，生活単元学習，作業学習，遊びの指導，日常生活の指導といった形態がとられている。　(2)　問題文の5は訪問教育に関する規定である。訪問教育は，障害があるため，学校に通学して教育を受けることが困難な児童・生徒に対して，家庭・施設・病院等を教員が訪れて指導を行う形態で，昭和40年代初めに，退職教員を充てるなどのかたちで各地で開始された。当初この教育形態は地域によりさまざまな名称で呼ばれていたが，昭和53年に文部省から出された「訪問教育の概要(試案)」によって「訪問教育」に統一された。訪問教育は，小・中学部については，昭和54年度より実施され，高等部についても平成10年度に全都道府県で実施されるようになっている。

【2】(1)　d　(2)　イ　環境の把握　ウ　人間関係の形成

(3)　感覚器官に訴える活動(活発に体を動かすこと)を通して，生活のリズムを整え(「健康の保持」の「生活のリズムの形成」についての目標)，自発的な身体動作の活発化を図りながら，安定した座位姿勢の保持能力を育てる。(「身体の動き」の「姿勢と運動・動作の基本的技能の習得」についての目標)

(4)　指導内容　円柱抜き，ビー玉

指導方法

円柱抜き　型にはめこんである円柱を見分け，つまんだり，握ったりして取り出し，指定の容器に入れるように指導する。

ビー玉　ビー玉をつまんだり，握ったりして，一つの入れ物から，もう一つの容器に，移し変えるように指導する。

(5)　主体的に取り組み，成就感を味わうことができる(又は，自己を肯定的にとらえることができる)ような指導内容を取り上げること／障がいによる学習上又は生活上の困難を改善・克服しようとする意欲を高めることができるような指導内容を重点的に取り上げること／進んでいる側面を更に伸ばすことによって，遅れている側面を補うような指導内容を取り上げること／活動しやすいように自ら環境を整えたり，必要に応じて周囲の人に支援を求めたりすることができるような指導内容を取り上げること。

〈解説〉(1)　aは新版K式発達検査の説明である。bは WISC-Ⅲの説明である。ただし，現在は2011年1月に第4版となるWISC-IVが発行されている。cはK-ABC心理・教育アセスメントバッテリーの説明である。

(2)　ウの「人間関係の形成」は新たに設けられた区分であるので留意しておきたい。社会の変化や子どもの障害の重度・重複化，自閉症，LD(学習障害)，ADHD(注意欠陥多動性障害)等も含む多様な障害に応じた適切な指導を一層充実させるため，他者とのかかわり，他者の意図や感情の理解，自己理解と行動の調整，集団への参加，感覚や認知の特性への対応などに関することを内容の項目に盛り込み，現行の5区分に加え，新たな区分として「人間関係の形成」が設けられた。

【3】(1)　対人的相互反応における質的な障がい／意思伝達の質的な障がい／行動，興味及び活動が限定され，反復的で常同的な様式

(2)　①　給食を食べる順番や量，全部食べなくてもよいことやここまでで終わりといったルールを，カードを使って示すことで給食に見通しを持たせる。　②　苦手な食材はすぐに食べるのではなく，臭いをかいだり触れてみることから指導する，苦手な食材は小皿に分けたり，量を減らしたりすることで，食材への不安感を減らすようにする。

③　給食の頑張り表を作成し，目標を達成できたら○をつけたり，シールを貼ったりして，本人の努力をわかりやすく記録して賞賛する。

④「これは苦手です」「量を減らしてください」「これをください」などの適切な要求の方法を，コミュニケーションカードを示しながら伝えられるようにする。　(3)　①　自己　②　体験的　③　得意

④　不得意　⑤　意図　⑥　感情　⑦　調整　⑧　感覚

⑨　認知

〈解説〉自閉症の特徴では，イギリスの児童精神科医ローナ・ウィング(Wing, L.)の「ウィング(自閉症)の三つ組」に代表されるように，対人関係の障害(社会性の障害)，コミュニケーションの障害，想像力の障害(こだわり行動と興味の偏り，固執性)が挙げられる。近年では，自閉症，アスペルガー，特定不能の広汎性発達障害等を含めた「自閉症スペクトラム」といわれる捉え方が主流となっている。「自閉症スペクトラム」とは，自閉症とその周辺障害を含めた連続するグループを指し，連続体，連続するものを指し，自閉症の特徴である社会的な相互交渉の質的な障害，コミュニケーションの質的な障害，興味や関心の狭さやこだわりには，様々な程度の差があり，知的障害を併せ持つ自閉症から，自閉症の特徴に合致しているが，その程度が軽く正常発達に近い人まで，連続した1つの障害の状態として考えることができる。

【4】(1)【名称】①　間脳　②　中脳　③　延髄　④　小脳　⑤　脊髄　【はたらき】⑥　e　⑦　c　⑧　a　⑨　d　⑩　b　(2)　①　o　②　n　③　g　④　l　⑤　k　⑥　b　⑦　i　⑧　m

〈解説〉(2)　③については，髄鞘とはニューロンの軸索を覆っているカバーである。ミエリンともいう。人間の脳は生まれてからも発達を続けており，それを示す現象の一つが髄鞘化である。髄鞘によって軸索が覆われることによって，軸索を通る信号の伝達効率が飛躍的に上昇する。

【5】(1)　①　通級による指導　②　組織的　③　連携　④　助言　⑤　援助　⑥　共通理解　⑦　一貫　⑧　校内委員会

(2)　個別の教育支援計画の作成には，保護者や関係機関からの情報や連携が重要になるため，<u>保護者や関係機関等の連絡調整</u>を行い，<u>ケース会議(個別の教育支援計画作成委員会)等を開く</u>等の役割を担っている。 (3) どのような教科や活動のときに離席等が見られるのかを観察する／ことばによる指示が理解できているのか，ことばによる指示を繰り返すと理解できるのか，等条件を変えて実態を把握する／集中できる活動を見つけ出す (4) 校内における教師同士の連携協力／地域の実態の適切な把握/校内の校務分掌や校内組織を工夫し支援体制を整備/地域の医療機関等との連携協力，ネットワークづくり

〈解説〉今回の学習指導要領の改訂では，小・中学校等の通常の学校の学習指導要領においても，障害に関する規定が数多く盛り込まれたことが特徴である。今回の問題である解説の元となるのは小学校学習指導要領第1章「総則」第4「指導計画の作成等に当たって配慮すべき事項」2(7)であるので合わせて目を通しておく必要がある。 (2) 「個別の教育支援計画」は平成15年「今後の特別支援教育の在り方について(最終報告)」で提言された新しい教育計画である。報告では，障害のある児童・生徒を生涯にわたって支援する観点から一人ひとりのニーズを把握して，関係者・機関の連携により一貫した支援を効果的に行うために「個別の教育支援計画」を策定することが必要であるとしている。つまり，個別の教育支援計画は，特別支援教育における「縦のつながり」と「横のつながり」を促進する上での重要なツールといえる。新特別支援学校学習指導要領においても作成が義務づけられた。また，小・中学校の新学習指導要領においても作成することが求められている。

【視覚】

【1】① 0.3 ② 視機能 ③ 通常 ④ 矯正

〈解説〉「学校教育法施行令第22条の3」の条文である。視機能には，視力，視野，眼球運動，色覚，光覚，両眼視，調節などがあり，視力以外の視機能障害が重い場合には，通常の文字や図形の認識が困難となり，特別な支援が必要になる。

【2】記号：ア　　訂正文：点字を常用して学習する児童生徒に対しても，漢字・漢語の意味や構成等についての指導を行う必要がある。
記号：ウ　　訂正文：弱視の児童生徒への教科書やプリント等は，文字や図形が見やすいように必ずしも，拡大する必要はない(弱視の児童生徒への教科書やプリント等は，個々の見え方や実態に応じた大きさや字体とする)。　記号：カ　　訂正文：短距離走は，スタート前にゴール付近で音源を鳴らし，そこに向かって走らせる。ゴールは少し手前から残りの距離を伝えながらストップの声かけをする。
〈解説〉ア　点字常用児童も漢字・漢語の意味や構成の理解は必要である。ウ　弱視の状態によっては拡大が見づらい場合もあり，見え方の状態に即した教材の工夫が必要である。　カ　音源の位置によりゴール方向を，音の大きさの変化によりゴールまでの距離を判断しており，スタート前に音源を切ってはならない。ゴール付近に到達したら声で知らせるようにする。

【3】(1)　ウ　　(2)　①　記号:ウ　　名称:網膜　　②　記号：オ　名称：水晶体　　(3)　ランドルト環　　(4)　近距離視力表を用いて，最も見やすい距離で，視認できた最小の指標で示す視力　　(5)　色覚・光覚(音順応)コンストラスト感度・調整と遠近・両眼視・眼球運動　から2つ　　(6)　ア　　(7)　視野が狭いため，動きの模倣等は，動きを分解して一つ一つ教える／羞明があるため，遮光眼鏡や帽子の着用をするように指導する／低視力のため，見えやすい道具，分かりやすい印，音のする道具を使用する／視野が狭く低視力であるため，スピードや勢いのある動きをする場合は，安全でゆっくりした動きから徐々に慣らしていく／視野が狭いため，ゲーム等のルールを変える際は，人や物と衝突しないよう工夫する。
〈解説〉(1)　ア　高度近視の説明である。　イ　網膜色素変性症では病気の進行とともに視力の低下も生じる。　エ　糖尿病網膜症の説明である。　(2)　網膜色素変性症は網膜視細胞(杆体)の変性が起こり，白内障は水晶体の混濁である。　(3)　C型指標がランドルト環であり，

海外ではE型のスネレン指標が良く用いられている。　(4)　近距離視力は30cmで測定する。弱視の中には30cmでは良く見えないが，見やすい距離で見ると小さい指標も見える場合が多く，最大視認力の測定が行われている。　(5)　視機能には，視力，視野，眼球運動，色覚，光覚，両眼視，調節がある。　(6)　単眼鏡は遠方視に用いられる。左右眼のうち見やすい眼を用いるが，一般には遠距離視力(矯正視力：(　)内の値)が高い方の眼を用いる。その眼の矯正視力の値で0.5(ここでは0.5÷0.09)あるいは0.6(同様に0.6÷0.09)を割った値を目安に必要な倍率を決定する。　(7)　網膜色素変性症では視力の低下とともに視野の狭窄と夜盲が生じる。一方，白内障では羞明が生じやすい。

【4】安全性の確保，能率性の向上，見た目に自然な動きや容姿の獲得，本人にとってやりやすい方法の獲得

〈解説〉歩行の4つの条件とは，①安全性・安心感の確保，②能率性の検討，③社会性(見た目に自然な動きや容姿)の検討，④個別性(当事者の主体性と意思の尊重)の検討である。さらに学習を進めるに際しては以下の文献を参考にするとよい。『歩行指導の手引』(文部省，慶應通信，1988年)

【5】(1)　楽しい休日だ。

(2)

⠡⠛⠄⠰ ⠐⠡⠂⠪⠒⠐⠟ ⠰⠠⠠⠉⠙ ⠔ ⠼⠁⠵⠃ ⠧⠚⠂⠕⠲

〈解説〉促音，長音，濁音，半濁音のほか，拗音，拗濁音，拗半濁音，数字，英文字，句点，読点，疑問符，感嘆符，中点なども重要である。学習を進めるに際しては以下の文献を参考にするとよい。「点字学習指導の手引(平成15年改訂版)」(文部科学省，日本文教出版，2003年)

【知的 他】

【1】(1)　①　継続　　②　生活規制　　③　身体虚弱　　(2)　①　ファロー四徴症　　②　c　　③　a　　(3)　①　授業時数　　②　基礎

的・基本的　③　連続性　④　学習活動　(4)　健康状態の改善等に関する内容の指導に当たっては，特に自立活動における指導との密接な関連を保ち，学習効果を一層高めるようにすること／体験的な活動を伴う内容の指導に当たっては，児童生徒の病気の状態や学校環境に応じて指導方法を工夫し，効果的な学習活動が展開できるようにすること／児童生徒の身体活動の制限の状態等に応じて，教材・教具や補助用具などを工夫するとともに，コンピュータ等の情報機器などを有効に活用し，指導の効果を高めるようにすること／児童生徒の病気の状態等を考慮し，学習活動が負担過重とならないようにすること。

〈解説〉(3)　病弱者である児童生徒は種々の要因により，一般に学習時間に制約を受けているほか，学習の空白や遅れ，身体活動の制限等を伴う場合が多い。また，病弱者である児童生徒に対する教育を行う特別支援学校に在籍する期間がそれぞれ異なる上，小・中学校から転入学してきた児童生徒については，学習の進度等の差が見られる。そのため，指導上配慮すべき事項が示されている。

【2】(1)　写真や絵カードを活用して自分の意思を伝える／身振りやサインで自分の意思を伝える／コミュニケーション機器を活用し自分の意思を伝える。　(2)　失調型　(3)　図形や文字や絵が理解できないため，上手く書けない／図と地の知覚，空間の認知の困難。

(4)　誤嚥の状態：のどから食道へのみこまれていくべき食物や水分が，気管の中に流れ込んでしまう。　症状：肺炎，呼吸困難，窒息の中から1つ　(5)　姿勢を整える／胸郭の周辺の緊張を和らげる／呼吸の運動の援助／加湿，吸入／充分な水分摂取／吸引　以上の中から1つ

〈解説〉(1)　音声言語以外にもサインなど身体を活用する方法や，情報カードやコミュニケーション支援機器を活用する方法などいろいろ考えられる。　(2)　アテトーゼ(不随意運動)型に四肢まひが多い。

(3)　脳性まひ児には，多義図形において一つの見え方から別の見え方に任意に移行することに困難を示す「知覚の固さ」や，図となる図形

に地となる妨害図形がかぶっていると，図となる図形が知覚できない「図－地知覚の障害」，枠に字を書き入れるような課題に困難を示す「知覚－運動障害」，視覚を通して空間的に再生する行為に困難を示す「構成障害」などをあわせ有することがある。 (4) 咀嚼・嚥下の指導のほか，誤嚥を起こさないようにするための姿勢づくりや食形態への配慮等も重要。

【3】(1) ① 下学年　② 自立活動　(2) 身体の動きやコミュニケーションの状態等から学習に時間がかかるから／自立活動の時間があること，肢体不自由児施設等において治療や機能訓練等が行われていることなどの関係から，授業時間が制約されるから。

〈解説〉(1) 肢体不自由教育では，小・中学校等に準ずる学習が行える子どもから，知的障害をあわせ有する子ども，学習が著しく困難な子どもまで児童生徒の実態が多岐にわたっており，一人一人実態に応じた多様な教育課程を準備する必要がある。

【4】小学部：3段階　中学部：1段階　理由：知的障がいの状態や経験等が，同一学年であっても様々で，個人差が大きいため，段階を設けて示した方が，個々の児童生徒の実態等に即し，各教科の内容を選択して指導しやすいからである。

〈解説〉「特別支援学校学習指導要領解説総則編(幼稚部・小学部・中学部)」の第2部「小学部・中学部学習指導要領総則等の解説」の第3章「知的障害者である児童生徒に対する教育を行う特別支援学校の各教科」，その第1節「各教科の基本的な考え方」「1知的障害者である児童生徒に対する教育を行う特別支援学校の各教科の考え方」の「(2)段階による各部の内容構成」に詳しく解説されている。以下，その部分を引用する。

「各教科の内容は，学年別に示さず，小学部は3段階，中学部は1段階，高等部は2段階(ただし，高等部の主として専門学科において開設される教科は1段階)で示してある。学年別に示さず，段階別に示している理由は，対象とする児童生徒の学力などが，同一学年であっても，知的障がいの状態や経験等が様々であり，個人差が大きいためであり，段階で分けて示した方が，個々の児童生徒の実態等に即し，各教科の内容を選択して指導しやすいからである」。

通常の小学校の学習指導要領では，各学年別に各教科の内容を示しているが，これは同一学年であれば，おおよそ成長・発達の状態や経験等が同一であること，また，学級が学年によって構成されていることなどに関係している。

知的障害児の場合は，知的発達の遅滞があり，他人との意思疎通が困難で，日常生活において頻繁に援助を必要とし，社会生活への適応が著しく困難な状態も合わせて考える必要がある。このような知的障害の状態に配慮し，知的発達，身体発育，運動発達，生活経験，社会性や職業能力等の状態を考慮して，目標や内容を定めている。そして，小学部3段階から高等部の2段階へと，6段階にわたって積み重ねていくことができるように，目標と内容を整理しているのである。

小学部については，以前の学習指導要領では低学年，中学年，高学年の3段階で目標と内容を示していたが，児童の発達段階に合わせて目標と内容が選択できるように，3段階で示すようになったという経緯もある。

【5】(1)　①　勤労観　　②　個性　　③　進路選択　　④　家庭
⑤　地域　　⑥　評価　　(2)　⑦　社会人　　⑧　職業人

〈解説〉キャリア教育については，文部科学省で作成されたキャリア教育についてのパンフレットをホームページ等でも公開している。定義も含めて正確に理解しておきたい。また，知的障がい者を対象とした学校教育では，特殊学級が中心であった頃より，作業学習や生活単元学習等をとおして将来の職業生活を見据え，三者面談や現場実習などを充実させることによって具体的に進路先を決定するための職業教育を展開してきた。

実際的現実的な学習経験を積み重ねることによって，社会人としての知識・態度，職業人としての態度や技能などを身に付け，卒業していくことができるような教育が展開された。さらに，卒業後の社会生活や職業生活を維持していくために，会社訪問や卒業生指導などの予後指導にも力を入れてきた。現在でも，作業学習や現場実習，進路学習，生活単元学習などをとおして，幅広く職業教育を展開している。また，学校卒業後の生活にスムーズにつなげていくことができるように，個別の移行支援計画を作成し，諸機関と連携を図りながら，一人一人の実態に沿った支援を行っている。

【6】① 生徒にとって教育的価値の高い作業活動等を含み，それらの活動に取り組む喜びや完成の成就感が味わえること。

② 地域性に立脚した特色をもつとともに，原料・材料が入手しやすく，永続性のある作業種を選定すること。

③ 生徒の実態に応じた段階的な指導ができるものであること。

④ 知的障がいの状態等が多様な生徒について，共同で取り組める作業活動を含んでいること。

⑤ 作業内容や作業場所が安全で衛生的，健康的であり，作業量や作業の形態，実習期間などに適切な配慮がなされていること。

⑥ 作業製品等の利用価値が高く，生産から消費への流れが理解されやすいものであること。 など以上から4つを回答。

〈解説〉この設問は，「特別支援学校学習指導要領解説総則等編(幼稚園・小学部・高等部)」の第3章「知的障害者である児童生徒に対する教育を行う特別支援学校の各教科」，第1節「各教科の基本的な考え方」，2「知的障害者である児童生徒に対する教育を行う特別支援学校における指導の特徴について」，(2)「各教科等を合わせて指導を行う場合」の④「作業学習」において示されている(p248)。

なお，「作業学習は，作業活動を学習活動の中心にしながら，児童生徒の働く意欲を培い，将来の職業生活や社会自立に必要な事柄を総合的に学習するものである」とし，「作業学習の指導は，単に職業・家庭科の内容だけではなく，各教科等の広範囲の内容が扱われる」ことにも留意が必要である。

【聴覚】

【1】(1)　①　耳小骨　②　蝸牛(渦巻き管)　③　有毛細胞　④　聴覚野　(2)　伝音難聴：外耳から中耳にかけて障がいが起こったもの。　感音難聴：内耳から聴神経・脳にかけて障がいが起こったもの。　伝音難聴と感音難聴が重なった難聴：混合性難聴(混合難聴)

〈解説〉「耳の構造とその機能」「音が聞こえるまでの経路」「難聴の種類と特徴」は互いに関連しているので，セットで学習するとよい。

(2)　外耳と中耳は音を物理的に伝える系なので伝音系と呼ばれる。それに対して内耳以降は音を感じる系なので感音系と呼ばれる。外耳あるいは中耳になんらかの問題があって難聴になった場合を伝音(性)難聴と言い，内耳およびそれ以降の神経系になんらかの問題があって難聴になった場合を感音(性)難聴と言う。

【2】(1)　全員の口元が互いに見えるので，相互読話が可能になるから。

(2)　・学習のテーマや展開を明確にして，板書や掲示物を効果的に活用する。　・板書と説明は同時にはせず，板書した後で，顔や口元を見せ，的確な音声あるいは手話などを活用しながら説明する。

・机間を移動しながら指導をする際，児童生徒の後ろからは話しかけない。　・逆光にならないように光線に留意し，顔や口元を見せて話すようにする。　・発言をする生徒には挙手を促し，発言者の位置が確認できるようにする。　・児童生徒の発言内容は，板書で確認するようにする。　・ノートなどに書く時間や作業する時間を，聞くこと，見ることと区別して設ける。　・FM補聴器等を利用したり雑音を軽減したりして，確実に教師の声が児童生徒に届くように工夫し，より聴き取りやすい環境で授業を行う。　(3)　音声，文字，手話

(4)　生徒がどのような読み方をしているか，読んでいる内容が理解されているかを確認するために質問したり，気づいたことを文などで表現したりする機会を設ける。　(5)　・児童生徒が自立活動の学習に取

り組む自分について振り返る機会を適宜設定して，頑張っている自分を確認したり，過去と比較して成長していることを実感できるようにしたりする。　・児童生徒の意見を採り入れながら自立活動の学習課題を設定し，障がいに対する認識や自分の得意な面及び不得意な面などに対する認識を促す。　・同じ障がいのある年長者がモデルとなって自己を肯定的にとらえていくきっかけになることもあるため，特に中学部，高等部では同じ障がいがある先輩の話を聞く機会を設ける。

〈解説〉(1)　特別支援学校(聴覚障害)の教室での授業では子どもが教師の発話を読話するだけでなく子ども同士も読話できるような位置関係が必要である。読話するためには相手の口元が見えなければならず，子ども達を馬蹄形に座らせている。　(2)　聴覚障害児に対する授業では欠かせないのは情報保障ということである。教師の発話をできるだけ受容しやすくするため，聴覚補償に対する配慮や静かな音環境の整備，聴き取りやすい明瞭な発話，読話しやすくするための教師の位置などを考慮する。物を提示しながらの発話，作業させながらの発話，板書しながらの発話は，読話できなくなるので避ける。さらに，聴覚的な情報を補う手段として視覚的な手掛かりを提供することも不可欠である。授業者は教えることだけに集中せず，聴覚障害児の立場になって，想像される様々な支障を可能な限り軽減するための配慮をしなければならない。　(3)　小学校で教育を受けた生徒は音声での授業がある程度可能であると思われる。一方，特別支援学校(聴覚障害)小学部で教育を受けた生徒は音声と手話(指文字も含む)の併用で教育を受けてきているはずである。そして，両者に共通のコミュニケーション手段は書き言葉である。したがって，相互のコミュニケーション手段としては音声，手話，文字の使用が考えられる。　(4)　児童生徒の読書したり書いたりすることに対する意欲や興味・関心を的確に把握し，更に児童生徒が自ら読書に親しみ，書いて表現する態度を養うよう配慮することが大切である。

参考：特別支援学校学習指導要領解説(総則等編)第3編小学部・中学部学習指導要領解説第2章第3「2読書に親しみ書いて表現する態度の育成」

(5)　このような指導を通して，自分のよいところも悪いところも含めて自分であることを肯定的にとらえられるようにする。参考：特別支援学校学習指導要領解説(自立活動編)第7章自立活動の指導計画の作成と内容の取り扱い「2指導計画の作成手順(3)具体的な指導内容の設定」。

【3】(1)　聴力レベルの単位：dBHL　　dBHLとdBSPLの違い：dBHLは人の最小可聴閾値を基準レベルとした値であり，dBSPLは一般的物理量としての音圧レベルが使用される。　(2)　ア　×　　イ　○　ウ　×　　エ　×　　(3)　サ行が高い周波数にあり，自分のサ行音を聴いて確認することできないから。

〈解説〉(1)　dBは日本語でデシベルと言い，音の大きさを表している。dBHLのHLはHearing Levelのことで，このHLは日本語では聴力レベルと言う。dBHLは健聴者が聞くことができる最も小さい音を基準とした値で，健聴者の聴力レベルは0dBHLである。dBSPLのSPLはSound Pressure Levelのことで，このSPLは日本語で音圧レベルという。聴力検査の結果は聴力レベル(HL)で示される。一方，音圧レベル(SPL)は補聴器の出力や騒音などの大きさを表す時に用いられる。

(2)　ア　右耳の検査結果は○で，左耳の検査結果は×で示される。左耳のdBHLの値が右耳より大きいので，左耳の方が聞こえが悪い。　イ　右耳の2,000Hzの結果は95dBなので，2,000Hzの95dB以上の音は聞こえる。　ウ　平均聴力レベルは500Hzの検査結果と1,000Hzの検査結果を2倍した値と2,000Hzの検査結果を合計して4で割った値である。Cさんの左耳は2,000Hzでスケールアウトである。スケールアウトの場合はその値に5dB加えて計算し「以上」を付ける。したがってCさんの平均聴力レベルは右耳100dB，左耳は110dB以上である。　エ　気導聴力検査の結果は右耳○印，左耳×印で示す。骨導聴力検査の結果は[　]で示す。矢印はスケールアウトを示す。スピーカによる測定の場合は検査結果は△(裸耳)と▲(補聴器装用)で示す。　(3)　サ行は歯茎摩擦音/s/音に母音が後続した音であり，比較的発音が難しい音である。幼児はサ行がうまく言えず「シャ」とか「チャ」になったりする。/s/

音は音響的には4,000Hz以上の雑音でできており，4,000Hz以上の音が聞こえなければ/s/音は聞こえない。重度の聴覚障害者は補聴器を使用していても一般的に高音が聞こえにくいので，Cさんは自分がサ行を正しく発音しているかどうかフィードバックできないのでサ行の発音が苦手になっていると思われる。

【4】ア　インプラント　　イ　スピーチプロセッサ　　(2)　補聴器は有毛細胞に働きかける増幅装置であるのに対し，人工内耳は有毛細胞の働きを代行する感覚代行装置である。　(3)　空気電池　　(4)　磁器誘導ループ方式，赤外線方式　　(5)　新生児聴覚スクリーニング
(6)　障がい受容，親子関係

〈解説〉(1)　ア　体内装置は手術で埋め込まれる部分である。図の平べったい部品は受信アンテナで頭皮の内側に設置される。そこから伸びた線の先端の部分は内耳の蝸牛に入る電極である。　イ　体外装置はスピーチプロセッサと発信アンテナで構成されている。図のイはスピーチプロセッサで音・音声を電気信号に変換する装置である。この電気信号は発信アンテナから頭皮内の受信アンテナに送られ，さらに電極から電気信号として蝸牛内の神経細胞を刺激する。　(2)　補聴器は音波をデジタル信号に変換して加工し，それを再度音波に変換してイヤホンから外耳道内に音として放出される。人工内耳は音波を電気信号に変換して蝸牛内の神経細胞を直接刺激する。　(3)　正極活物質が空気中の酸素であることからこの名称がある。　(4)　特別支援学校(聴覚障害)で最もポピュラーなのは磁気ループ方式と赤外線方式であるが，FM方式もよく用いられている。　(5)　新生児聴覚スクリーニングの方法としては自動脳性脳幹反応検査(AABR)や耳音響方射検査(OAE)などがある。AABRは全国的に普及しつつある。　(6)　聴覚障害乳幼児の保護者の主訴は聞こえとことばに関するものであり，特に「しゃべることができるようにして欲しい」という訴えがほとんどである。しかし，保護者への支援ではまず保護者が障害を受容し，建設的な気持ちや態度で子育てができ，親子関係が築けるように支援する

ことが大事である。障害受容という点では障害を理解することが不可欠であり，好ましい親子関係は親子コミュニケーションの積み重ねによってできてくる。

【5】(1)　文化祭　　(2)　①　ウ　　②　ア　　③　エ　　(3)　この本を読んで　好きだな，良いなと思ったことを話しましょう。

〈解説〉(1)　日本では大曽根式指文字を使っている。　(2)　ア「無い」「否定」の意味　　イ「何も無い」の意味　　ウ「聞こえない」の意味　エ「できない」の意味　　オ「聞かない」の意味　　(3)　これは日本手話である。左から順に「この」「本」「読む」「好き」「良い」「思う・考える」「何」「言う」の意味。

2010年度　実施問題

【共通問題】

【1】「盲学校，聾学校及び養護学校学習指導要領(平成11年3月)解説－総則等編－」に示されている教育課程の編成及び実施について，次の各問いに答えなさい。

(1) 教育課程の編成の原則について説明した次の各文の(　①　)，(　②　)に適語を入れなさい。

ア　(　①　)及び学習指導要領の示すところに従うこと

イ　児童生徒の障害の状態及び発達段階や特性等を考慮すること

ウ　地域や(　②　)を考慮すること

(2) 小学部・中学部の自立活動の指導について示した次の文の(　①　)～(　⑤　)に適語を入れなさい。

学校における自立活動の指導は，障害に基づく種々の困難を改善・克服し，自立し(　①　)する資質を養うため，学校の教育活動全体を通じて適切に行うものとする。特に，自立活動の時間における指導は，各教科，(　②　)，(　③　)及び(　④　)と密接な関連を保ち，個々の児童又は生徒の障害の状態や発達段階等を的確に把握して，適切な(　⑤　)の下に行うよう配慮しなければならない。

(3) 教育課程の編成について説明した次の各文について，正しいものには○，誤りのあるものには×の符号を記入し，誤りのある箇所を正しい表現に改めなさい。

ア　障害の状態により学習が困難な児童又は生徒について特に必要がある場合には，各教科の目標及び内容に関する事項の一部を取り扱わないことができる。

イ　小学部・中学部，高等部の各学年の自立活動の時間に充てる授業時数は，児童又は生徒の障害の状態に応じて，年間105単位時間を標準として示している。

ウ　小学部又は中学部の各学年の総合的な学習の時間に充てる授業

時数は，児童又は生徒の障害の状態や発達段階等を考慮して，盲学校，聾学校及び肢体不自由者又は病弱者を教育する養護学校については，小学部第3学年以上及び中学部において，知的障害者を教育する養護学校については，必要に応じて，それぞれ適切に定めるものとする。

(☆☆☆◎◎◎)

【2】次の表は，知的障がい教育を行う特別支援学校中学部1年，Aさんの個別の指導計画である。下の各問いに答えなさい。

<table>
<tr><td>生　徒　名</td><td colspan="2">A</td><td>男</td><td>中学部</td><td colspan="2">平成○年○月○○日生</td></tr>
<tr><td>障がいの状態</td><td colspan="4">知的障がい</td><td>ア療育手帳</td><td></td></tr>
<tr><td rowspan="2">エ諸検査の結　果</td><td>実施機関</td><td colspan="2">○○児童相談所</td><td>実施日</td><td colspan="2">平成○○年○月○○日</td></tr>
<tr><td colspan="6">検査名　「K－ABC心理・教育アセスメントバッテリー」
・(　イ　)１００、(　ウ　)９５、認知処理９７、習得度１２０であった。
・言語的能力が必要とされる下位検査から構成されている習得度は高かった。また、他の下位検査では、「数唱」「語の配列」の得点も高かった。これらのことから、言語的能力や聴覚認知能力が優れているということが分かる。</td></tr>
</table>

(1) 下線部アについて，宮崎県の療育手帳は3つの区分で判定が行われている。区分の表示を3つ答えなさい。

(2) Aさんに応じた支援の方向性を明確にするために，「K－ABC心理・教育アセスメントバッテリー」を実施した。この心理検査は，子どもの認知処理様式を測定することができる。(　イ　)，(　ウ　)に適語を入れなさい。

(3) 下線部エについて，特別支援学校では，適切な心理検査等を実施し，結果の解釈や分析を行っている。次のa～dの中からいずれか2つの検査を選び記号を記入し，それぞれの検査の対象年齢をあとのあ～かの語群より選び答えなさい。また，何を調べるための検査であるかそれぞれ書きなさい。

【検査】

a　全訂版田中ビネー知能検査　　b　PEP－R

c　MEPA　　d　WISC－III知能検査

【対象年齢】

あ　6カ月～7歳程度　　い　0歳～6歳　　う　0歳～12歳

え　2歳～成人　　お　5歳～16歳11カ月　　か　7歳～成人

(☆☆☆◎◎◎)

【3】知的障がいのある自閉症の子どもの特性及び指導について，次の各問いに答えなさい。

(1) 次の各文の(　①　)～(　⑤　)に適語を入れなさい。

ア　自閉症の子どもは，社会性の障がいがあり，人への反応や関わりの乏しさなど，(　①　)に特有な困難がみられる。アイコンタクトや表情，指さしなどのジェスチャーである(　②　)が困難であったり，人との相互交渉の頻度が低かったりする。

イ　自閉症の子どもは，姿勢をコントロールすることに意識が集中し，その他の働きかけには注意をむけられないなど，種々の感覚を同時に処理することが不得手である。これは(　③　)といって，2つ以上の情報を処理することが困難な状態である。

ウ　子どもにとって，活動場所や活動内容がわかりやすい教室や校内の(　④　)づくり，活動のはじめと終わりがわかりやすい学習課題の設定等に留意する。

エ　自閉症の子どもに集団活動への参加等を促すためには，行動の(　⑤　)となるような周囲の子どもとの安定した関係を育てることが必要である。

(2) 次の文は，知的障がいのある自閉症のBさんについて述べたものである。Bさんが，できるだけ一人で着替えができるようになるために，登校後に行う指導の手立てを4つ書きなさい。

自閉症であるBさんは，知的障がい教育を行う特別支援学校の児童である。小学部2年生の通常学級に在籍している。

学級では，登校するとまず着替えをすることとなっている。Bさんは登校後も着替えをせずに教室内を動き回ったり，好きな絵本を見たりしている。その度に，担任が声をかけて取り組ませている。また，着替えの際は上着の前後を間違えて着ていることが多く，やり直しをさせている。

(☆☆☆◎◎◎)

【4】人の脳や神経について，次の各問いに答えなさい。

(1) 次の(　①　)～(　⑥　)に当てはまる語句を下のA～Oから選び，記号で答えなさい。

ア　大脳皮質の左半球(左脳)と右半球(右脳)とではその働きに違いがある。左脳は(　①　)や(　②　)などの機能にすぐれ，右脳は(　③　)や(　④　)などの機能にすぐれる。左脳と右脳は脳梁とよばれる神経の束でつながり，協調して働いている。

イ　興奮がニューロンの軸索の末端まで伝導すると末端部の(　⑤　)からアセチルコリンやノルアドレナリンなどの神経伝達物質が分泌され，次のニューロンの(　⑥　)や細胞体に興奮が伝達される。

A　収縮　　B　樹状突起　　C　筋肉
D　音楽的能力　　E　毛様体　　F　計算能力
G　生活力　　H　忍耐力　　I　持久力
J　言語の理解　　K　シナプス小胞　　L　空間構成の把握
M　リンパ液　　N　DNA　　O　染色体

(2) 右の図は大脳の4つの領域を示したものである。次の各問いに答えなさい。

ア　Aの領域の名前を書きなさい。

イ　C，Dの領域のはたらきで正しいものを次の①～④から選び，それぞれ番号で答えなさい。

①　運動機能，言語中枢，感情や判断力・創造など意思の中枢で高次の精神活動を司るはたらき

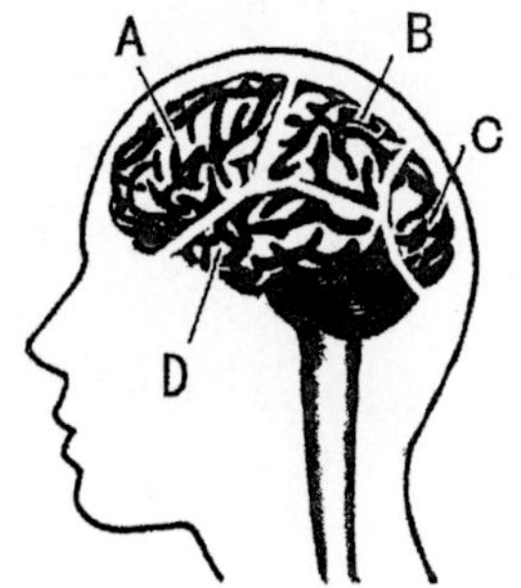

② 聴覚認知の中枢があり，ことばや図形の認識記憶を司るはたらき
③ 知覚・思考の認識や統合，身体位置の空間的認識などのはたらき
④ 色や形などの視覚と物体の動きの認知に関するはたらき

(☆☆☆◎◎◎)

【5】平成21年3月に告示された「特別支援学校学習指導要領」は，幼稚園，小学校，中学校及び高等学校の教育課程の基準の改善に準じた改善に加え，特別支援学校を取り巻く諸状況の変化等に適切に対応するため，4つの方針に基づき教育課程の基準の改善が行われている。この4つの方針を書きなさい。

(☆☆☆◎◎◎)

【6】次の各問いに答えなさい。

(1) 「個別の教育支援計画」と「個別の指導計画」について，違いが分かるように説明しなさい。

(2) 「特別支援学校学習指導要領(平成21年3月)」では，「個別の指導計画」を作成することとした範囲が改訂されている。「盲学校，聾学校及び養護学校学習指導要領(平成11年3月)」と「特別支援学校学習指導要領(平成21年3月)」で示されている作成の範囲をそれぞれ書きなさい。

(3) 「今後の特別支援教育の在り方について(最終報告)」(平成15年3月)に示されている「個別の教育支援計画」について，次の各問いに答えなさい。

ア 「個別の教育支援計画」の策定は，平成14年12月に閣議決定された障がい者の社会への参加，参画に向けた施策の推進を図るための計画に規定されている。この計画の名称を答えなさい。

イ 「個別の教育支援計画」の策定に当たって，保護者の積極的な参加を促すことが大切であるが，その際の留意点について2つ説明しなさい。

(☆☆☆◎◎◎)

【7】中央教育審議会答申「特別支援教育を推進するための制度の在り方について」(平成17年12月8日)では，特別支援学校に期待される特別支援教育のセンター的機能について6つの機能が示されている。このことについて次の各問いに答えなさい。

(1)　次の各文の(　①　)～(　④　)に適語を入れなさい。

ア　小・中学校等の教員への支援機能については，個々の幼児児童生徒の指導に関する(　①　)・(　②　)のほか，個別の教育支援計画の策定に当たっての支援などが考えられる。

イ　障害のある幼児児童生徒への指導・支援機能については，小・中学校の児童生徒を対象とする(　③　)による指導や『いわゆる「(　④　)による指導」』のほか，盲・聾学校を中心に就学前の幼児や乳幼児に対して行われてきた指導及び支援が考えられる。

(2)　(1)のアとイ以外の特別支援学校のセンター的機能について3つ答えなさい。

(☆☆☆◎◎◎)

【知的　他】

【1】次の文は，小児の病気に関して示したものである。(　①　)～(　⑨　)に適語を入れなさい。

ア　血球は，いずれも造血幹細胞から分裂増殖し，適宜3種類の血球に成長していきます。この成長の比較的早い段階のどこかでがん化した細胞が増えると白血病になります。白血病細胞が増えすぎると，正常な血球が減ってきます。(　①　)が減少すると，ウイルスや細菌に感染しやすくなり，発熱します。(　②　)が減少すると，出血しやすく，あざや出血斑ができやすくなります。(　③　)が減少すると，だるさや頭痛，息切れ，疲れやすいなどの症状がでます。

イ　I型糖尿病の治療では，(　④　)注射が不可欠であり，Ⅱ型糖尿病の治療では(　⑤　)療法と食事療法が基本になります。また，糖尿病の3大合併症といわれるものは，糖尿病性(　⑥　)，神経症，(　⑦　)機能の障がいの3つです。

ウ　小児発症の筋ジストロフィーの病型の発症として最も頻度が高いのは，(　⑧　)型筋ジストロフィーです。この病気の主な症状としては，骨格筋の萎縮と(　⑨　)，心筋の障がい等があります。

(☆☆☆◎◎◎)

【2】肢体不自由のある子どもの指導について，次の各問いに答えなさい。

(1)　次の文は，「肢体不自由児のコミュニケーション指導(平成4年文部省)」の一部を抜粋したものである。次の(　①　)～(　⑤　)に適語を入れなさい。

摂食の機能は，(　①　)期に獲得されていきます。この時期に，子供は指をしゃぶったりおもちゃを口に入れたりして遊び，食事の場だけでなく様々な場で，(　②　)反射から解放された口の運動を学んでいきます。

～(中略)～

摂食指導は，まず，子供の通常の発達過程をよく理解し，その子供の発達がどの段階にとどまっているのか，あるいは，どの段階からそれてしまったかを判断することから始めます。口腔周辺の(　③　)性など，その子供の発達を妨げている要因があれば，それをも明らかにして対処します。その上で，子供の今の段階にふさわしい(　④　)形態を選び，口腔機能が使いやすいようにリラックスした(　⑤　)を整え，正しい運動を助けるための介助をしていきます。

(2)　小学校4年生のCさんは，身体の変形や拘縮の手術を行うために特別支援学校に併設された療育施設に入院した。手術を終えたCさんは，特別支援学校で3か月間，学習することになった。Cさんの指導については，保護者と十分に相談しながら進めていくこととするが，その他に配慮すべきことを3つ答えなさい。

(3)「盲・聾・養護学校におけるたんの吸引等の取扱いについて(通知)」(平成16年文部科学省)には，教員が医行為を実施する上で必要である条件として学校における体制整備が挙げられている。具体的な体制整備の内容を1つ答えなさい。

(☆☆☆◎◎◎)

【3】次の文は，「盲学校，聾学校及び養護学校学習指導要領(平成11年3月)解説－各教科，道徳及び特別活動編－」において，知的障がいの特徴や学習上の特性から，重要である教育の基本的対応について示したものである。次の各文の(　①　)～(　⑥　)に適語を入れなさい。

ア　児童生徒の実態等に即した(　①　)を選択・組織する。

イ　児童生徒の実態等に即した規則的でまとまりのある学校生活が送れるようにする。

ウ　(　②　)の育成を教育の中心的な目標とし，身辺生活・社会生活に必要な知識，技能及び態度が身に付くよう指導する。

エ　(　③　)を重視し，将来の生活に必要な基礎的な知識や技能を育つようにする。

オ　生活に結び付いた実際的で具体的な活動を学習活動の中心にすえ，実際的な状況下で指導する。

カ　生活の課題に沿った多様な(　④　)を通して，日々の生活の質が高まるように指導する。

キ　教材・教具等を児童生徒の興味・関心の引くものにし，目的が達成しやすいように段階的な指導を工夫するなどして，学習活動への意欲が育つよう指導する。

ク　できる限り成功経験を多くするとともに，自発的・自主的活動を大切にし，(　⑤　)を助長する。

ケ　児童生徒一人一人が集団の中で役割を得て，その活動を遂行できるよう工夫するとともに，発達の不均衡な面や障害への(　⑥　)を徹底する。

(☆☆☆◎◎◎)

【4】次の(　①　)~(　⑤　)に適語を入れなさい。

近年，障がいのある人々を取り巻く社会環境や障がいについての考え方等に大きな変化が見られ，国際的な動向として，「障害」のとらえ方も変化してきた。

昭和55年にWHO(世界保健機関)が「国際障害分類」を発表し，図1に示すとおり，疾病等に基づく個人の様々な状態を(　①　)，(　②　)，ハンディキャップ(社会的不利)の概念を用いて分類した。

図1

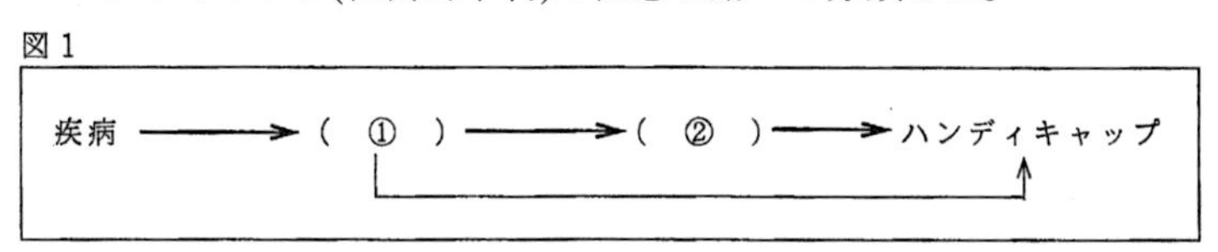

平成13年にWHO(世界保健機関)は，従来の「国際障害分類」の改訂版として(　③　)を採択した。

その中では図2に示すとおり，人間の「生活機能」は「心身機能・身体構造」，「(　④　)」，「参加」の三つの要素で構成されている。そして，生活機能と障がいの状態は，健康状態や(　⑤　)因子，個人因子と相互に影響し合うものと説明されている。

図2

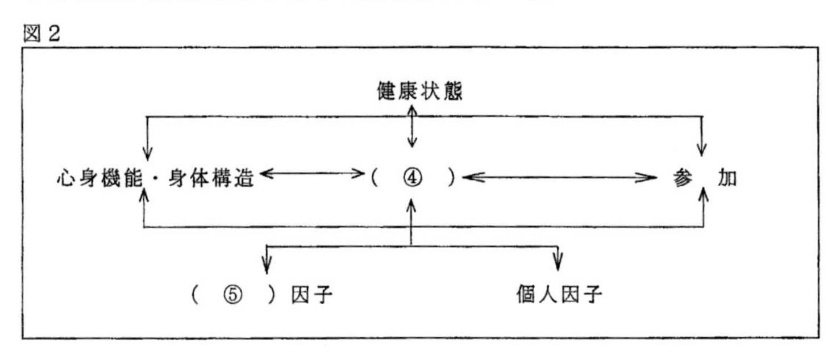

(☆☆☆◎◎◎)

【視覚】

【１】次の図は眼球の構造を示したものである。下の各問いに答えなさい。

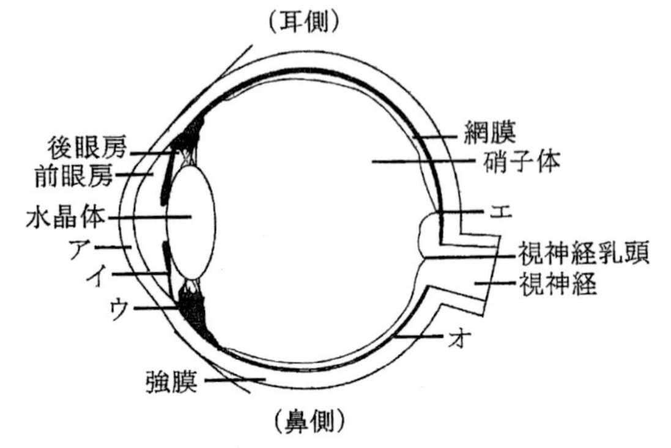

(1)　図のア～オの名称を答えなさい。

(2)　網膜には錐体細胞と杆体細胞が分布している。錐体細胞と杆体細胞について，それぞれの働きを説明しなさい。

(☆☆☆◎◎◎)

【２】弱視児童生徒の指導について，次の各問いに答えなさい。

(1)　弱視児童生徒に見えやすい教材を提示するために，色彩に関して配慮すべき事項を2つあげなさい。

(2)　単眼鏡などの遠用弱視レンズは，弱視児童生徒が，板書の文字やバス・電車の行き先表示などの認知ができることを具体的な目標として活用される。弱視児童生徒が，遠用弱視レンズを活用するために必要となる基本的な使用技術を2つあげなさい。

(☆☆☆◎◎◎)

【３】視覚に障がいのある児童生徒の歩行指導について，次の各問いに答えなさい。

(1)　次の文の(　①　)～(　③　)に適語を入れなさい。

白杖の操作方法の主なものに(　①　)と呼ばれるものがある。白杖を手首を支点として，左右均等に弧を描くように振る方法で，地面の変化や障害物の有無等を把握することが可能な方法なので，屋外において(　②　)かつ能率的に白杖によるひとり歩きを行うために有効である。また，(　③　)は，石突きを常に地面に接触させ，すべらせながら振る方法であり，白杖の握り方や振り方，振り幅などは，(　①　)と同じ要領である。

これら2つの方法は白杖によるひとり歩きの基礎となる技術であり，それぞれの利点を十分に理解させ，状況に応じて両者を使い分けることができるように指導することが大切である。

(2)　白杖による階段昇降の指導において，指導すべき事項を2つあげなさい。

(3)　混雑する場所における白杖によるひとり歩きの指導において，指導すべき事項をあげなさい。

(4)　弱視児童生徒に対する歩行指導において，白杖の活用を指導する場合，留意すべき事項を2つあげなさい。

(☆☆☆◎◎◎)

【4】次の文は，「盲学校，聾学校及び養護学校小学部・中学部学習指導要領(平成11年3月)」に示されている盲学校で配慮する事項である。各文の(　①　)～(　⑤　)に適語を入れなさい。

(1)　具体的な事物・事象や(　①　)と言葉とを結び付けて，的確な概念の形成を図り，言葉を正しく活用できるようにすること。

(2)　児童の視覚障害の状態等に応じて，点字又は普通の文字の読み書きを系統的に指導し，習熟させること。なお，点字を常用して学習する児童に対しても，(　②　)の理解を促すため，適切な指導が行われるようにすること。

(3)　児童の視覚障害の状態等によって学習上困難を伴う内容については，基本の理解を促す事項に重点を置いて指導すること。

(4)　(　③　)教材，(　④　)教材等の活用を図るとともに，児童がコンピュータ等の情報機器を活用して容易に情報の収集や処理ができるようにするなど，児童の視覚障害の状態等を考慮した指導方法を工夫すること。

(5)　児童が空間や時間の概念を活用して学習場面の状況を的確に把握できるようにし(　⑤　)をもって意欲的な学習活動を展開できるようにすること。

(☆☆☆◎◎◎)

【5】次の語句や数式を点訳しなさい。

(1)　すぐできる

(2)　$\frac{2}{3}+\frac{3}{5}$

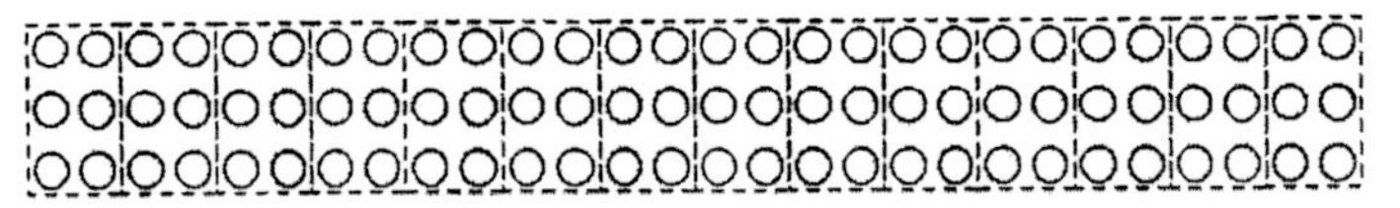

(3)　点字学習の指導において，児童生徒が正確な分かち書きができるように指導していく上で留意すべき事項を2つあげなさい。

(☆☆☆◎◎◎)

【聴覚】

【1】次の文は，「盲学校，聾学校及び養護学校小学部・中学部学習指導要領」(平成11年3月)の各教科に示されている聾学校で配慮する事項である。各文の(　①　)～(　⑤　)に適語を入れなさい。

(1)　(　①　)な活動を通して的確な言語概念の形成を図り，児童の発達に応じた(　②　)の育成に努めること。

(2)　児童の(　③　)の程度に応じて，主体的に読書に親しむ態度を養うように工夫すること。

(3)　児童の聴覚障害の状態等に応じて，指導内容を適切に精選し，(　④　)な事項に重点を置いて指導すること。

(4)　補聴器等の利用により，児童の保有する聴覚を最大限に活用し，効果的な学習活動が展開できるようにすること。

(5) 視覚的に情報を獲得しやすい教材・教具やコンピュータ等の情報機器を有効に活用し，指導の効果を高めるようにすること。

(6) 児童の言語発達の程度に応じて，言葉による意思の(⑤)が活発に行われるように指導方法を工夫すること。

(☆☆☆◎◎◎)

【2】小学校の通常の学級に在籍し，聴覚障がい教育を行う特別支援学校で通級による指導を受けているAさんについて，下の各問いに答えなさい。

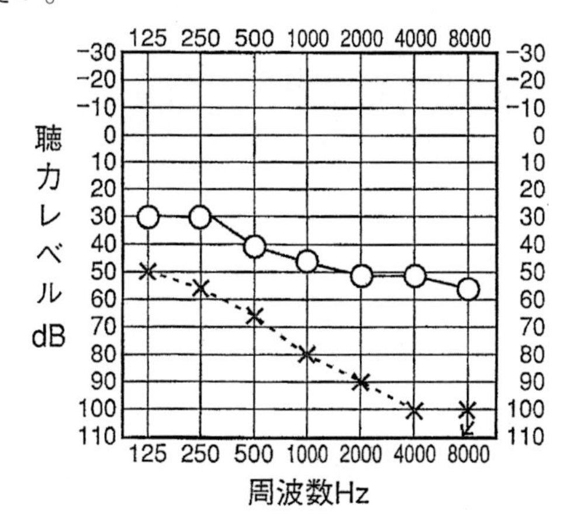

(1) 上の図はAさんの聴力検査の結果を示したオージオグラムである。左右の平均聴力レベルを4分法で求め，それぞれ整数で答えなさい。

(2) オージオグラムからわかるAさんの聴こえの状態を説明しなさい。

(3) Aさんは交通量の多い道路を徒歩で登校している。通学時の交通安全指導については危険箇所の確認を行い，保護者と連携を図っている。Aさんの聴こえの状態を考慮して，車両等への注意について本人に理解させておくことを簡潔に書きなさい。

(4) 次の図は，Aさんが在籍している通常の学級の座席配置を示したものである。Aさんの聴こえの状態を考慮して，Aさんにとって最も望ましい座席を①～⑤から1つ選び，その理由を書きなさい。

教師

①		②	
③			④
	⑤		

(☆☆☆◎◎◎)

【3】補聴器に関する次の各問いに答えなさい。

(1)　聴覚に障がいのある人が補聴器を装用する際の補聴器の役割を2つ答えなさい。

(2)　次の図の①，②の名称を答えなさい。

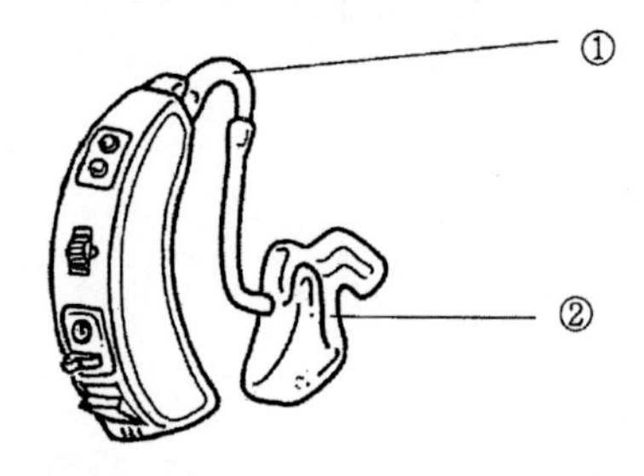

(3)　補聴器を装用している特別支援学校小学部のBさんが，補聴器の電源を入れ，装用しボリュームを回すと，ハウリングが起きた。補聴器を外して，音の出口を指で押さえるとハウリングは止まる。この場合，ハウリングの起こる理由として考えられることを2つ答えなさい。

(☆☆☆◎◎◎)

【4】発音指導について次の各問いに答えなさい。

(1) 次の(①), (②)に入る適語を答えなさい。ただし，①と②は，順不同とする。

発音・発音指導においては，子どもの聴力を最大限利用させることを基本に据える。その上で(①)，発音部位(舌，唇，あご)，(②)などの指導が必要になってくる。また，明るくて自然な声の指導が大切である。

(2) 次の文が説明している発音要領を習得させるための指導の方法を答えなさい。

話し手の口まねから発話を誘導する方法である。学習者の言語力や情報受容能力(職能・読話)を高める効果がある。

(3) 学習者に各音の構音を意識させる目的で使用する，発音を誘導する方法を答えなさい。

(☆☆☆◎◎◎)

【5】小・中学校等の新学習指導要領に対応した「教育の情報化に関する手引」(平成21年3月)に示されている特別支援教育における教育の情報化について，次の各問いに答えなさい。

(1) 「情報保障」とは何かを説明しなさい。

(2) 次の文は携帯電話の利用について説明したものである。(①)～(④)に入る適語をあとのア～シから選び，それぞれ記号で答えなさい。

携帯電話のメール機能などを利用した情報の発信・受信は，これまで口話法や手話法など，互いに目の前での一対一のコミュニケーションが基本だったものが，一斉に多数の対象と，また，(①)でのコミュニケーションも可能になるなど，聴覚に障がいのある人にとって格段に世界を広げる効用をもたらしている。しかしながら，これまで一対一のコミュニケーションしか経験していない児童生徒が，いきなり不特定多数とのコミュニケーションを行うと，書き言葉による文章表現が未熟であったり，社会性が十分育っていない場合もあるため，誤解を生じたり，いじめの原因になったり，ネット詐欺や犯罪に巻き込まれやすかったりするなどのマイナス面が生じる場合もある。したがって，適切な(②)力，(③)能力，(④)などを習得させる指導が大切である。

ア 情報収集　　イ 情報モラル
ウ 社会的な適応　　エ 集団
オ 身近　　カ 思考力
キ コミュニケーション　　ク 情報活用
ケ 情報発信　　コ 遠隔
サ 言語表現　　シ 基礎的・基本的

(☆☆☆◎◎◎)

【6】特別支援学校小学部中学年のCさん(裸耳聴力で90dB程度)が，居住地校交流を行うことになった。Cさんの学級担任が行う事前指導について，次の各問いに答えなさい。

(1) 交流学級の児童に対してCさんとの接し方を説明する場合，交流学級の児童に心がけてもらうこととして大切なことを3つ答えなさい。

(2) 交流学級の児童との接し方について，Cさんに事前指導を行う場合，Cさんが心がけることとして大切なことを2つ答えなさい。

(☆☆☆◎◎◎)

解答・解説

【共通問題】

【1】(1) ① 法令 ② 学校の実施 (2) ① 社会参加 ② 道徳 ③ 特別活動 ④ 総合的な学習の時間 ⑤ 指導計画 (3) ア 符号：○ イ 符号：× 誤りのある箇所→正しい表現：年間105単位時間を標準として示している→適切に定めるものとする ウ 符号：× 誤りのある箇所→正しい表現：必要に応じて→中学部において

〈解説〉(2) 小・中学校の教育課程は，各教科，道徳，外国語活動(小学校の場合)，総合的な学習の時間，特別活動，の五つで編成されている。特別支援学校では，これに加えて，昭和46年以降，障害に対応した指導を行う特別な領域として「養護・訓練」が設けられてきた。平成11年に改訂された盲・聾・養護学校の学習指導要領で，名称が「養護・訓練」から「自立活動」に改められた。自立活動の目標は，「個々の児童又は生徒が自立を目指し，障害に基づく種々の困難を主体的に改善・克服するために必要な知識，技能，態度及び習慣を養い，もって心身の調和的発達の基盤を培う」とされている。新特別支援学校学習指導要領においては，従来の五区分(「健康の保持」「心理的な安定」「環境の把握」「身体の動き」「コミュニケーション」)に加えて「人間関係の形成」が加えられ，六区分となっている。

【2】(1) A，B-1，B-2 (2) イ 継次処理 ウ 同時処理
(3) 検査：a(田中ビネー) 対象年齢：え(2歳～成人) 説明：知能水準(知能指数，IQ)や発達状態を明らかにする。
検査：b(PEP－R) 対象年齢：あ(6カ月～7歳程度) 自閉児および関連する発達障がい児の評価を行う。
検査：c(MEPA) 対象年齢：い(0歳～6歳) 説明：子どもの運動と心理的所技能の実態を評価する。

検査：d(WISC－Ⅲ)　対象年齢：お(5歳～16歳11カ月)　説明：知能を個別的に精密に診断し，個人内差(知的能力のばらつき，偏り)を明らかにする。

〈解説〉K－ABC心理・教育アセスメントバッテリーは子どもの知的活動を認知処理尺度と習得度尺度から評価する。認知処理の評価に関しては同時処理と継次処理という概念を用いている。継次処理とは情報処理の一つの形態である。逐次的，連続的に情報を処理・統合する方式。言語情報の処理はこのタイプの情報処理方式に依存する部分が大きい。これに対して同時処理は複数の要素的情報を統合し，要素間の関係性を把握する方式。視覚的な情報の処理はこのタイプの情報処理方式に依存する部分が大きい。言語的能力，聴覚的認知能力が優れているとみられる例示のAさんの場合，継次処理尺度のほうが高いはずでありイに継次処理，ウに同時処理が入る。

【3】(1)　①　社会関係　②　非言語コミュニケーション　③　シングルフォーカス　④　環境　⑤　モデル　(2)　①　着替えの時間であることがわかる絵，写真の利用など，朝の活動の流れがわかるための手立て　②　着替えの手順カードやモデルの提示など，正しい着替えの仕方を理解するための手立て　③　自分の着替えの状況を絵，写真，鏡などでチェックするなど，結果が自分で確認できる手立て　④　できたときはその場でほめる，シールなどを使ったがんばり表を活用するなど，一人で着替えることへの意欲を高める手立て

〈解説〉イのシングルフォーカスとは，複合刺激の弁別や二つ以上の情報の処理が困難な状態を示す。従来は「刺激の過剰選択性」として捉えられていました。自閉症児では，複合刺激が提示されても，一部の要素刺激のみに反応が制御されてしまう特性が一部認められ，様々な学習困難を導くことが示唆されています。

【4】(1) ① J　② F　③ L　④ D　⑤ K　⑥ B
(2) A　前頭葉　C ④　D ②

〈解説〉4 (1) 神経系の情報伝達は電気的に行われる部分と，化学的に行われる部分とがある。一つのニューロン内で細胞体から軸索を通っていく情報は電気的に伝えられる。軸索末端の，別の細胞との接合部であるシナプスでは化学物質のやりとりによって情報が伝えられる。
(2) Aは前頭葉，Bは頭頂葉，Cは後頭葉，Dは側頭葉と呼ばれる。選択肢の①はAの前頭葉，②はDの側頭葉，③はBの頂頭葉，④はCの後頭葉の働きを述べたものである。

【5】① 障害の重度・重複化，多様化への対応　② 一人一人に応じた指導の充実　③ 自立と社会参加に向けた職業教育の充実
④ 交流及び共同学習の推進

〈解説〉解答の中の「交流及び共同学習」は2004(平成16)年6月6日に公布された障害者基本法の一部改正(第14条第3項)により，「国及び地方公共団体は，障害のある児童及び生徒と障害のない児童及び生徒との交流及び共同学習を積極的に進めることによつて，その相互理解を促進しなければならない」と規定されている。また，特別支援学校および通常学校の両者の新学習指導要領においても明示されている。「交流及び共同学習」は障害のある幼児児童生徒の経験を広め，社会性を養い，豊かな人間性を育てる上で大きな意義を有すると共に，障害のない幼児児童生徒にとっても，障害のある子どもやその教育について理解と認識を深める機会となるなど，双方の幼児児童生徒にとって意義深い教育活動であり，「交流及び共同学習」に関する問題は頻出しているので理解を深めておきたい。

また，交流及び共同学習は，障害のある子どもと障害のない子どもが一緒に参加する活動は，相互の触れ合いを通じて豊かな人間性を育むことを目的とする交流の側面と，教科等のねらいの達成を目的とする共同学習の側面があることも押さえておきたい。

【6】(1)

個別の指導計画　　児童生徒一人一人の障がいの状態等に応じたきめ細かな指導が行えるよう，児童生徒一人一人の教育的ニーズに応じて，学校における教育課程や指導計画，指導目標や指導内容・方法等を盛り込んだものである。

個別の教育支援計画　　障がいのある児童生徒を生涯にわたって支援する視点から，児童生徒にかかわる様々な関係者が連携して，児童生徒の障がいの状態等にかかわる情報を共有化し，教育的支援の目標や内容，関係者の役割分担などについて策定するものである。

(2)

盲・聾・養護学校学習指導要領(平成11年3月)

自立活動，重複障害者の指導において作成

特別支援学校学習指導要領(平成21年3月)

<u>各教科等</u>にわたり作成

(3)　ア　障害者基本計画

イ　保護者の意向を把握する／生徒の障がい等や教育的支援の目標について理解を得る／目標に向けて，(学校と家庭との連携を図る)／保護者から得た情報は，個人情報が含まれていることからその情報の取扱いについては，保護者の理解を得る。

〈解説〉「個別の教育支援計画」は平成15年「今後の特別支援教育の在り方について(最終報告)」で提言された教育計画である。「個別の指導計画」は平成11年度の盲・聾・養護学校学習指導要領で作成が義務づけられた指導計画である。当初は「個別の指導計画」は自立活動と重複障害者を指導する場合に作成されていたが，平成21年に改訂された特別支援学校学習指導要領では，すべての幼児・児童・生徒について，各教科等にわたって作成することが義務づけられた。

【7】(1)　①　助言　　②　相談　　③　通級　　④　巡回

(2)　(特別支援教育等に関する)相談・情報提供機能　・(福祉，医療，労働などの関係機関等との)連絡・調整機能　・(小・中学校等の教員

に対する)研修協力機能　・(障がいのある幼児児童生徒への)施設設備等の提供機能

〈解説〉(1)　通級による指導は，1992(平成4)年の「通級による指導に関する充実方策について」において提言されたシステムで，翌1993(平成5)年から制度化されたものである。この報告で，知的障害者は固定式の学級での指導が望ましいとされたため，現在も知的障害者は通級による指導の対象となっていない。通級による指導の対象や授業時数等の改正は平成18年である。特殊教育から特別支援教育への転換がなされる平成19年の前年になされたのは，根拠となる法令が省令である「学校教育法施行規則」であり，「学校教育法」とは異なり，国会の審議を経ずに行うことが可能であったことによる。通級による指導の法的根拠は，学校教育法施行規則第140条にある。同規則で定められた対象は，言語障害者，自閉症者，情緒障害者，弱視者，難聴者，学習障害者，注意欠陥多動性障害者，その他である。その他として，肢体不自由者，病弱・身体虚弱者がある。指導内容は，「自立活動」と「教科指導の補充」を併せて年間35～28単0位時間(週1～8時間)とされている。また，LD等については，年間10～280単位時間が標準とされ，月1回程度の指導も可能となっている。

【知的 他】

【1】①　白血球　②　血小板　③　赤血球　④　インスリン
⑤　運動　⑥　網膜症　⑦　腎臓　⑧　デュシェンヌ
⑨　筋力低下

〈解説〉8　ウ 筋ジストロフィーはいくつかの「型」に分類されており，デュシェンヌ型のほかに，ベッカー型，肢体型などがある。デュシェンヌ型筋ジストロフィーは小学校入学頃までに筋力の低下などの症状により気付かれることが大部分で，多くは3歳以内に発症する。

【2】(1)　①　離乳　②　原始　③　過敏　④　食物　⑤　姿勢

(2)　①　医療スタッフとの連携(禁忌事項やポジショニングなどの留意事項の確認，教育内容の確認と共通理解)　②　心理面へのアプローチ(手術や術後生活などへの不安解消)　③　学習の遅れへの対応　④　前籍校との連携(入院期間中の生活や学習状況の申し送り)

(3)　校内委員会の設置

〈解説〉(2)　医療サイドととの連携による学習上や生活上の困難への対応(自立活動)のほか，前籍校との情報交換を密接に行い，学習空白をつくらないことや，前籍校復帰をスムーズに行うための準備を少しずつ進めていくことは大変重要。このことは病弱教育のポイントと重なる。

【3】①　指導内容　②　社会生活能力　③　職業教育　④　生活経験　⑤　主体的活動　⑥　個別的な対応

〈解説〉この設問は，「盲学校，聾学校及び養護学校学習指導要領(平成11年3月)解説－各教科，道徳及び特別活動編－」の第3章「知的障害者である児童生徒に対する教育を行う特別支援学校の各教科」，第1節「各教科の基本的な考え方」，2「知的障害者である児童生徒に対する教育を行う特別支援学校における指導の特徴について」，(1)「知的障害のある児童生徒の学習上の特性等」において示されている。

しかし，「特別支援学校学習指導要領解説総則等編(幼稚園・小学部・高等部)」でも同様に示されているが，イ，ウ，カについては若干修正された。ケについては，「⑨　児童生徒一人一人が集団において役割が得られるよう工夫し，その活動を遂行できるよう移動する」「⑩　児童生徒一人一人の発達の不均衡な面や情緒の不安定さなどの課題に応じて指導を徹底する」の2つに分けて示されている(p.244－245)。

【4】① インペアメント(機能不全) ② ディスアビリティ(能力低下) ③ ICF(国際生活機能分類) ④ 活動 ⑤ 環境

〈解説〉ICFは，人間の生活機能と障害の分類法として，2001年5月，世界保健機構(WHO)総会において採択された。この特徴は，これまでWHO国際障害分類(ICIDH)がマイナス面を分類するという考え方が中心であったのに対し，ICFは，生活機能というプラス面からみるように視点を転換し，さらに環境因子等の観点を加えたことである。

ICFは，人間の生活機能と障害に関して，アルファベットと数字を組み合わせた方式で分類するものであり，人間の生活機能と障害について「心身機能・身体構造」「活動」「参加」の3つの次元及び「環境因子」等の影響を及ぼす因子で構成されており，約1500項目に分類されている。

これまでの「ICIDH」が身体機能の障害による生活機能の障害(社会的不利)を分類するという考え方が中心であったのに対し，ICFはこれらの環境因子という観点を加え，例えば，バリアフリー等の環境を評価できるように構成されている。このような考え方は，今後，障害者はもとより，全国民の保健・医療・福祉サービス，社会システムや技術のあり方の方向性を示唆しているものと考えられる。(参考：「国際生活機能分類－国際障害分類改訂版－」(日本語版)の厚生労働省ホームページ掲載について)

【視覚】

【1】(1) ア 角膜 イ 虹彩 ウ 毛様体 エ 黄斑部中心窩 オ 脈絡膜 (2) 錐体細胞：ものの形や色を判別する 杆体細胞：明るさや早い動きをとらえる

〈解説〉(1) 学習を進めるに際しては以下の文献を参考にするとよい。『四訂版 視覚障害教育に携わる方のために』(香川邦生編，慶應義塾大学出版会，2010年) (2) 錐体細胞は網膜中心窩付近に分布して視力・色覚・形態視を担っており，杆体細胞は網膜周辺部に分布して光の検出・動きの検出を担当している。

【2】(1)　同系色で彩度の低い色を隣り合わせに用いない。　同系色を用いる場合には，2度以上の明度差をつける。　色と色との境界線には，輪郭線を入れる。

〈解説〉(1)　黒板で用いるチョークもできるだけコントラストが明確な白や黄色を使い，赤，青，緑などはできるだけ使用しないことが望ましい。　(2)　遠用弱視レンズの倍率は高くなるほど見える範囲が狭くなり，暗くなる傾向がある。適切な倍率の選択が必要である。

【3】(1)　①　タッチテクニック　　②　安全　　③　スライド法

(2)　常に白杖で1～2段先の前方を確認する／昇降の途中で乱れることのない，一定のリズムを保つ／極端に速くも遅くもない，適度な速度を保つ／重心の位置を含む正しい姿勢を保つ／白杖による防御の形での昇降を行う。　(3)　周囲の人に迷惑にならないように，白杖を少し短めに立てて持つようにする。　(4)　(周囲に視覚障がいがあることを知らせることで，安全に歩行することができるなど)白杖を携帯することの意義を指導する。(聴覚による情報収集の方法とともに)白杖の操作による情報収集の方法を指導する。

〈解説〉(1)　学習を進めるに際しては以下の文献を参考にするとよい。『歩行指導の手引』(文部省，慶應通信，1988年)　(2)　階段の指導は比較的安全で，不安感の小さい上昇からはじめ，同じ階段の下降を指導する。最初は教師が児童生徒の1～2段下に位置して，踏み外しに対処する。　(3)　白杖が周囲の人の迷惑にならないよう注意することを指導する。白杖を短めに持ち，あまり前に突き出さず，歩幅を小さくする。　(4)　白杖は，安全性の確保，情報の入手，視覚障害者であることのシンボルという3つの役割がある。弱視の場合にも，白杖はシンボルとしての役割が安全性の確保につながる。また，白杖操作に慣れれば，情報収集も可能となる。

【4】(1) ① 動作　② 漢字・漢語　③ 触覚　④ 拡大
⑤ 見通し

〈解説〉指導要領の理解は必須である。具体的な事物・事象や動作と言葉を結び付け，バーバリズム(唯言語主義)に陥らないように心がけが必要である。また，特別な点字を用いない限り漢字・漢語表記ができないため，点字使用者は漢字・漢語の理解を進める指導を怠りがちだが，同音異義語の理解などにも漢字・漢語の知識は役に立つことから指導が大切となる。

【5】(1)

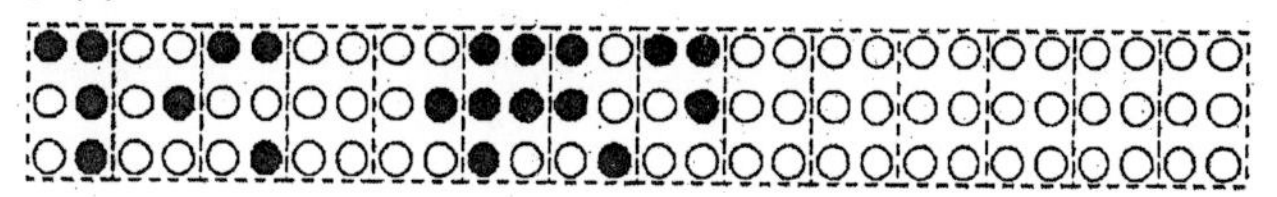

(2)

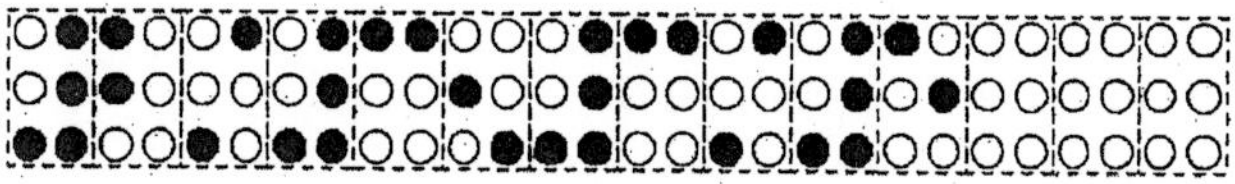

(3) 単語や文節を意識して点字の読みに取り組ませる。単語は生活の中に登場する事物や事象に結びつけて，正確に用いるよう働きかける／正確な分かち書きができるよう繰り返し，継続的に指導する／漢字・漢語との対応について指導する／普通の文字の表記法との関係について指導する／点字の読みの学習を先行させ，ある程度点字の触読ができるようになってから，書きの学習を導入する。

〈解説〉促音，長音，濁音，半濁音のほか，拗音，拗濁音，拗半濁音，数字，英文字，句点，読点，疑問符，感嘆符，中点なども重要である。学習を進めるに際しては以下の文献を参考にするとよい。『点字学習指導の手引〈平成15年改訂版〉』(文部科学省，日本文教出版，2003年)

【聴覚】

【１】① 体験的　② 思考力　③ 言語発達　④ 基礎的・基本的　⑤ 相互伝達

〈解説〉学習指導要領に記載されてある聾学校での配慮事項は聴覚障害児の特性に沿った指導の基本となる事項が示されており，実際の指導においては配慮事項のそれぞれについてさらに具体的な配慮が考えられることになる。

【２】(1) 右：45dB　左：79dB　(2) 聴力に左右差がある
(3) 危険が迫る方向がわからない場合がある　(4) 番号：③
理由：聞こえやすい右耳から音が入り，教師や周囲の児童の様子が見やすい位置だから

〈解説〉(1) 4分法による平均聴力レベルとは500Hzの測定値と1,000Hzの測定値を2倍した値と2,000Hzの測定値を合計して4で割った値である。
右耳(○印)の平均聴力レベルは(40＋90＋50)÷4＝45
左耳(×印)の平均聴力レベルは(65＋160＋90)÷4＝78.75
(2) 左耳の方が右耳より障害の程度が重い。話し言葉が聴き取れない聴力なので，補聴器が必要である。　(3) 聴力に左右差がある場合，聞こえの良い方の耳で音を聞く傾向がある。その場合，どちらの方向からの音も聞こえの良い側からの音として聞こえてしまうため，音源の定位に問題が生じる。Aさんの場合，道路を歩いている時はその場の状況をもとにどちらからの音かを判断させるように注意させる。
(4) ①②は教師の声は聞こえやすいが周囲の子どもの様子がわかりにくい。④は，教師の声が聞こえの悪い左耳で聞くことになる。⑤は周囲の様子はわかりやすいが，教師の声が遠くからになってしまい，聞こえにくい。

【３】(1) 音を大きくする／必要以上の音を制限する　(2) ① フック　② イヤモールド(耳型)　(3) イヤモールドが耳にきちんとはまっていない／イヤモールドのサイズが耳に合っていない

〈解説〉(1) 補聴器は音を大きくする装置ではなく，聴覚障害児の聞こえる範囲に音を加工してイヤホンから出す装置である。その結果として周波数ごとに必要な分だけ音を大きくすることになるが，大きい音に対してはイヤホンからの音の出力を抑えて補聴器使用者がうるさがらないようにする。 (2) ① フックは耳に引っかける部分であるが，いくつかの種類があり，イヤホンからの出力特性をある程度変えることもできる。②はイヤモールド(または耳型)。補聴器使用者の耳の形に合わせて作る。イヤモールドを使うことによって，運動してもイヤホンが耳からはずれることはなく，ハウリングも起きない。
(3) まず考えられるのは耳型をきちんと入れなかった場合である。耳型は使用者の耳の形に作ってあるため，耳型がずれた状態で耳にはめると隙間ができてハウリングの原因になる。次に考えられるのは子どもの場合で，成長に伴って耳が大きくなり，耳と耳型の間に隙間ができてしまったためのハウリングである。また，耳がもともと耳型が作りにくい形をしてたり，耳型が自然にずれてしまうような耳の場合もやはり隙間ができてハウリングが起きることがある。

【4】(1) ① 呼気 ② 口形 (2) 口声模倣 (3) キュー(サイン)

〈解説〉(1) 発音指導ではまず息の使い方から教える。鼻から息を出したり口から息を出す練習や，弱く長く息を出す練習などをして思うように息が出せるようにする。次に音声の各音を，どこで(構音点)，どうやって(構音方法)音を作るかを教える。構音点としては唇，歯，歯茎，硬口蓋，軟口蓋，声門などがあり，構音方法としては破裂，摩擦，通鼻，破擦，弾音がある。 (2) 正解の「口声模倣」は「こうせいもほう」と読む。話し手の口の動きと声を模倣させる発音指導の方法である。口の動きも見ることから読話の練習にもなる。 (3) キュー(サインあるいは発音サイン)は手指の位置や動きで子音の種類を表す記号である。口形記号は音声を示す口の模式図であり，5母音を示す5種類の円に線を加えたり色で音の種類を表している。

【5】(1)　障がい等により情報を入手することが困難な者に対して情報入手のための支援を行ったり，情報を発信することが困難な者に対して情報を発信するための支援を行ったりすること。　(2)　①　コ　②　サ　③　ク　④　イ

〈解説〉(1)　聴覚障害児に対する情報受信に対する保障の例としては話し言葉の手話通訳，筆談，字幕，ノートテイク，要約筆記，その他の視覚的な情報の提示などがあり，情報発信に対する保障の例としては手話の読み取り通訳，筆談などがある。　(2)　聴覚障害児にとって携帯電話はコミュニケーションの重要なツールであり，情報源となっている。しかしメールでのやりとりの前提となる読み書きの能力に問題があると相手に正しく伝わらない。また携帯電話でインターネットを利用する場合は，信頼性の高い情報を集めたり情報の中身を理解する能力が求められる。さらに，携帯電話の様々な機能についても知っておかないと不都合なことが起こりかねない。それら必要な能力の学習が必要である。

【6】(1)　少し大きめの声で話す／話し手がわかるように配慮する／顔を見て，口を見せて話す／筆談や絵などの視覚的な情報を活用する／最後まで，しっかりきく。　(2)　口をよく見て，きく／わからない時はもう一度尋ねる。

〈解説〉(1)　Cさんは重い聴覚障害であるため，読話に依存する割合が高いと予想される。また，補聴器を使用していても周囲がうるさかったり相手が早口であったりすると相手の話を理解するのは困難である。交流学級の児童にはCさんのそのような聞こえの特徴を理解させる必要がある。聞こえのハンディキャップを軽減するためには筆談などの視覚的な情報保障も必要であることを児童に知らせる必要もある。
(2)　周囲にいる児童は健聴児であり，聴覚障害児とのコミュニケーションに慣れていないし，Cさんも健聴児とのコミュニケーションに慣れていない。そのことを前提にCさんに事前指導を行う。

第3部

チェックテスト

過去の全国各県の教員採用試験において出題された問題を分析し作成しています。実力診断のためのチェックテストとしてご使用ください。

特別支援学校教諭

／100点

【1】平成19年4月1日付けの文部科学省初等中等教育局長通知「特別支援教育の推進について」から一部分を抜粋したものである。文中の各空欄に適する語句を答えよ。

(各1点　計8点)

1　特別支援教育の理念

特別支援教育は，障害のある幼児児童生徒の自立や社会参加に向けた(　①　)な取組を支援するという視点に立ち，幼児児童生徒一人一人の(　②　)を把握し，その持てる力を高め，生活や学習上の困難を(　③　)又は(　④　)するため，適切な指導及び必要な支援を行うものである。

また，特別支援教育は，これまでの特殊教育の対象の障害だけでなく，知的な遅れのない(　⑤　)も含めて，特別な支援を必要とする幼児児童生徒が在籍する全ての(　⑥　)において実施されるものである。

さらに，特別支援教育は，障害のある幼児児童生徒への教育にとどまらず，(　⑦　)の有無やその他の個々の違いを認識しつつ様々な人々が生き生きと活躍できる(　⑧　)の形成の基礎となるものであり，我が国の現在及び将来の社会にとって重要な意味を持っている。

【2】次の(1)～(9)について，文中の各空欄に適する語句を答えよ。

(各2点　計20点)

(1)　教育基本法第4条では，「国及び地方公共団体は，障害のある者が，その障害の状態に応じ，十分な教育を受けられるよう，(　　)を講じなければならない。」と定められている。

(2)　障害者基本法では，第4条に差別の禁止条項として「何人も，障害者に対して，障害を理由として，差別することその他の(　　)を侵害する行為をしてはならない。」と定められている。

(3) 学校教育法第80条には，「(　　)は，その区域内にある学齢児童及び学齢生徒のうち，視覚障害者，聴覚障害者，知的障害者，肢体不自由者又は病弱者で，その障害が第75条の政令で定める程度のものを就学させるに必要な特別支援学校を設置しなければならない。」と定められている。

(4) 障害のある者に対して交付される手帳には，身体障害者手帳，療育手帳，(　　)がある。

(5) 角膜，水晶体，硝子体のうち，光を最も大きく屈折させるのは(　　)である。

(6) 国際音声学協会が提案した国際音声字母表では，子音の分類基準は，調音方法，調音点，(　　)である。

(7) 平成20年6月に「障害のある児童及び生徒のための教科用特定図書等の普及の促進等に関する法律」が成立した。この法律において教科用特定図書等とは，教科用(　　)，教科用点字図書，その他障害のある児童及び生徒のために作成した教材であって，検定教科用図書等に代えて使用できるものである。

(8) 学習指導要領では，「各教科等の指導に当たっては，個々の児童又は生徒の実態を的確に把握し，(　　)を作成すること。」と定められている。

(9) 知的障害者に対する教育を行う特別支援学校中学部の職業・家庭科に示す「産業現場等における実習」(一般に「現場実習」や「職場実習」とも呼ばれている。)を，他の教科等と合わせて実施する場合は，(　　)として位置付けられる。

【3】次の各問いに答えよ。

((2)イ 3点，他 各2点　計21点)

(1) 次の文は，「幼稚園，小学校，中学校，高等学校及び特別支援学校の学習指導要領等の改善及び必要な方策等について(平成28年12月21日　中央教育審議会)で示されている「知的障害者である児童生徒に対する教育課程」について抜粋したものである。文中の各空欄に適する語句を答えよ。ただし，同じ問いの空欄には，同じ解答が入るものとする。

○　小学校等の学習指導要領等の改訂において，各学校段階の全ての教科等において育成を目指す資質・能力の三つの柱に基づき，各教科等の目標や内容が整理されたことを踏まえ，知的障害者である児童生徒のための各教科の目標や内容について小学校等の各教科の目標や内容の(　①　)・関連性を整理することが必要である。

○　各部の各段階において育成を目指す資質・能力を明確にすることで計画的な指導が行われるよう，各段階共通に示している目標を，段階ごとに示すことが必要である。

○　各部間での円滑な接続を図るため，小学部，中学部及び高等部の各部や各段階の内容のつながりを整理し，小学部と中学部，中学部と高等部間や段階間で(　②　)のある内容を設定することが必要であり，特に，現行では一段階のみで示されている中学部については，新たに第二段階を設けることが適当である。

○　小学校における(　③　)教育の充実を踏まえ，小学部において，児童の実態等を考慮の上，(　③　)に親しんだり，外国の言語や文化について体験的に理解や関心を深めたりするため，教育課程に(　③　)活動の内容を加えることができるようにすることが適当である。

○　各教科については，小学校等の各教科の内容の改善を参考に，社会の変化に対応した各教科の内容や構成の充実を図ることが必要である。

○　障害の程度や学習状況等の個人差が大きいことを踏まえ，既に当該各部の各教科における段階の目標を達成しているなど，特に必要がある場合には，個別の(　④　)に基づき，当該各部に相当する学校段階までの小学校等の学習指導要領の各教科の目標・内容等を参考に指導できるようにすることが適当である。

○　教科別や領域別に指導を行う場合の基本的な考え方を十分に理解した上で，各教科等を合わせた指導が行われるよう，学習指導要領等における示し方を工夫することが重要である。

○　児童生徒一人一人の学習状況を(　⑤　)に評価するため，各教科の目標に準拠した評価の観点による学習評価を導入し，学習評価を基に授業評価や指導評価を行い，教育課程編成の改善・充実に生かすことのできるPDCAサイクルを確立することが必要である。

(2)　次の文は，特別支援学校小学部・中学部新学習指導要領(平成29年3月告示)の 第2章　各教科　第1節　小学部の「第2款　知的障害者である児童に対する教育を行う特別支援学校」の「第1　各教科の目標及び内容」の〔生活〕の目標である。下の各問いに答えよ。

<u>具体的な活動や体験</u>を通して，生活に関わる見方・考え方を生かし，自立し生活を豊かにしていくための資質・能力を次のとおり育成することを目指す。

(1)　活動や体験の過程において，自分自身，身近な人々，社会及び自然の特徴やよさ，それらの(　①　)等に気付くとともに，生活に必要な習慣や技能を身に付けるようにする。

(2)　自分自身や身の回りの生活のことや，身近な人々，社会及び自然と自分との関わりについて理解し，考えたことを(　②　)することができるようにする。

(3)　自分のことに取り組んだり，身近な人々，社会及び自然に自ら(　③　)，意欲や(　④　)をもって学んだり，生活を豊かにしようとしたりする態度を養う。

ア　文中の各空欄に適する語句を答えよ。

イ　下線部の「具体的な活動や体験」とはどういうことか，述べよ。

【4】次の文は，知的障害をともなう自閉症の子どもの特性を踏まえた対応について述べたものである。文中の各空欄に適する語句を答えよ。

(各1点　計9点)

(1)　子どもにとって活動場所や活動内容がわかりやすい教室や校内の環境づくり，活動の(　①　)と(　②　)がわかりやすい学習課題の設定等に留意すること。

(2) (③)の急な変化を少なくし，活動の時間帯や活動の内容等を同一のパターンで繰り返す等，子どもが(④)して活動できるようにすること。

(3) 様々な活動場面で混乱しやすいことへの対応として，積極的に(⑤)な手がかりを活用して学習活動やその展開を伝え，理解を促すこと。

(4) 感覚刺激への(⑥)，食生活の偏り等，一人一人の課題に応じた接し方や指導方法が必要であることを(⑦)全てが理解し，実践すること。

(5) 子ども自らが判断して行動することを促す等，周囲の適切なかかわりによって(⑧)を少しずつ育てること。また，行動のモデルとなるような子どもとの関係を育て，周囲の子どもとの安定したかかわりや(⑨)への参加等を促す等社会生活スキルを育てるようにすること。

【5】次の(1)～(5)と最も関連のあるものを下のア～コから1つずつ選び，記号で答えよ。

(各1点　計5点)

(1) 筋ジストロフィー　(2) マカトン法　(3) ITPA
(4) 点字　(5) ICD-10

ア サイン言語　イ 国際疾病分類
ウ 音声言語　エ アテトーゼ型
オ ヴィゴツキー　カ デュシェンヌ型
キ ルイ・ブライユ　ク 国際生活機能分類
ケ インリアル・アプローチ　コ イリノイ式言語学習能力検査

【6】次の文は，ある法令の条文の一部を示したものである。あとの各問いに答えよ。

(各2点　計12点)

第22条の3　法第75条の政令で定める視覚障害者，聴覚障害者，知的障害者，肢体不自由者又は病弱者の障害の程度は，次の表に掲げるとおりとする。

区分	障害の程度
視覚障害者	両眼の視力がおおむね(　①　)のもの又は視力以外の視機能障害が高度のもののうち，拡大鏡等の使用によつても通常の文字，図形等の視覚による認識が不可能又は著しく困難な程度のもの
聴覚障害者	両耳の聴力レベルがおおむね(　②　)以上のもののうち，補聴器等の使用によつても通常の話声を解することが不可能又は著しく困難な程度のもの
知的障害者	1　知的発達の遅滞があり，他人との意思疎通が困難で日常生活を営むのに頻繁に援助を必要とする程度のもの 2　知的発達の遅滞の程度が前号に掲げる程度に達しないもののうち，(　③　)への適応が著しく困難なもの
肢体不自由者	1　肢体不自由の状態が補装具の使用によつても歩行，筆記等日常生活における基本的な動作が不可能又は困難な程度のもの 2　肢体不自由の状態が前号に掲げる程度に達しないもののうち，常時の(　④　)観察指導を必要とする程度のもの
病弱者	1　慢性の呼吸器疾患，腎臓疾患及び神経疾患，悪性新生物その他の疾患の状態が継続して医療又は(　⑤　)を必要とする程度のもの 2　身体虚弱の状態が継続して(　⑤　)を必要とする程度のもの

(1) この条文が定められている法令名を答えよ。

(2) (①)~(⑤)に当てはまる語句を答えよ。

【7】次の(1)~(6)の文は，心理アセスメントについて説明したものである。各文中の( )に入る語句として最も適切なものを，以下のa~eの中から一つ選びなさい。ただし，(5)・(6)の( )にはそれぞれ同じ語句が入るものとする。

(各2点 計12点)

(1) ( )は2歳から成人までの知能を測定することを目的とした個別式の知能検査である。2歳から13歳までは精神年齢および知能指数を算出し，14歳以上は原則として偏差知能指数を算出する。14歳以上においては「結晶性領域」「流動性領域」「記憶領域」「論理推理領域」に分け，領域ごとの評価点や領域別偏差知能指数・総合偏差知能指数を算出し，プロフィール等で対象者の特徴を示す。

a 新版K式発達検査2020 b 田中ビネー知能検査Ⅴ

c WAIS－Ⅳ d KABC－Ⅱ

e MIM－PM

(2) ( )は基本的な語い理解力を幼児から児童まで簡便に測定できる言語検査である。聞いた単語の意味するものを4つの図版から選ぶことで，おおよその発達段階を推定することができる。検査の対象年齢は3歳0か月から12歳3か月で，個人の語い理解力がどのくらいの年齢水準にあるかを推定する語い年齢と，同一年齢水準で個人がどのあたりに位置するのかを表す評価点を算出できる。

a PVT－R b ADOS－2 c LCスケール d MMPI

e KIDS

(3) ( )はPASS理論によって示される認知機能を測定するために開発された。プランニング，注意，同時処理，継次処理の4つの機能を測定することができる。5歳0か月から17歳11か月が対象。

a S－M社会生活能力検査 b ITPA c DN－CAS

d WISC－V e WPPSI知能診断検査

(4) (　　)はスイスの精神医学者によって作り出された代表的な投影法の一つである。インクのしみが印刷された10枚の図版を被検査者に提示して，それがどのように見えるかを答えてもらうことで，被検査者の自我機能の働き具合，世界の体験の仕方，コミュニケーションの特徴を明らかにする。

a　TAT　　b　SCT　　c　P－Fスタディ　　d　ロールシャッハ法
e　バウムテスト

(5) (　　)法は心理アセスメントの一つである。心の働きは行動に現れるとの前提に立ち，対象の(　　)を通して現象を理解しようとする方法である。行動には，身体運動や姿勢，広くは表情や発語なども含まれる。アセスメントに際して，対象者への拘束や制約が少なく，自然な行動を対象にできること，行動そのものを対象とするため言語能力の十分でない者を対象とできる等の利点がある。

a　観察　　b　構造化面接　　c　半構造化面接
d　非構造化面接　　e　心理検査

(6) 心理テストとは，あらかじめ定められた問題や作業を課し，それに対する被検査者の反応等を記録し，記録を分析することで対象者の特徴を明らかにしようというものである。この際，心理テストが計測しようとしている目標を確実に計測できているかどうかを表すのが(　　)であり，(　　)があることが心理テストの重要な要件である。(　　)は表面的(　　)，内容的(　　)，基準関連(　　)，構成概念(　　)に大別できる。

a　信頼性　　b　α係数　　c　内的整合性　　d　妥当性
e　再現性

【8】次の各文は障害児教育に携わった人物について述べたものである。(1)～(7)の文で説明している人物を下のア～タから1つずつ選び，記号で答えよ。

(各1点　計7点)

(1) 佐賀市生まれ。わが国最初の知的障害児施設「滝乃川学園」の創始者。知的障害児の教育と福祉を本格的に開始した。

(2) 1919年デンマークに生まれる。1950年代より，行政官としての立場からノーマライゼーション理念を行政サービスに具体的に展開し，世界に初めて法にノーマライゼーション理念が明記された1959年の精神遅滞者法の成立に力を注いだ。

(3) 世界最初の聾唖教育施設の創設者。手話の記号をフランス語を表すものとして方法的手話を考案した。

(4) アメリカ合衆国の心理学者。知覚の発達から概念形成に至る過程における運動の要素を重視し，知覚と運動の統合訓練法を研究した。

(5) 浜松市生まれ。最大の功績は，日本点字翻案の完成であり，「わが国将来幾千万人の盲人をして文化の恵沢に浴せしむる源泉」と讃えられた。

(6) アメリカ合衆国の心理学者。1967年，自閉症研究室を開設し，コンピュータを駆使して自閉症に関する世界中の文献を網羅し，データの交換などを精力的に行ってきた。

(7) 高崎藩士の長男として江戸に生まれる。1878年受洗し，終生無教会主義に基づく信仰生活を続けた。1884年に渡米，翌年1月から7カ月間，ペンシルベニア知的障害児訓練学校で看護人として働いた。

ア　ハビィガースト　　イ　三木安正　　ウ　石川倉次
エ　石井亮一　　オ　ケファート　　カ　エアーズ
キ　城戸幡太郎　　ク　リムランド　　ケ　榊保三郎
コ　内村鑑三　　サ　ブラーユ　　シ　ド・レペ
ス　シュトラウス　　セ　ミケルセン　　ソ　ハイニッケ
タ　ドクロリー

【9】次の文中の各空欄に適する語句を答えよ。

(各1点　計6点)

(1) ダウン症候群は，染色体異常症であり，(　①　)番染色体が1個過剰に存在する状態の標準型(　①　)トリソミー，過剰な染色体が他の染色体に付着するタイプの(　②　)型，同一個体内で正常核型細胞と異常核型細胞とが混在している状態の(　③　)型の3つの型がある。

(2)　(　④　)は自閉症教育のキーワードの一つである。細かく分類すると，場所の一対一対応などの「物理的(　④　)」，活動の流れなどの「スケジュールの(　④　)」，自立課題の数をはじめから提示しておくなどの「視覚的(　④　)」が挙げられる。

(3)　フェニルケトン尿症は先天性(　⑤　)異常症である。

(4)　てんかん発作はその始まりの違いから，部分発作と(　⑥　)発作の2つに分けられる。

解答・解説

【1】① 主体的　② 教育的ニーズ　③ 改善　④ 克服
⑤ 発達障害　⑥ 学校　⑦ 障害　⑧ 共生社会

解説　「特別支援教育の推進について(通知)」に関する問題は頻出事項であるので，全文に目を通しておく必要がある。本通知は，中教審答申「特別支援教育を推進するための制度の在り方について」とともに，特別支援教育に関して出題の柱を形成しているものである。近年では，報告書や答申に加えて，本通知からの出題や，特別支援教育に関わる部分の法改正に関する複合問題が出されるなど，出題の多様化が進んでいる。この報告書では「1．特別支援教育の理念」，「7．教育活動等を行う際の留意事項等」が頻出箇所である。法改正などとあわせて学習しておこう。

【2】(1) 教育上必要な支援　(2) 権利利益　(3) 都道府県
(4) 精神障害者保健福祉手帳　(5) 角膜　(6) 無声有声
(7) 拡大図書　(8) 個別の指導計画　(9) 作業学習

解説 (1) 教育基本法第4条第2項の規定である。昭和22年に公布された教育基本法では,「障害」という用語は全く用いられていなかったが,平成18年の改正で問題文の規定が加えられた。障害のある者に対して教育上必要な支援を講じなければならない点を明示した意義は極めて大きい。 (2) 障害者基本法は第1条や第4条などが頻出条文である。必ずおさえておこう。 (4) 身体障害者手帳については身体障害者福祉法に,精神障害者保健福祉手帳については精神保健及び精神障害者福祉に関する法律に,それぞれ手帳発行に関する記述があるが,療育手帳に関しては知的障害者福祉法にその記述はなく,1973年9月27日に当時の厚生省が出した通知「療育手帳制度について」(厚生省発児第156号厚生事務次官通知)に基づいている。つまり,都道府県の独自発行であるため,名称や障害の程度区分が地域によって異なっている。 (7) 障害のある児童及び生徒のための教科用特定図書等の普及の促進等に関する法律は,平成20年に成立。今後は出題増加が予想される法律なので,全条文に目を通しておきたい。 (8) 個別の指導計画は平成11年度の盲・聾・養護学校学習指導要領で作成が義務づけられた文書である。これまで「個別の指導計画」は自立活動と重複障害者を指導する場合に作成されていたが,新特別支援学校学習指導要領では,すべての幼児・児童・生徒について,各教科等にわたって作成することが義務づけられた。また,小・中学校の新学習指導要領においても作成することが求められている。 (9) ここでいう「産業現場等」とは,実際の産業にかかわっている企業,商店,農場などの事務所のほか,作業所などの福祉施設,市役所などの公的機関を指している。

【3】(1) ① 連続性 ② 系統性 ③ 外国語 ④ 指導計画 ⑤ 多角的 (2) ア ① 関わり ② 表現 ③ 働きかけ ④ 自信 イ 児童が,健康で安全な生活をするために,日々の生活において,見る,聞く,触れる,作る,探す,育てる,遊ぶなど対象に直接働きかける学習活動であり,そうした活動の楽しさやそこで気付いたことなどを自分なりに表現する学習活動

解説 (1) この答申に基づき，平成29年3月に「特別支援学校幼稚部教育要領　小学部・中学部学習指導要領」が告示された。 (2) 生活科の目標は小学部の終わりまでに身に付ける資質・能力を示している。しかしながら，児童の実態によっては，途中の段階で終了することもある。

【4】① はじめ　② 終わり　③ 環境　④ 安心　⑤ 視覚的　⑥ 過敏性　⑦ 指導者　⑧ 対人関係　⑨ 集団活動

解説 知的障害特別支援学校では，自閉症もしくは疑いのある児童生徒の割合が40％を超えるといわれている。現在の知的障害特別支援学校は，自閉症教育を中心に展開しているといえる。自閉症児の7～8割は，知的障害も併せ持つことから，授業場面や日々の教育的支援では，知的障害にも応じた，彼らが理解しやすく，参加しやすい視覚手がかりや環境設定などが求められる。また，自閉症児の多くは何らかの行動上の問題を示し，行動問題への対応は課題であり，個々の特性を理解しながら，個に応じた支援が必要となる。

【5】(1) カ　(2) ア　(3) コ　(4) キ　(5) イ

解説 正解とならなかった選択肢についても重要であるので，理解を深めておきたい。特にクのICFは，教員採用試験でも頻出事項であるので要注意。国際生活機能分類(ICF)は，人間の生活機能と障害の分類法として，2001年5月，世界保健機関(WHO)総会において採択された。ICFは，人間の生活機能と障害に関して，アルファベットと数字を組合せた方式で分類するものであり，人間の生活機能と障害について「心身機能・身体構造」「活動」「参加」の3つの次元及び「環境因子」等の影響を及ぼす因子で構成されており，約1500項目に分類されている。これまでの「ICIDH」が身体機能の障害による生活機能の障害(社会的不利)を分類するという考え方が中心であったのに対し，ICFはこれらの環境因子という観点を加え，例えば，バリアフリー等の環境を評価できるように構成されている。このような考え方は，今後，障害者はもとより，全国民の保健・医療・福祉サービス，社会システムや技術のあり方の方向性を示唆しているものと考えられる。

【6】(1)　学校教育法施行令　(2)　①　0.3未満　②　60デシベル
③　社会生活　④　医学的　⑤　生活規制

解説 平成14年の学校教育法施行令の改正により，問題文の通りとなった。背景としては平成13年1月15日に「21世紀の特殊教育の在り方に関する調査研究協力者会議」が「21世紀の特殊教育の在り方について(最終報告)」を出し，その中で以下の通り見直しを提言したことによる。「特別な教育的ニーズに応じた教育を行うため，学校教育法施行令第22条の3に規定する盲・聾・養護学校に就学すべき児童生徒の障害の程度に関する基準を医学，科学技術等の進歩を踏まえ，教育的，心理学的，医学的な観点から見直すこと」。本条文は頻出事項であるのでしっかりと覚えておく必要がある。

【7】(1)　b　(2)　a　(3)　c　(4)　d　(5)　a　(6)　d

解説 心理アセスメントの方法には観察法，面接法，心理検査，調査法(関係機関からの情報収集)がある。心理検査については，大きく知能検査と性格検査がある。　(1)　適用範囲を2歳から成人までとしている田中ビネー知能検査Ⅴは，14歳以上の成人級の問題については，「結晶性領域」「流動性領域」「記憶領域」「論理推理領域」の領域別DIQ(偏差知能指数)，総合DIQ(偏差知能指数)も算出し，プロフィール等で各人の特徴もわかる。　(2)　言語関係の検査には，適用年齢が0歳～6歳の乳幼児の言語コミュニケーション発達を基盤にしてつくられた検査法である「LCスケール(言語・コミュニケーション発達スケール)」や，適用年齢が3歳0か月～9歳11か月の全体的な発達のレベルだけでなく個人内差も測定できる「ITPA言語学習能力診断検査」，本問の「PVT－R(絵画語い発達検査)」などがある。「ADOS－2」は，行動観察と面接で自閉スペクトラム症の評価を行う検査。「MMPI」は人格検査で，「KIDS」は乳幼児発達検査。　(3)　DN－CASは，ヴィゴツキーらとともに文化歴史心理学を創設したルリヤの神経心理学モデルから導き出されたPASSモデル(4つの認知機能領域)を理論的基礎とする心理検査である。「S－M社会生活能力検査」は，自立と社会参加に必要な生活への適応能力を測定する検査。「ITPA」は言語学習能力診断検査。「WISC－V」や「WPPSI知能診断検査」は，ウェクスラー式知能検査で，適用する年代別に，成人用のWAIS(ウェイス)，児童用のWISC(ウィスク)，幼児用のWPPSI(ウィプシー)の3つがある。
(4)　人格検査の中で，ロールシャッハによって作り出された代表的な投影法による検査を「ロールシャッハ法(ロールシャッハ・テスト)」という。投影法には，この他に，同じ視覚刺激法による「TAT」が，表現活動による検査には「P－Fスタディ」がある。また，性格検査として，描かれた木の特徴から描き手のパーソナリティを把握する描画による投影法検査に「バウムテスト」が，受検者に自由に文章を記述させる検査として「SCT」がある。　(5)　心理アセスメントの手法には，観察法，面接法，心理検査，調査法がある。言語能力の十分でない者を対象とできる検査は「観察法」である。観察法には，人間の行動をあるがままに観察する自然観察法や行動観察法，ある一定の条件を設定して観察を行う条件観察法・実験観察法等がある。面接法はフレームを設けないでする自由面接や相談室で時間などを決めて行う直接面接などがある。　(6)　標準化された心理テストには，「妥当性」と「信頼性」が備わっている。「妥当性」とは，その検査が測定しようとしているものをどれくらい的確に測定できているかということであり，「信頼性」とは，結果が一貫して安定しているということである。

【8】(1)　エ　(2)　セ　(3)　シ　(4)　オ　(5)　ウ　(6)　ク　(7)　コ

解説　障害児(者)の教育・福祉の発展に寄与した人物と業績を関連づける問題は頻出である。　(1)　石井亮一は明治から昭和初期にかけての社会事業家である。知的障害児に強い関心を示し，アメリカに2度にわたり渡米し，知的障害者教育を学んだ。帰国後，日本初の知的障害者施設である「滝乃川学園」を創始した。 (3) 聾児に対する教育方法として，手話と口話があり，いずれが適切かという議論がなされてきた。口話による指導を体型化したのが，選択肢ソのハイニッケであるのであわせて覚えておきたい。

【9】 ① **21** ② **転座** ③ **モザイク** ④ **構造化** ⑤ **代謝** ⑥ **全般**

解説 障害の原因となる疾患やてんかんは頻出事項であるので深く理解しておく必要がある。

●書籍内容の訂正等について

弊社では教員採用試験対策シリーズ（参考書，過去問，全国まるごと過去問題集），公務員試験対策シリーズ，公立幼稚園・保育士試験対策シリーズ，会社別就職試験対策シリーズについて，正誤表をホームページ（https://www.kyodo-s.jp）に掲載いたします。内容に訂正等，疑問点がございましたら，まずホームページをご確認ください。もし，正誤表に掲載されていない訂正等，疑問点がございましたら，下記項目をご記入の上，以下の送付先までお送りいただくようお願いいたします。

① **書籍名，都道府県（学校）名，年度**
（例：教員採用試験過去問シリーズ　小学校教諭 過去問　2025 年度版）
② **ページ数**（書籍に記載されているページ数をご記入ください。）
③ **訂正等，疑問点**（内容は具体的にご記入ください。）
（例:問題文では“ア～オの中から選べ”とあるが,選択肢はエまでしかない）

〔ご注意〕
○ 電話での質問や相談等につきましては，受付けておりません。ご注意ください。
○ 正誤表の更新は適宜行います。
○ いただいた疑問点につきましては，当社編集制作部で検討の上，正誤表への反映を決定させていただきます（個別回答は，原則行いませんのであしからずご了承ください）。

●情報提供のお願い

協同教育研究会では，これから教員採用試験を受験される方々に，より正確な問題を，より多くご提供できるよう情報の収集を行っております。つきましては，教員採用試験に関する次の項目の情報を，以下の送付先までお送りいただけますと幸いでございます。お送りいただきました方には謝礼を差し上げます。
（情報量があまりに少ない場合は，謝礼をご用意できかねる場合があります）。

◆あなたの受験された面接試験，論作文試験の実施方法や質問内容
◆教員採用試験の受験体験記

送付先
○電子メール：edit@kyodo-s.jp
○FAX：03-3233-1233（協同出版株式会社　編集制作部 行）
○郵送：〒101-0054　東京都千代田区神田錦町 2-5
協同出版株式会社　編集制作部 行
○HP：https://kyodo-s.jp/provision（右記の QR コードからもアクセスできます）

※謝礼をお送りする関係から，いずれの方法でお送りいただく際にも，「お名前」「ご住所」は，必ず明記いただきますよう，よろしくお願い申し上げます。

教員採用試験「過去問」シリーズ

宮崎県の
特別支援学校教諭 過去問

編　集　　© 協同教育研究会
発　行　　令和6年3月25日
発行者　　小貫　輝雄
発行所　　協同出版株式会社
〒101-0054　東京都千代田区神田錦町2－5
電話　03－3295－1341
振替　東京00190－4－94061
印刷所　　協同出版・POD工場

落丁・乱丁はお取り替えいたします。